KAFKA
TAGEBÜCHER

我的确
接近于
孤独

[奥地利] 弗兰茨·卡夫卡 著

姬健梅 译

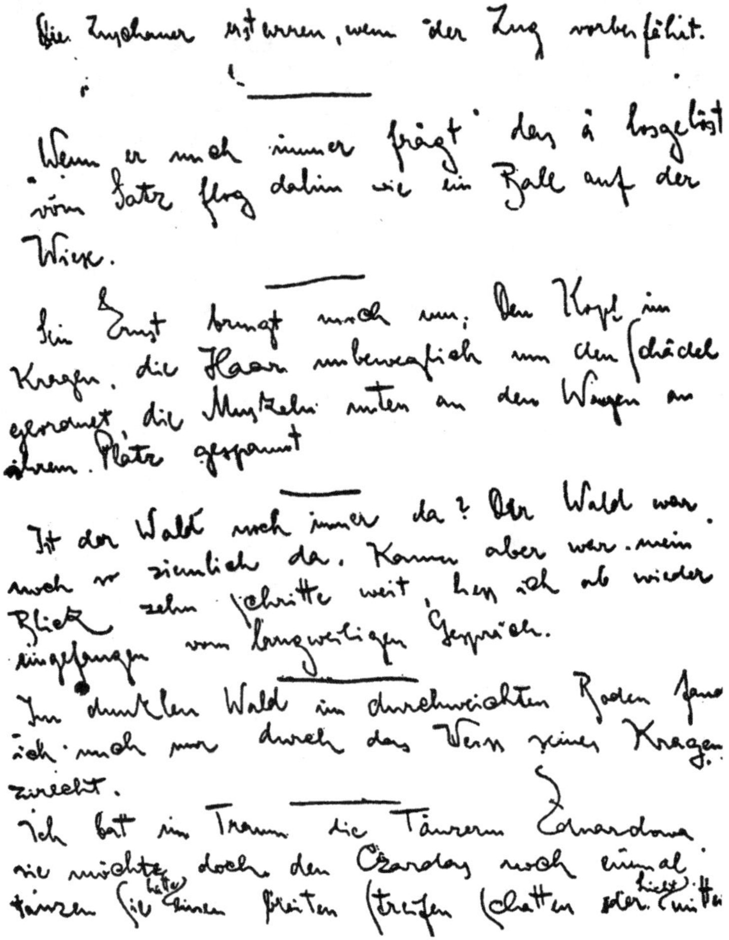

Die Zuschauer erstarren, wenn der Zug vorbeifährt.

„Wenn er mich immer frägt" das ä losgelöst vom Satz flog dahin wie ein Ball auf der Wiese.

Sein Ernst bringt mich um. Den Kopf im Kragen, die Haare unbeweglich um den Schädel geordnet, die Muskeln unten an den Wangen an ihrem Platz gespannt

Ist der Wald noch immer da? Der Wald war noch so ziemlich da. Kaum aber war mein Blick zehn Schritte weit, ließ ich ab wieder eingefangen vom langweiligen Gespräch.

Im dunklen Wald im durchweichten Boden fand ich mich nur durch das Weiß seines Kragens zurecht.

Ich bat im Traum die Tänzerin Eduardowa sie möchte doch den Czardas noch einmal tanzen. Sie hatte einen breiten Streifen Schatten oder Licht mitten

1910 年日记手迹

"舞伶艾德多娃……和两个小提琴手在电车上"

"日本杂耍艺人"

卡夫卡的母亲在看书（上图）；自画像（下图）

1912 年日记手迹

"我的生活"

目录 CONTENTS

出版说明　　1

1910 年 — 001

舞伶艾德多娃　　003

日本杂耍艺人　　006

教育对我的损害　　008

街上的单身汉　　011

过去和未来　　015

离不开我的日记　　022

打量我的书桌　　028

1911 年 — 031

续单身汉　　033

两兄弟的故事　　037

写给上司的信　　038

续单身汉　　039

城市的世界　　043

《犹太女人》　051

拜访施泰纳博士　054

四个朋友　060

老新犹太会堂　070

梦：盲孩　072

办公室　075

犹太剧团　077

梦：妓院　087

戏剧　120

梦：驴子　122

汽车小故事　138

梦：剧院　148

入睡之前　156

梦：在剧院　160

梦：树林里的少女　163

安娜与艾弥尔　165

女孩的教育　175

单身汉的不幸　177

书信集或回忆录　183

画家　196

割礼　201

小文学　202

母亲的家族　208

两个地洞　211

差劲的衣服　217

1912 年 —— 219

续差劲的衣服　221

出门　228

朗诵之夜　245

我打开屋子大门　249

一个年轻人　250

朗诵会　260

小茱莉　264

梦：和父亲乘电车　274

魔鬼的发明　280

写信给罗沃尔特　282

菲莉丝·鲍尔小姐　285

梦：纽约港　289

《判决》　294

古斯塔夫·布廉克特　295

1913 年 —— 297

校对《判决》　299

恩斯特·李曼　301

《司炉》　309

结婚的利弊　315

我爱她　319

给菲莉丝父亲的信　322

大学生　327

读《变形记》　328

我究竟是谁?　331

威廉·曼兹　332

梦：上坡路　333

梦：法国政府部门　336

梦：疗养院的庭园　337

商人梅斯纳　338

死去　342

续商人梅斯纳　353

出版说明

卡夫卡生前出版的作品极少,大部分都由其好友布罗德在其身后整理编辑而成。卡夫卡写下的日记多达三十余万字,于一九四八年在纽约首先出版了英文版,一九五一年出版德文版。一九九〇年,德国 Fischer 出版社又依据原始手稿出版了"评注版"(Kritische Ausgabe),添加了大量注释。

本书以布罗德所编纂的德文版为底本,另参考评注本与相关研究,对日记中涉及的人物及背景添加了注释。在每一年份的篇首,附上卡夫卡当年的大事提要,可以与日记内容对照阅读。此外,本书也参考英文版的做法,将日记中较长而完整的创作片段、梦境、重要事件等,以小标题的形式在文内标出,并将这些标题列于目录、标出页码,以便读者检索。需要特别说明的是,这些标题并非原文标题。日记原本并无特别的构思,然而通过这些小标题,我们仍能看到那些在卡夫卡的作品和他的生命中反复出现的主题。

1910 年

Kafka Tagebücher

卡夫卡在前一年曾写过一些旅行日记，但正式开始写日记，则是在这一年。

写日记很快就成为卡夫卡一个强迫症式的习惯，他在年末的一则日记中声称自己"再也离不开日记了"。更重要的是，卡夫卡的日记可视为他为正式创作所做的准备与练习。从这一年开始的接下来三年中，他所写的日记占了全部日记一半的篇幅。

根据卡夫卡自己的说法，在这一年里他其实写了不少作品，但绝大部分都被他毁掉了，其中或许有一小部分被收录进了后来出版的《沉思》中。

火车开过时，旁边的观众愣住了。

"如果他一直问我（Wenn er mich immer frägt）。"那个"ä"从句子中脱离、飞走了，就像一个草地上的球。

他的严肃真是要命。脑袋在衣领里，围着头颅的头发梳理得纹丝不动，肌肉紧紧地绷在脸颊上……

森林还在那儿吗？大体上还在。可是我的目光才移动了十步之远，我就放弃了，再度被无聊的谈话俘虏。

在阴暗的森林里，在湿透的泥地上，我只能依靠他衣领的白色来指引方向。

在梦里，我请舞伶艾德多娃[1]再跳一次那支查尔达什[2]舞。她脸上有一道宽宽的光影，在脸部正中央，从前额下缘到下巴中间。刚才有人以居心叵测而不自觉的恶心动作走

◇ 舞伶艾德多娃

---

1 艾德多娃（Eugenie Eduardowa，1882—1960），俄国芭蕾舞者，圣彼得堡皇家芭蕾舞团的成员，一九〇九年五月曾随团在布拉格演出。
2 查尔达什（Csárdás），一种匈牙利传统民俗舞蹈，作曲家柴可夫斯基也曾将之写进自己的作品中，例如《天鹅湖》中就有一段。

过来，对她说火车就要开了。从她听到这个消息的态度里，我十分清楚她不会再跳舞了。"我是个邪恶的坏女人，不是吗？"她说。"噢，不，"我说，"并不是。"我说完就转身随便挑了一个方向走了。在那之前，我向她问起插在她腰带上的那些花。"它们来自欧洲各国的王侯。"她说。我思索着这件事的意义，亦即这些插在腰带上的鲜花乃是欧洲各国的王侯献给舞伶艾德多娃的。

舞伶艾德多娃热爱音乐，不管搭车去哪儿都有两个提琴手随行，在电车上也一样，她经常要他们演奏。反正并没有禁止在电车上演奏的规定，如果演奏得好，乘客感到愉快，又不花一毛钱，就是说在演奏之后没有向大家讨赏，那么为什么不可以在电车里演奏呢？不过，起初这令人有点惊讶，有那么一会儿，每个人都觉得这不太合适。可是当电车全速行驶、气流强劲时，在安静的街道上，那乐声听来很是悦耳。

舞伶艾德多娃在户外不像在舞台上那么漂亮。她肤色苍白，颧骨把皮肤绷得紧紧的，使得脸上几乎不可能有比较强烈的动作。她大大的鼻子宛如从凹处隆起，是没办法拿来开玩笑的——像是测测鼻尖的硬度，或是轻轻捏住鼻梁、来回拉扯，一边对她说："现在你可得跟我走了。"她身形宽、腰身高，裹在有很多皱褶的裙子里——谁会喜欢呢——她看起来就像我的一个阿姨，一位上了年纪的女士。上了年纪的阿姨们看起来都很像。除了那双相当不错的脚以外，在户外的艾德多娃身上没有什么能够弥补这些缺点的，实在没有令人醉心、赞叹或只是令人尊敬之处。因此，我也经常看见艾德多娃受到冷淡的对待，就连那些平素非常世故、非常得体的男士也无法隐藏这种冷淡，尽管他们在她面前努力地隐藏着，毕竟艾德多娃是个享有盛名的舞伶。

我的耳郭摸起来清新、粗糙、凉爽、滋润，像一片叶子。

我这样写肯定是出于对这具身体以及在这具身体里的我的未来的绝望。

如果这种绝望显得如此确定，与其对象如此紧密相连，像是被一名掩护撤退并为此粉身碎骨的士兵使劲阻挡着，那么这就不是真正的绝望。真正的绝望总是马上就超越了它的目标，（这个逗号显示出只有第一个句子是正确的）。

你绝望吗？
是吗？你感到绝望？
要逃吗？你想躲起来吗？

作家说的话臭气冲天。

滂沱大雨中的裁缝女。

我有五个月的时间写不出任何满意的东西,在这件事上没有任何力量能补偿我,尽管八方神力都有义务这么做,在这样的五个月之后,我终于想到再一次对自己说话。只要我真正询问自己,我就仍会回答,这时总能从我身上、从我这个麦秆堆里敲出一点东西来。这五个月以来,我就是个麦秆堆。它的命运似乎是在夏季被点燃,然后燃烧殆尽,比观众眨眼的速度还快。就让这个命运发生在我身上吧!而且这个命运应该十倍地发生在我身上,因为我甚至都不懊悔这段不幸的时期。我的处境并非不幸福,但也不是幸福,不是漠然,不是虚弱,不是疲倦,不是另有兴趣,那么究竟是什么呢?弄不清楚这一点,想来与我没有能力写作有关。我认为我了解自己没有能力写作,虽然并不明白其原因。因为所有出现在我脑海中的事物,都不是从根部开始出现,而是从中间的某处。有谁要试着去抓住它们,试着去抓住一根从草茎中央开始生长的草并紧紧握住它们?也许有些人能做到,例如日本杂耍艺人,他们能够爬上一架梯子,这架梯子不是竖立在地上,而是竖在一个半躺之人抬起来的脚底,也没有倚着墙壁,只是凌空伸向空中。这我做不到,而且我的梯子甚至没有那双脚底可用。这当然不是全部,这样的询问也还无法让我开口说话。可是每天应该至少有一行字是对准我而发的,就像现在有人拿着望远镜对准彗星一样。如果我出现在那个句子前面，被那个句子吸引，例如去年圣诞节时的情况，我也只能勉强控制住自己。我似乎真的踩在我那架梯子的最后一级上，而那架梯子却稳稳地竖立在地面，倚着墙壁。那是什么样的地面！什么样的墙壁！然而那架梯子没有倒下，我的双脚把它紧紧地压在地上，也把它提起来倚在墙上。

例如今天我做了三件放肆的事，对一个司机、对一个主管，好吧，就只有两件，但是它们就像胃痛一样令我痛苦。不管谁做了这样的事都是放肆的，而由我做出来更是如此。我脱离了自己，在空中、在雾里战斗，而最讨厌的是，没有人察觉到我当着同行者的面做出了这种放肆的事。我不得不做，不得不摆出正确的态度，不得不负起责任；但最糟的是，我的一个熟人没有把这种放肆视为一种性格的特征，而是把它视为性格本身，他向我指出我的放肆，并表示钦佩。为什么我不能自持？但现在我告诉自己，看哪，世人任由你打击，那个司机和那个主管在你走开时都很冷静，后者甚至还向你道别。但是这并不意味着什么。如果你只靠自己，就什么也无法达成，在自己的圈子里，你又错过了多少？对于这番询问我只能回答：我宁愿在圈子里挨打，也不愿在圈子外挨打，可是这个见鬼的圈子在哪里？有一段时间，我看见它躺在地上，就像用石灰撒出来的，如今它却在我周围飘荡，嗯，甚至连飘荡也谈不上。

五月十七日至十八日，彗星夜[1]。和布莱[2]还有他的妻子、孩子聚会，偶尔脱离自身听自己说话，就像听一只小猫的哀鸣，但好歹是个声音。

那么多天又无声地流逝了；今天是五月二十八日。我甚至连每天把这支笔拿在手里的决心也没有。我认为我没有这个决心。我划船，骑马，游泳，躺在阳光下。因此我的小腿很好，大腿还不错，腹部还可以，但是胸部很不好，而我的头若是在后颈……

◇ 教育对我的损害

一九一〇年七月十九日，星期天，睡觉，醒来，睡觉，醒来，可悲的生活。

要是思考这些的话，我不得不说，我受的教育在某些方面对我造成了很大的损害。我并不是在哪个偏僻的地方接受的教育，比如说在山中的废墟里，对此我一句指责的话也不会说。哪怕我从前的老师一个都无法理解，我也很乐意，甚至巴不得自己当年是那个废墟里小小的居民，被太阳晒得焦

---

1 指哈雷彗星，一九一〇年五月十九日早晨四点至五点之间，在布拉格可以观测到。

2 布莱（Franz Blei，1871—1942），奥地利作家、翻译家与文学评论家，卡夫卡通过布罗德与他结识，初次发表作品就是在他所发行的文艺双月刊《西培里翁》（*Hyperion*）上。

黑，阳光在断壁残垣之间，从四面八方照射在温热的常春藤上，即使起初我在我优良品质的压力下是虚弱的，但这些优良品质会随着杂草的力量在我体内生长。

要是思考这些的话，我不得不说，我受的教育在某些方面对我造成了很大的损害。这个指责针对一大群人，即我的父母、一些亲戚、几个我们家的访客、好些作家、有一年里每天送我上学的那个厨娘、一堆老师（在我的记忆里，我必须把他们紧紧挤在一起，否则我有时候就会忽然忘了一个，但是由于我把他们挤在一起，整体的某些部位又会脱落）、一位校长、一个缓步行走的路人。简而言之，这个指责像一把短剑迂回地穿过社会，可惜没有一个人，我再重复一次，没有一个人能肯定，这把短剑的尖端不会突然从前后左右出现。我不想听见有人反驳这个指责，由于我已经听过很多，也由于大多数对此的反驳都驳倒了我，我把这些反驳也纳入了我的指责，并在此声明，我受的教育和这种驳斥在某些方面对我造成了很大的损害。

我常常思考这件事，而我总是不得不说，我受的教育在某些方面对我造成了很大的损害。这个指责针对许多人而发，而他们在这里站在一起，就像在旧日的集体照上，不知道该拿彼此怎么办，他们一时想不到要垂下目光，而且由于期待，他们也不敢微笑。他们是我的父母、一些亲戚、几个老师、某个厨娘，舞蹈课上的几个女生、我们家从前的几个访客、一些作家、一个游泳教练、一个售票员、一个校长，另外还有几个我只在街上遇见过一次的人，再加上几个我此刻想不起来的人，还有一些我将再也想不起来的人，最后，还有那些我当年因为分心而根本没注意到他们在授课的人，简而言之，他们人数众多，我得留心不重复提起同一个人。我当着所有这些人的面说出我的指责，以这种方式让他们互相认识，但是我不能容忍反驳。因为我实在已经受够了反驳。由于大多数反驳都能把我驳倒，我别无他法，只好把这些反驳也纳入了我的指责，并且说，除了我受的教育之外，这些反驳在某些方面也对我造成了很大的损害。

也许有人会以为我是在某个偏僻的地方接受的教育？不，我是在城市里受的教育，在市中心，并不是在山中或海边的废墟。我的父母和他们这些随从直到此刻都被我的指责遮蔽，并且是灰色的，这会儿他们把我的指责轻轻推开，露出了微笑，因为我把双手从他们身上移开，放在我的额头上，心想：我其实应该在那个废墟当个小小的居民，聆听寒鸦的叫声，让它们的影子从我身上掠过，在月光下冷却，即使起初我在我优良品质的压力下有点虚弱，这些优良品质也本应通过被太阳灼烧的杂草的力量在我体内生长，阳光穿过断壁残垣，从四面八方照在被我当成床铺的常春藤上。

据说，男人在面临危险时，就连美丽的陌生女人都不会去注意,而我们也倾向于相信这个说法;如果这些女人妨碍他们从失火的剧院里逃脱,他们就会用头、手、膝盖和手肘把她们推到墙边。这时,那些爱聊天的女人沉默了,她们滔滔不绝的话语有了动词和句点,眉毛从原本静止的位置扬了起来,呼吸带动的大腿和臀部的动作停了下来,由于害怕而只是微微闭上的嘴里吸进了比平常更多的空气,脸颊显得微微鼓起。

"喂,"我说,用膝盖轻轻撞了他一下(突然开口说话时,些许唾沫从我嘴里飞出去,这是个不好的预兆),"别睡着了!"

"我没有睡着。"他回答,睁开眼睛时摇了摇头。"如果我睡着了,我要怎么看护你?而我不是必须看护你吗?当初在教堂前面,你不就是为了这个才抓住我不放的吗?没错,那已经是很久以前的事了,我们都知道,你就别去看表了。"

"因为已经很晚了。"我说,忍不住笑了,为了掩饰它,我使劲往屋里看。

"你真的喜欢这里吗?意思是,你很想上楼去,非常想吗?那你就明说吧,我又不会咬你。听着,如果你认为在楼上会过得比在楼下这里更好,那你就上楼去吧,立刻就去,不必顾虑我。我的看法,也就是一个路人的看法。你很快就会再次下楼,若是有某个人以某种方式站在这里将会很好,你根本不会去看他的脸,但他会挽起你的手臂,在附近一家

◇ 街上的单身汉

酒馆用葡萄酒让你振作起来，再把你带到他的房间去，房间固然简陋，但还是有几片玻璃能把你和黑夜隔开。来自这样一个路人的看法，你暂时可以不理会。的确，这句话我可以当着任何人的面再说一次。在楼下这里我们过得不好，甚至过得糟糕至极，但我是无药可救了，不管是躺在这儿的排水沟里灌雨水，还是在楼上的吊灯下用同样的嘴唇喝香槟，对我来说都没有差别。再说，我甚至不能在这两者之间做选择，能够引起人们关注的事从来不曾发生在我身上，在对我而言必要的仪式结构下，它又怎么可能发生？在这些仪式下我只能继续匍匐前进，不会比一只虫子好多少。可是你，谁晓得你有多少潜力？你有勇气，至少你自认为有勇气。去尝试一下吧，你会冒什么险呢？——只要留心，一个人往往从门口仆人脸上的表情就能看清自己。"

"假如我能确定你对我是真诚的就好了。那我早就上楼去了。我要怎么才能弄清楚你对我是不是真诚的？现在你看着我，好像我是个小孩子似的，这对我没有帮助，甚至把事情弄得更糟了。但是也许你就是想让事情更糟，而我已经受不了这条街上的空气了，所以我是该属于楼上的那群人。我一留意，喉咙里就发痒，看吧，我咳嗽了。而你预想得到我在楼上会过得如何吗？我踏进大厅里的那只脚在我的另一只脚跟上来之前就已经变样了。"

"你说得对，我对你并不真诚。"

"我的确想走，想要上楼去，如果必要，也可以翻跟头上去。在那群人身上，我期望着我所缺少的一切，主要是把我的力量组织起来，尽管单是集中力量并不够，而集中力量却是街上这个单身汉唯一的机会。这个单身汉很容易满足，只要他差劲的身体能撑得下去，只要能保住他的三餐饭，能避开其他人的影响，简而言之，在这个逐渐瓦解的世界上尽量保留住还能够保留的东西。至于他所失去的，他试图用蛮力重新得回，即使那些东西已经改变了，被削弱了，只是看上去还是他从前所拥有的东西（通常都是这样）。也就是说，他的本质是自杀性的，他的牙齿只会咬自己的肉，他的肉也只让自己的牙齿去咬。因为没有中心，没有职业、爱情、家庭和养老金，亦即没有大范围地保持自己与世界的关系，当然只是暂时地，没有能够凭借大量财产在某种程度上使世人震惊，一个人就无法让自己免于眼前毁灭性的损失。这个单身汉所拥有的是他单薄的衣裳、祷告的艺术、耐用的双腿、租来的可憎的公寓，还有他那平常破碎的、这一次在长时间以后被重新唤起的天性，他用两只手臂把所有这些东西抱在一起。每次他若是侥幸抓住了某件微不足道的东西，都会失去另外两件东西。这当然是明摆着的事实，再清楚不过。因为，谁要是想当个好公民，就好比一个人乘船出海旅行，前有白浪，后有尾波，也就是说，对周围产生了许多影响。这和一个抱着几块浮木在海浪里载浮载沉的人截然不同，那些浮木还互相撞击，把彼此往下压——而那位绅士和公民所面临的危险并不小。因为他和他所拥有的东西并非一体，而是两者。如果有人击碎了两者之间的连接，就把他也一并击碎了。我们和我们熟识的人在这方面是难以辨识的，因为我们完全被遮蔽了。以我来说，目前遮蔽我的是我的职业、我想象出来的痛苦或真实的痛苦、对文学的喜好，等等。但是我每时每刻都很强烈地感觉到这底下的我无法使我满足，哪怕只是勉强感到满足。而我只需要连续十五分钟感觉到这个我，这个有毒的世界就会流进我的嘴里，就像水流进溺水之人的嘴里。

"目前我和这个单身汉几乎没有区别，只不过我还想着我在村庄里度过的年少时光，而也许，如果我愿意，我可以再把自己抛回村庄里，只要我的处境需要我这么做。可是这个单身汉面前空无一物，因此身后也空无一物。眼下没有区别，而这个单身汉只有眼下。在那个时候，他错过了，当他持续感觉到表面之下的自己的时候，就像我们忽然察觉到自己身上的脓疮，在那之前它是我们身体上最不重要的东西，甚至连最不重要的东西都不是，因为它似乎还不存在，而此刻它却比我们自出生以来身体上所有的东西都更重要。那个时间如今无人能够认出，没有别的东西会被摧毁得那么厉害。如果说在这之前我们全心专注于自己双手所做的工作，专注于自己双眼所见、双耳所闻以及双脚的步伐，那么之后，我们会忽然转而专注于完全相反的东西，就像山上的风向标骤然转向。

"而他没有跑，即使是跑向这最后一个方向，只有跑走能够让他立在脚尖上,而只有脚尖能让他立于世上。他没有跑走,而是躺了下来,就像冬天里偶尔有小孩为了挨冻而躺在雪地上。他和这些小孩都明白这是他们的错,是他们躺了下来或是以别的方式屈服了,他们知道自己无论如何都不该这么做,但是他们无法知道,经过此刻在旷野上或城市里发生在他们身上的变化之后,他们将会忘却从前的每一桩过错和每一种约束,将会在这个新的环境里活动,仿佛这是他们遇到的第一个环境。但是忘却这个词在这里并不恰当。这个人的记忆跟他的想象力一样,没有受损,但是它们无法移动群山;这个人置身于我们的族群之外,在我们人类之外,他一直被迫挨饿,只有当下这一刻属于他,这个持续的苦难的时刻,没有片刻的休憩。他始终就只拥有一件东西——他的痛苦,而在整个世间都没有第二件东西能以解药自居。他就只有一双脚所需要的土地,只有一双手所能覆盖的支撑物,亦即比杂耍剧场里的空中飞人拥有的支撑更少,空中飞人的下方还有一张安全网。

◇ 过去和未来

"我们其他人是由我们的过去和未来支撑的。我们全部的休闲时间和大部分的工作时间几乎都用来使过去和未来在平衡中摆动。未来在长度上所占的优势,过去用重量来弥补,到最后,两者就不再有区别了。早年的青春在日后会变得和未来一样明亮,而未来的尽头连同我们所有的叹息就是我们已逝的过去。这个圆几乎就这样闭合上了,而我们就走在这个圆边上。这个圆的确属于我们,但是只有在我们沿着它行走时才属于我们。只要我们往旁边移动一下，由于忘我，由于心不在焉，由于受到惊吓、感到讶异或是疲倦，我们就失去了它。在这之前，我们把鼻子伸进时间的洪流，此刻我们向后退，曾经的泳者、现在的行人，就这样迷失了。我们置身于法律之外，没有人识得这法律，尽管如此，每个人都按照法律来对待我们。"

"'你现在不可以想到我。你要怎么和我比？我在这个城市已经待了二十多年。你可曾好好想过这是什么情况？我在这里度过了二十个春夏秋冬。'此刻他松松的拳头在我们的头上摇了摇，'这里的树木往上生长了二十年，我们在树下变得多么矮小。还有这么多的夜晚，在那些公寓里，你有时候躺在这面墙旁边，有时候在那面墙旁边，于是窗户就绕着你移动。还有这些早晨，你看向窗外，把椅子从床边拉过来，坐下来喝咖啡。还有这些晚上，你撑着手臂，用手扶着耳朵。啊，但愿这不是全部！如果你至少培养出几种新习惯，如同在此处街巷里的每日所见。——现在你也许会觉得我像是要抱怨？不，我为什么要抱怨？我根本不被允许抱怨。我该去散步，这应该就足够了，可是我在这世上任何一个地方都可以散步。不过，现在看起来又像是我为此感到骄傲。'"

"所以说，我的日子很好过。我不该待在这栋房子前面不走。"

"不要在这件事情上拿你来跟我比，也不要被我弄得没了把握。你毕竟是个成年人,而且看起来在这个城市里相当孤独。"

我的确接近于孤独。保护着我的东西在这个城市里似乎已经逐渐瓦解。在头几天里,我是美丽的,因为这种瓦解以一种神化发生,所有让我们维持生命的东西都从我们身上飞走,但是就在飞走之际还以人性的光亮最后一次照在我们身上。我就这样站在我的单身汉面前,而他很可能因此而爱我,却不明白是为什么。偶尔,他的话似乎表示他很了解情况,表示他知道在他面前的是谁,因此他可以为所欲为。不,事情并非如此。不如说,他会以这种方式出现在每个人面前,因为他只能当个隐士或寄生虫。他成为隐士只是被迫的,一旦这种强迫由于未知的力量而被消除,他就成了寄生虫,尽可能厚颜无耻地去依附。然而,这世上再没有什么东西能够拯救他,因此人们会从他的举止中联想到一个溺水之人的尸体。那尸体被一道水流带到水面上,撞到了一个疲倦的泳者,它把双手放在他身上,想要抓紧他。尸体不会复活,甚至也不会被打捞起来,但是它能把那个人拖下水。

十一月六日。Ch. 夫人的演讲,谈的是缪塞[1]。犹太女性的呃嘴习惯。通过讲述逸事的所有准备和困难来理解法语,

---

[1] 缪塞(Alfred de Musset,1810—1857),法国作家,法国浪漫主义时期的代表人物。

直到接近结语时,法语在我们眼前消失,那句结语意欲在整件逸事的瓦砾堆里长存心中。也许在那之前我们听得太吃力,那些懂法语的人在结束之前就走了,因为他们已经听够了,其他人还远远没有听够;讲堂的音响效果放大的不是演讲者的声音,而是包厢座位里传来的咳嗽声;缪塞描述他在雷切尔[1]家吃晚餐,她和缪塞一起朗读拉辛[2]的《费德尔》,那本书就摆在桌上,在他们两人中间。除此之外,桌上还摆着所有你能想到的东西。

克劳德领事,双眼明亮,那张大脸吸收了眼睛的光亮并反射出来。他不停地想要告辞,个别而言他成功了,但整体而言却没有成功,因为当他向一个人道别时,就又来了另一个人,而那个已经告别过的人又去排在此人后面。讲台上方有一个供乐团演奏的廊台。有各式各样扰人的噪声:走道上服务生的声音,房间里客人的声音,一架钢琴,远处一支弦乐队,最后是一阵锤打声,一场争吵,很难确定发生在何地,因此使人恼怒。在一个包厢里,一位女士戴着镶钻耳环,那耳环几乎不断在闪烁。售票处有一群身穿黑衣的年轻人,是一群相熟的法国人。有一个人在行礼问候时猛地一鞠躬,他的目光从地面上滑过,同时露出大大的笑容。不过他只在女孩面前才这样做,他在男士面前马上就坦率地看着对

---

[1] 雷切尔(Elisa Rachel Félix,1821—1858),犹太裔法国女演员,被视为那个时代顶尖的悲剧女伶,也是法国社交圈的名媛。

[2] 拉辛(Jean Racine,1639—1699),法国古典主义时期重要的剧作家,以写作悲剧著名,《费德尔》(*Phèdre*)是他的最后一部悲剧作品。

方的脸，嘴巴严肃地闭着，以此表示先前的行礼问候是一种也许可笑但无法避免的仪式。

十一月七日。威格勒[1]的演讲，谈的是黑贝尔[2]。他坐在一个现代化房间里的有布景的舞台上，仿佛他的爱人将会从一扇门里冲进来，让这出戏最终开场。不，他作了演讲。讲黑贝尔的饥饿，黑贝尔与艾莉莎·连辛[3]之间复杂的关系。他在学校里有个老师是个老小姐，她既抽烟，又吸鼻烟，会打学生，也会送葡萄干给乖学生。他去过许多地方（海德堡、慕尼黑、巴黎），并没有明显的目的。起初他担任一个教区执事的仆人，和马车夫睡在楼梯底下的同一张床上。

尤里乌斯·施诺尔·冯·卡罗斯费尔德[4]——弗里德里希·欧利维耶[5]所绘制的画像。他在一个斜坡上作画，他的样子多么美、多么严肃（一顶高帽像是被压扁的小丑的帽

---

1 威格勒（Paul Wiegler, 1878—1949），德国作家、剧评家，出版过许多与文学史有关的著作。

2 黑贝尔（Friedrich Hebbel, 1813—1863），出身寒微的德国写实主义剧作家与诗人，他的许多诗作都被谱写成歌曲，作曲家舒曼所写的歌剧《盖诺维瓦》（*Genoveva*）也改编自他的同名剧作。

3 艾莉莎·连辛（Elisa Lensing, 1804—1854），黑贝尔长年的朋友与资助者，后来成为他的情人，黑贝尔二十二岁时与她相识，当时三十岁的她是个裁缝师。

4 尤里乌斯·施诺尔·冯·卡罗斯费尔德（Julius Schnorr von Carolsfeld, 1794—1872），德国浪漫主义画家，画作多以《圣经》故事为题材，也曾替大教堂设计彩绘玻璃。

5 弗里德里希·欧利维耶（Friedrich Olivier, 1791—1859），德国浪漫主义画家，卡罗斯费尔德的好友。

子,硬挺的窄帽檐压在脸上,披着波浪形的长发,眼睛专注于他的画,双手显得冷静,画板搁在膝盖上,一只脚在斜坡上往下滑,比另一只脚低一点)。噢,不对,这是欧利维耶的画像,是施诺尔画的。

十一月十五日,十点。我不会容许自己感到疲倦。我要跳进我的小说里,即使那会割伤我的脸。

十一月十六日,十二点。我在读《在陶里斯的伊菲格涅亚》[1]。撇开几处明显有误的地方不谈,干硬的德语从一个纯真的男孩嘴里说出来简直令人惊叹。在阅读的时候,那诗句把每一个字都高高地抬在阅读者面前,立在一道光里。那道光也许细瘦,但是耀眼逼人。

十一月二十七日。伯恩哈德·凯勒曼[2]的朗诵会。"我写的几篇尚未发表的作品",他这样开场。他模样可亲,竖起来的头发几近灰色,费了些工夫把胡子刮得干干净净,尖鼻

---

1 《在陶里斯的伊菲格涅亚》(*Iphigenie auf Tauris*),歌德的一部剧作,一七七九年在魏玛首演。
2 伯恩哈德·凯勒曼(Bernhard Kellermann,1879—1951),德国作家,作品以小说为主,是二十世纪初的畅销作家。

子，脸颊的肉在颧骨上方经常像波浪一样起伏。他是个中等水平的作家，有些章节写得挺好（一个男子离开座位去走道上咳嗽，同时东张西望，看看是否四下无人），也是个诚实的人。他想要朗诵他答应要朗诵的作品，但是观众不让他这么做。由于他们被第一个故事吓到了，那是一个以精神病疗养院为背景的故事，也由于朗诵的方式激不起他们的兴趣，尽管故事堪称悬疑，不断有人赶着离开座位，仿佛朗诵会是在隔壁举行的。当他在读完故事的三分之一之后停下来喝点矿泉水时，有一大群人趁机离开座位。他吓了一跳，干脆撒了个谎，说他"快读完了"。等故事结束，大家都站了起来，有掌声响起，听起来像是在所有站起来的人中间还有一个人坐在那儿自顾自地鼓掌。凯勒曼还想继续朗诵另一个故事，或是好几个故事。眼看这么多人要走，他只是张开了嘴巴。最后，在听取建议之后，他说："我想再朗读一个短篇童话故事，只需要十五分钟。现在先休息五分钟。"还有几个观众留下，他就朗诵了那篇童话故事，里面有些段落让每个人都有理由从最外围的位置穿过中央所有的听众往外跑。

十二月十五日。我就是不相信我从自己如今已持续了将近一年的情况中所得出的结论，我的情况比这要更严重。我甚至不知道，我能否说这不是一种新的情况。不过，我真正的想法是，这个情况是新的，类似的情况我曾经有过，但是还不曾有过这种情况。我就像一块石头,就像我自己的墓碑,没有空隙留给怀疑或信仰、爱或憎、勇气或恐惧,不管是在特别的事情上还是一般而言。只有一种模糊的希望还活着,但不比墓志铭好多少。我写的东西,几乎没有一个字与另一个字相称,我听见那些辅音互相摩擦发出金属般的声音,那些元音则歌唱着加入进来,就像展览会上的黑人。我的怀疑围绕着每一个字,从前我把我的怀疑看成那个字,但其实我根本没看见那个字,那是我想象出来的。这本来还不是最大的不幸,我只需要想象出一些字,能够把那股尸臭吹往一个方向,让它不至于马上向我和读者扑面而来。当我在书桌前坐下时,我的感觉就像一个在巴黎歌剧院广场的车水马龙之中跌断两条腿的人。尽管车声隆隆,所有的车辆都默默地从四面八方驶往四面八方,但此人的疼痛要比警察更能够维持交通秩序。这份疼痛使他闭上眼睛,使广场和街道变得荒凉,车辆无须折返。那片热闹令他痛苦,因为他是个妨碍交通的障碍物,但那片空无也一样糟,因为它释放了他真正的痛苦。

◇ 离不开我的日记

十二月十六日。我再也离不开我的日记了。我得在这里抓紧自己,因为唯有在这里我才做得到。我很想解释在如同此刻的某些时候我心中感到的幸福。那真是一种会咝咝冒泡、让我充满了轻松愉快的震颤,它让我相信自己拥有能力,那些我时时刻刻——包括此时此刻——都能说服自己它其实并不存在的能力。

黑贝尔称赞尤斯蒂努斯·凯尔纳[1]的《旅行的影子》。"而这样一部作品几乎不存在,没有人知道这本书。"

W. 弗瑞德[2]所写的《孤独的街道》。这种书是怎么写出来的?一个在小格局里能写出优秀作品的人,把他的才华以如此可悲的方式拉长到一部小说的长度,使人反胃,即使你不会忘记去佩服他用来糟蹋自身才华的精力。

我在小说和剧作中对读到的那些配角的关注,让我心中涌起了归属感!《主教山的少女》[3](剧名是叫这个吗?)中提到两个裁缝女,她们替剧中的一个新娘缝制亚麻布品。这两个女孩过得如何?她们住在哪里?她们做了什么?这导致她们无法一起进入剧中,而简直像是在诺亚方舟的外面,在大雨滂沱之中,只被允许在溺水之前最后一次把脸压在船舱的

---

1 尤斯蒂努斯·凯尔纳(Justinus Kerner,1786—1862),德国医生兼作家,在写作文学作品之外,也撰写了许多医学与自然科学的著作,《旅行的影子》(*Reiseschatten*)是他写的一部小说。

2 W. 弗瑞德(W. Fred,原名 Alfred Wechsler,1879—1922),德国作家,写过不少游记和描述艺术文物的文章,常刊载于报纸杂志,《孤独的街道》(*Die Straße der Verlassenheit*)是他的一部小说。

3 《主教山的少女》(*Die Jungfern vom Bischofsberg*),一九一二年诺贝尔文学奖得主霍普特曼(Gerhart Hauptmann,1862—1946)的一部剧作,于一九〇七年首演。

一扇窗户上，好让一楼的观众在瞬间看见那里有个黑漆漆的东西。

十二月十七日。难道没有什么东西是静止的？针对这个迫切的问题，芝诺[1]说：有的，一支飞行的箭是静止的。

假如法国人本质上是德国人，那么德国人对他们不知会怎么佩服了。

我搁置和划掉的东西是这么多，几乎是我在这一年里所写的全部，这大大妨碍了我的写作。这是一座山，比我曾经写出来的东西要多上五倍。单是由于它的巨量，它就把我所写的一切从我笔下拉走了，拉到它那儿去。

十二月十八日。我之所以让信件没拆封地摆上一段时间（包括那些可以预见内容无关紧要的信，就像此刻这一封），其原因无疑就是软弱和怯懦。犹豫着去拆开一封信，就像犹豫着去打开一扇门，门里也许有个人已经不耐烦地在等我。若非如此，那么用做事认真细致来解释搁置信件这件事或许

---

[1] 芝诺（Zeno，约公元前490—前425），古希腊哲学家，提出一系列关于运动的悖论，此处提到的是他的"飞矢不动"悖论。

是恰当的。因为，假定我是个认真细致的人，我就必定会努力地把一切都尽量拖长。拿这封信来说，就是慢慢地打开，慢慢地读上好几遍，久久思索，在誊写清稿之前先写好几份草稿，最后再犹豫要不要寄出。这一切都在我的掌控之中，只不过忽然收到一封信是避免不了的，于是我也以人为的方式放慢了这件事的速度，久久不把信拆开。信摆在我面前的桌上，不断地把自己呈献给我。我不断地收到它，但并不把它拿起来。

晚上，十一点半。在我从办公室里解脱出来之前，我是没有指望的，这一点我再清楚不过，事情就只剩下把头高高抬起，免得我溺死，能撑多久算多久。这会有多么困难，必然会耗费我多少力气，从这件事上就能看得出来，亦即今天我没有遵守我新定的时间表，从晚上八点到十一点坐在书桌旁，而我目前甚至不认为这有多糟，就只匆匆写下这几行字，以便上床去睡觉。

十二月十九日。开始在办公室工作。下午去找马克斯[1]。读了一点歌德的日记。遥远的过去已经静静地记录下了

---

1 系指卡夫卡的挚友马克斯·布罗德（Max Brod，1884—1968），这个名字在卡夫卡的日记里将一再出现。布罗德也是犹太裔捷克作家，很早便看出卡夫卡在写作上的才华，一直鼓励他写作并发表作品，并且在卡夫卡去世后整理了他的大量残稿，加以编辑出版，包括这部日记。

这样的生活，这些日记燃起了一把火。所有事件的明澈使它们充满神秘，就像公园的栅栏让眼睛在静观远处的草地时得以休憩，并且让我们油然生起自叹不如的敬意。

已出嫁的妹妹刚才头一次来探望我们。

十二月二十日。我该如何辩解我昨天对歌德的评论（这评论不是真的，几乎跟它所描述的感觉一样，因为真实的感觉被我妹妹赶走了）？无从辩解。我该如何辩解我今天一个字都没写出来？无从辩解。再说我的状况并没有那么糟。耳中不断听见一声呼唤："来吧，看不见的法庭！"

这些写坏的段落硬是赖在故事里不走，为了让它们别再来纠缠我，我在这里写出两段：

"他的呼吸，声音大得像是对一场梦的叹息，比起在我们的世界里，在梦中承受不幸比较容易，因此单纯的呼吸就足可作为叹息。"

"现在我把他看清楚了，就像一个人摸清楚了一个小小的益智游戏，针对这个游戏，你对自己说：如果我没办法把这颗小球弄进它的凹洞里又怎么样，反正这些东西全是我的，这片玻璃、这个边框、这些小球，还有其他东西；我可以把这一整套东西都塞进口袋。"

十二月二十一日。米夏·库斯敏[1]《亚历山大大帝事迹》里的引人注目之处：

"孩童，上半身已死，下半身活着，童尸的红色细腿还在动。"

"不洁的国王歌革和玛各吃虫子和苍蝇维生，他把他们赶进裂开的峭壁，用所罗门王的封印把他们封住，直到世界末日。"

"石河，河中无水，而有石头轰轰滚动，从沙溪旁流过，朝南方流了三天，又朝北方流了三天。"

"亚马孙人，女性有着烧掉的右乳，短发，穿着男人的鞋子。"

"鳄鱼用它们的尿液烧毁树木。"

去鲍姆[2]家，听了些愉快的事。我就跟从前一样虚弱，向来如此。感觉自己受到羁绊，同时又觉得假如松开了羁绊，情况还会更糟。

---

[1] 米夏·库斯敏（Michail Kusmin，1872—1936），俄国作家兼作曲家，属于俄国文学"白银时代"的代表人物。

[2] 鲍姆（Oskar Baum，1883—1941），犹太裔捷克作家，幼年因病全盲，与卡夫卡在一九〇四年相识，和布罗德同属卡夫卡的亲密好友，两人经常结伴出游或是在聚会时朗诵彼此的作品。

十二月二十二日。今天我甚至不敢责备自己。假如对着这空洞的一天大喊，就会得到一阵令人作呕的回声。

◇ 打量我的书桌

十二月二十四日。此刻我更仔细地打量我的书桌，看出在这张桌子上不可能写出什么好作品。桌上摆了这么多东西，构成了一种不均衡的紊乱，而且缺少平常使得紊乱变得能够忍受的那种协调。绿色的桌布上再怎么乱都无妨，在老剧院的一楼座位上也一样。可是从站位上……（明日要接下去写）

十二月二十五日。……从桌面上的开放式置物格里冒出来的有旧报刊、目录、风景明信片、信件，所有这些，部分被撕碎、部分被打开，以露天阶梯的形状伸出来，这种狼藉的状态毁了一切。一楼座位上相对大件的物品活跃着登场，仿佛剧院里允许商人在观众席上整理账簿、木匠敲敲打打、军官挥舞军刀、神职人员劝告人心、学者劝说理智、政客诉诸公民意识、相爱的人大胆示爱，诸如此类。只是在我的书桌上，刮胡子的镜子竖着，就像在刮胡子时需要用到它时那样；刷衣服的刷子面朝下地摆着；钱包打开着，以便于我付钱；一把钥匙从钥匙圈里伸出来准备被使用；领带还有部分缠绕在脱下来的衣领上。下面那层置物格由于两侧有几个关上的小抽屉，本来就很窄，就只是个杂物间，就像观众席上低矮的楼座，基本上是剧院最显眼的地方，留给最粗鲁的人，留给已经逐渐从里面脏到外面的阔老爷、粗野的家伙，让他们把腿跷在栏杆上，一双脚垂下来。小孩众多的家庭——多到别人只瞄上一眼是没有办法数的——在这里制造出穷人育儿室里的污秽（已经流到一楼座位了）。在阴暗的背景中，还坐着无法治愈的病人，幸好只有当光线照进去的时候，人们才看得见。在这个置物格里摆着废纸，假如我有个字纸篓，我老早就把它们扔出去了，笔尖折断了的铅笔，一个空火柴盒，一个来自卡尔斯巴德的镇纸，一把尺，尺子的边缘凹凸不平，假如要画一条道路的话就糟了，好几颗衣领纽扣，用钝了的刮胡刀片（在这世上没有这种东西的容身之处），领夹，还有另一个沉重的铁制镇纸。在上面那一层置物格里——

悲惨，悲惨，但却是善意的。午夜了，但我睡得很饱，这只是一个我在白天什么也写不出来的借口。点亮的灯泡、安静的寓所、外面的黑暗、醒着的最后几个瞬间，它们赋予我写作的权利。我急于使用这份权利。这就是我。

十二月二十六日。有两天半的时间，我独自一人——虽然不是全然独处——我就已经发生了变化，即使没有脱胎换骨，也是在变化的途中。独处对我施展出一种从来不曾失灵的力量。我的内心松开了（暂时只是表面上），并且准备好释放出更深层的东西。我的内心开始建立起一种小小的秩序，而我别无所需，因为就小小的能力而言，失去秩序是最糟的。

十二月二十七日。我的力量不足以再写出一个句子。是的，假如重点只在于一个词，假如只要写下一个词，你就能够转身离去，心中平静，知道你在这个词里投注了全部的自己就好了。

我睡掉了一部分的下午。醒着时，我躺在沙发上，重新思考我年少时的几次恋爱经历，在一次错失的机会上恼人地流连（当时我有点着凉，躺在床上，我的家庭女教师朗读《克鲁采奏鸣曲》[1]给我听，而她懂得欣赏我的兴奋），想象着我的素食晚餐，对我的消化感到满意，并且担心我的视力是否能用一辈子。

十二月二十八日。只要我有几个小时表现得人模人样，如同今天和马克斯在一起，后来又去了鲍姆家那样，那么我在睡觉前就已经感到自大了。

---

[1] 《克鲁采奏鸣曲》，俄国文豪托尔斯泰晚年所写的短篇小说，探讨情欲与道德问题，有一些露骨的描写，在俄国曾被列为禁书。

1911年

Kafka Tagebücher

这一年的卡夫卡颇为忙碌,既充满苦恼也不乏积极精神。

这一年值得注意的一件事,是卡夫卡与父亲的矛盾升级。三月时,卡夫卡在日记中写了未完成的题为"城市的世界"的小说稿,其中描绘的紧张而微妙的父子关系,与其隔年写成的短篇小说《判决》有着耐人寻味的关联。在这一年年末,卡夫卡的父亲创办了一个石棉厂,而且常常要求卡夫卡在上班之余去工厂帮忙管理、监督,这件事在未来几年成了卡夫卡的一大烦恼。在这一年的日记中,卡夫卡还提到了对父亲的恨意。

除此之外,卡夫卡忽然对一个东欧犹太人的意第绪语剧团产生了极大的热情,为其到处奔走、筹备活动,并与剧团演员勒维成为好友。有人认为，这或许正代表着处于家庭矛盾之下的卡夫卡，开始想要了解他所认为的真正的犹太生活。从十月开始的日记中，有大量篇幅在描绘剧团表演的剧情及相关演员，读者读起来可能会觉得有点乏味。但这是个颇具意义的起点，之后，卡夫卡还进一步学习了希伯来文，阅读了犹太历史。

一月三日。"喂。"我说,接着用膝盖轻轻撞了他一下。

"我想告别了。"在突然开口说话时,有些许唾沫从我嘴里飞出去,这是个不好的征兆。

"这件事你倒是考虑了很久。"他说,离开墙边,伸了个懒腰。

"不,我根本没有考虑。"

"那你在思考些什么呢?"

"我还为那个聚会做了最后一次准备。这是你再怎么努力也不会了解的。我,一个乡下来的普通人,别人随时都可以把我换掉,从某几列火车进站之后一起站在火车站前面的那几百个人当中随便找一个。"

一月四日。荀黑尔[1]的剧作《信仰与家乡》。

我下方廊台座位上的观众手指潮湿,他们在擦眼泪。

一月六日。"喂,"我说,用膝盖瞄准了,轻轻撞了他

---

1 荀黑尔(Karl Schönherr, 1867—1943),奥地利医生兼作家,《信仰与家乡》(*Glaube und Heimat*)是他一九一〇年创作的一部悲剧,在当时大获成功。

一下,"现在我要走了。如果你想在旁边看着,就睁开你的眼睛。"

"终究要走?"他问,同时用完全睁开的眼睛直勾勾地看着我,不过那道目光很微弱,我如果把手臂一挥,就能挡下,"所以你还是要走?我该怎么做?我不能把你留住。就算我能,我也不想。因此我只想向你问清楚你的感受,在这之后也许你还是可以被我留下来。"他立刻摆出卑微仆人的面孔——在一个平素有秩序的国家里,这些仆人被准许用这种面孔来让主人的小孩听话或是吓唬他们。

一月七日。N.的妹妹深深地爱上了她的未婚夫,因此她设法安排和每个访客单独谈话,因为在面对单独一个人的时候,她更能够述说自己的爱,并且可以一再重复。

仿佛是通过魔法(因为不管是外在的还是内在的情况都没有阻碍我,目前的情况要比这一年以来都更顺利),不必上班的这一整天我都被阻止去写作。这天是星期天。关于我这个不幸的人,我有了一些新的认知,这安慰了我。

一月十二日。这些天,有很多关于我的事,我都没有写下来,部分是出于懒惰(现在我白天睡得又久又沉,我在睡觉时比较重），部分是出于害怕，怕泄露我对自己的认知。这种害怕是有道理的，因为通过书写，自我认知将成定局，所以若非完整而面面俱到，把所有细枝末节的可能后果都考虑进去，并且是完全真实的，实不宜贸然下笔。因为若非如此——而我反正没有能力做到——所写下来的东西就会按照自己的意图，带着已成定局的优势，替换那只是泛泛感受到的东西，这使得真正的感受消失无踪。而我要到很晚才能看出，那些写下来的东西毫无价值。

几天前，"维也纳城"[1]的歌舞演员蕾欧妮·弗里朋。一头扎起来的浓密鬈发。劣质的紧身胸衣，衣服很旧，但是人很漂亮，有着悲剧性的动作，使劲眨动眼皮，伸出长腿，懂得沿着身体伸长手臂。用僵硬的脖颈来暗示意思暧昧之处。唱的是《在卢浮宫收集纽扣》[2]。

席勒像，是沙都[3]一八〇四年在柏林画的素描，他在那里备受尊敬。除了用这个鼻子，你无法更牢地抓住这张脸。鼻中隔由于在工作时有摸鼻子的习惯而稍微被拉下了一点。一个和善的人，脸颊略微凹陷，刮掉胡子可能使他看起来像

---

[1] "维也纳城"（Stadt Wien），布拉格一座歌舞剧院的名字。

[2] 《在卢浮宫收集纽扣》(*Die Ballade von der Knopfsammlung im Louvre von Paris*)，犹太裔奥地利作曲家法尔（Leo Fall，1873—1925）所写的叙事曲。

[3] 沙都（Johann Gottfried Schadow，1764—1850），德国古典主义时期画家与雕塑家，柏林勃兰登堡门上的四马双轮战车就是他的作品。

个老人。

一月十四日。贝拉德[1]的小说《夫妻》。有很多不好的犹太特质。例如作者忽然单调地搞笑地上场，大家都很快活，但是有一个在场之人并不快活。或是来了一位史坦恩先生（我们对小说中的他已经很熟悉了）。在汉姆生[2]的作品中也有类似的情况，但是在汉姆生笔下就像木头里的节瘤一样自然，而在贝拉德笔下，这些却像是时兴的药物滴在糖上一样地滴进故事情节里。——无缘无故地用上奇怪的转折，例如：他努力又努力地想要她的头发。——有些人物刻画得很好，偶尔出现了错误也无伤大雅，尽管没有让他们呈现出新的一面。次要人物大多缺少吸引力。

一月十七日。马克斯朗诵了《告别青春》[3]的第一幕给我听。以我今天的状态，我怎么应付得来？我得找上一年，才能在我心中找到一种真实的感受，但我却在深夜的咖啡馆

---

1 贝拉德（Martin Beradt，1881—1949），犹太裔德国作家兼律师，纳粹掌权后移民美国，《夫妻》(*Eheleute*) 是他一九一〇年的作品。

2 汉姆生（Knut Hamsun，1859—1952），出身穷苦的挪威作家，一九二〇年的诺贝尔文学奖得主，《饥饿》为其代表作。

3 《告别青春》(*Abschied von der Jugend*)，马克斯·布罗德所写的一部浪漫喜剧，后来在一九一二年出版。

里，由于消化不良而受到胀气的折磨。面对这样一部伟大的作品，得有个理由让我可以继续坐在我的椅子上。

一月十九日。我看来是彻底完蛋了——去年我每天清醒的时间还不到五分钟——每天如果不是希望自己不在这个世上，就是要做个小孩从头开始，尽管我在其中可能连最小的希望都看不见。表面上我比那时候要轻松，因为在那时候，我还几乎没有带着隐约的预感去追求一种一字一句都与我的生活相连的描述。我应该把它从我的胸膛里拉出来，它则应该把我从我的位置上拉开。我是以何等的悲惨开始的（和目前的悲惨当然无法相提并论）！何等的寒意从我写下来的东西里跟着我好几天！危险何其大，而且几乎不中断地产生影响，使我根本感觉不到那份寒意，但整体而言，这也没有怎么减少我的不幸。

我曾经想写一部小说，在小说中，兄弟争斗，其中一个飞往美国，另一个留在欧洲且身陷囹圄。我只零零落落写了几行，因为那马上就令我感到疲倦。就这样，有一次在一个周日下午，当我们去探望外公外婆，吃了一种当地常见的涂了奶油的面包后，我又写下了一些关于我小说里监狱的设想。我那么做的确有可能主要是出于虚荣，想要通过在桌布上挪动纸张、用铅笔敲打桌子、在灯下环顾围坐在桌旁的人，引诱某个人来抢走我所写的东西，认真看一眼，然后对

◇ 两兄弟的故事

我感到佩服。那几行字主要是描述监狱里的走廊，尤其是那里的寂静和寒冷；针对那个留下来的兄弟也说了一句同情的话，因为他是两兄弟当中善良的那一个。也许我当时就已经觉得我的描写没有价值，只是在那个下午之前，我从来不太去留意这种感觉。当我和熟悉的亲戚在一起（我是那么害羞，以至于熟悉的事物就已经使我感到一半的快乐了），围坐在熟悉的房间里那张圆桌旁时，我没法忘记我正年轻，在现在这片安详中注定要成就大事。一个喜欢嘲笑别人的叔叔终于拿走了我只轻轻拿着的那张纸，看了一下，再还给我，甚至没有大笑，只对其他那些盯着他看的人说"就是些一般的东西"，对我则什么也没说。我虽然仍旧坐着，跟先前一样俯身在我那张无用的纸张上，但事实上我一下子就从聚会中被驱逐了。那个叔叔的评价在我心中重复，几乎具有真正的意义，而即使在感受到亲情的同时，我也瞥见了这个世界冰冷的空间，我应该用一把火使那个空间温暖起来，但我想要先找到那把火。

◇ 写给上司的信

二月十九日。今天想要下床的时候，我一下子就晕倒了。这有一个十分简单的原因，我彻底工作过度。不是由于办公室的工作，而是由于我的其他工作。在这件事情上，办公室的工作只占无辜的一小部分。当我不必去办公室时，我能安心地为了我的工作而活，而不必把这六个小时花在办公室里,这在周五和周六尤其折磨我,您无法想象,因为我的心思都在自己的事情上。说到底,我也知道这只是废话,我有责任,而办公室对我的要求再明确不过,也再合理不过。只不过对我来说,这是一种可怕的双重生活,要脱离这种生活,可能只有发疯一途。我在明亮的晨光里写下这段话,假如它不是如此真实,假如我不是像儿子一样爱您,我肯定不会这样写。

此外,明天我肯定就会恢复健康,就会走进办公室,届时我听见的第一件事,将会是您想要我离开您的部门。[1]

二月十九日。此刻是深夜两点,最幸福也最不幸的我带着我的灵感去睡觉(它也许会留下来,因为它比之前所有的灵感都更高明,只要我承受得了这个念头),我的灵感的特别之处在于它无所不能,并不只是关于一个特定的作品。如果我随便写下一个句子,例如"他看向窗外",那么这个句子就已经是完美的了。

"你还要在这里待很久吗?"我问。突然开口说话时,些许唾沫从我嘴里飞出去,这是个不好的预兆。

---

1 这是卡夫卡想写给他的顶头上司佛尔(Eugen Pfohl,1867—1919)的一封信的草稿。

"这会打扰你吗?如果这会打扰你,或者说妨碍你上楼,那我马上就走,不然的话,我还想待在这里,因为我累了。"

但最终他可以称心如意,而且越来越称心如意,当我越来越了解他之后。因为他显然一向更了解我,肯定可以让我和我对他的了解望尘莫及,否则该如何解释我仍然站在街上,仿佛我面前不是一栋房子,而是一场火。如果一个人受邀去参加一场聚会,他就该直接走进屋里,爬楼梯上去,而且几乎不会注意到他在做这件事,他是如此沉浸在他的思绪中。这才是正确之举,不管是对自己,还是对参加那场聚会的人。

二月二十日。梅拉·马尔斯在"卢森娜"剧院[1]演出。一个有趣的悲剧女演员,有点像是在一个前后颠倒的舞台上演出,表现出悲剧女演员有时在后台的模样。出场时,她有一张疲倦同时也是平淡、空洞、苍老的脸,对所有知名演员来说,这都是个自然的开始。她说话很尖锐,她的动作也一样,从跷起的拇指开始,那拇指似乎没有骨头,但有坚硬的肌腱。借助光线的变化和周围肌肉动作产生的凹陷,她的鼻子格外具有变化的能力。尽管她的言语和动作一直在闪动,她的语调却是温柔的。

---

1 这是位于布拉格的一家歌舞剧院,"卢森娜"(Lucerna)在捷克文里的意思是"灯笼"。

小镇也有可供散步的小地方。

步道上，旁边那些年轻、纯洁、衣着考究的少年让我想起自己的年少时光，因此让我觉得倒胃口。

克莱斯特[1]年轻时写的信，二十二岁的时候。他放弃了军旅生涯。家人问他：那你要靠什么谋生呢？因为家人认为这是理所当然的。你可以在法学和官房学之间做选择。可是你在宫廷里有人脉吗？"起初我有点尴尬地否认了，但随即我越来越自负地解释说，即使我有人脉，以我目前的观点，仰赖人脉应该会令我感到羞愧。家人微微一笑，我感觉自己操之过急了。这种真相要避免说出来。"

二月二十一日。 我在此地的生活就像是我很有把握自己还有第二次生命似的。例如要化解那趟不顺利的巴黎之行所留下的遗憾，我就想着我将设法尽快再去一趟。想到这里，我看见街道铺石路面上泾渭分明的光亮与阴影。

---

1 克莱斯特（Heinrich von Kleist，1777—1811），德国诗人、剧作家及小说家，出身于古老的贵族世家，其作品在生前并未获得重视，数十年后才得到肯定，如今德国著名的"克莱斯特文学奖"就是以他的名字命名的。

有一瞬间，我感觉自己裹着甲胄。

例如，手臂的肌肉离我多么遥远。

马克·亨利和玛莉亚·德瓦[1]二重唱。由于表演厅里的冷清而在观众心中产生的悲剧感有利于严肃的歌曲发挥效果，但不利于诙谐的歌曲。——亨利作了开场白，同时德瓦在一个帘子后面整理头发，她不知道那面帘子是透明的。——在来看演出的观众不多时，主办者W.那一把亚述人般的长胡子就似乎从平日的深黑变成了斑白。——能被这样的热情感染是件好事，那持续了二十四个小时，不，没有那么久。——在服装上下了很多功夫，布列塔尼地区的民俗服装，最里面一层衬裙最长，让人远远地就能数出穿了几层。——起初由德瓦伴奏，因为想省下另外请人伴奏的钱，她穿着一件领口很大的绿色裙装，冻着了。——巴黎街道上的呼喊，送报纸的人被省去了。——有人跟我说话；我才要吸一口气，对方就告辞了。——德瓦模样可笑，她有着老姑娘的笑容，德国歌舞剧场的老姑娘。她用她从帘子后面拿来的一条红色围巾表演革命，用同样坚韧而无法斩断的声音演唱多腾岱[2]的诗。只有在开场之初带着女性的妩媚坐在钢琴

---

[1] 马克·亨利（Marc Herny, 1873—1943）和玛莉亚·德瓦（Marya Delvard, 1874—1965）是当时知名的舞台艺人，以演唱法国民谣著称。

[2] 多腾岱（Max Dauthendey, 1867—1918），德国诗人兼画家，德国印象主义文学的代表人物，其作品的主题多表达对大自然的爱，有许多诗作被谱成歌曲。

前面时,她才是可爱的。听到《到巴蒂诺勒去》那首歌时,我感觉到巴黎在我喉咙里。据说巴蒂诺勒那一区充斥着退休老人,包括该区的街头流氓。布里昂[1]替巴黎的每一区都写了歌。

城市的世界[2]

奥斯卡·M.,一个有点年纪的大学生——如果从近处看他,会被他的眼睛吓到——一个冬日的下午,正在下雪,他在一个无人的广场上停下脚步,穿着冬装和大衣,脖子上围着围巾,头上戴着一顶毛皮帽子;由于沉思,他眨着眼睛,深深沉浸在思绪中,以至于一度摘下帽子,用凌乱的毛皮来擦脸。最后,他似乎得出了结论,以一个舞步转身走上回家的路。

当他打开父母家的门时,他看见父亲背对着门坐在一张空桌旁,他父亲是个胡子刮得很干净、脸上很多肉的人。奥斯卡刚踏进屋里,父亲就说:"总算回来了,拜托你就站在门口,因为我太生你的气了,没有把握自己会做出什么事来。"

"可是,父亲——"奥斯卡说,在说话时才注意到

---

1 布里昂(Aristide Bruant, 1851—1925),法国歌舞剧场歌手、喜剧演员及作家,写过许多歌曲,包括上文中那首《到巴蒂诺勒去》(à Batignolles),如今在巴黎十八区有一条路以他的名字命名。

2 这是卡夫卡一篇未完成的作品,他的日记里经常出现这类残稿。

刚才他走得多急。

"安静。"父亲喊道,他站了起来,挡住了一扇窗户,"我命令你安静。省省你的'可是'吧,你懂吧?"他用两只手搬起桌子,朝着奥斯卡走近了一步,"你这种游手好闲的生活,我再也受不了了。我是个老人,原以为你会是我老年时的安慰,但你却比我所有的病痛还要更糟。呸,这种儿子,用懒惰、挥霍、恶意,还有(我何不坦白对你说)愚蠢把老父亲赶进坟墓里。"说到这里,父亲沉默了,但他的脸还在动,仿佛他还在说话。

"亲爱的父亲,"奥斯卡说,小心翼翼地走向那张桌子,"你冷静一点,一切都会好转的。今天我有了个主意,这将会使我成为一个勤快的人,如你所希望的。"

"怎么说?"父亲问,看着房间一角。

"相信我吧,晚餐时我会向你说明一切。我内心一直是个好儿子,只是我没法表现出来,这使我心中抑郁,以至于我宁可惹你生气,既然我无法让你高兴。可是现在请让我再去散一下步,好让我把我的想法想得更清楚。"

父亲专注起来,起初在桌子边缘坐着,这时站了起来。"我不认为你现在说的话有多少意义,我认为那多半是空话。但你毕竟是我的儿子。——及时回来,我们将在家里吃晚餐,到时候你可以说明你的事。"

"这一点信赖对我来说就足够了,我由衷地感谢。

可是从我的眼神不就可以看出我全心全意地在思索一件严肃的事吗?"

"眼下我看不出来,"父亲说,"但这也可能是我的错,因为我已经太久没有正眼看你了。"同时他按照习惯,借助规律地敲着桌面,让人注意到时间的流逝,"可是最主要的是我根本不再相信你了,奥斯卡。如果我对着你吼——你刚才回来的时候,我不就吼了你吗,对吧?——那不是因为我希望这能够使你改善,而只是想到你可怜的母亲,目前她也许还没有因为你而直接感到痛苦,但单是由于要吃力地避免这种痛苦——因为她认为这样能够帮助你——她就会慢慢垮掉。不过,说到底,这些事你都很清楚,要不是你的承诺又惹得我去想起这些事,为了顾念自己的身体,我本来是不愿再想起的。"

他说到最后一句话时,女佣走进来检查炉火。她一离开,奥斯卡就大声喊了出来:"可是父亲!这在我意料之外。假如我就只是有了个小点子,比如说,针对我的博士论文——这论文在我的抽屉里已经躺了十年了——极其需要一些点子,那么是有可能——就算可能性不高——我会像今天这样在散步过后跑回家,说道:'父亲,我运气很好地有了这个和那个点子。'假如你听了之后用你威严的声音把刚才那些指责当面告诉我,那么我的点子就会一下子被吹走,而我就得马上找个借口或是连借口也没有地离开。现在却相反！你说的所有指责我的话，都对我的点子有帮助，这些点子不停地装满我的脑袋，越来越强烈。我要走了，因为我只有在独处的时候才能把它们理出头绪。"在这个温暖的房间里，他咽了一口气。

"你脑袋里想的也可能是什么坏事，"父亲睁大了眼睛说，"我相信它会抓着你不放。如果是什么有用的东西误入了你的脑袋，过一晚上它就溜掉了。我太了解你了。"

奥斯卡转过头去，仿佛有人拉住他的脖子。"现在放过我吧，你没有必要折磨我。也许你正确地预言了我的下场，但是这种可能性不该引诱你来妨碍我好好思考。也许我的过去给了你这样做的权利，但是你不该过度使用这个权利。"

"从这里就可以看出来，你是多么缺少自信，如果你的缺少自信逼得你这样顶撞我。"

"没有什么在逼我。"奥斯卡说，他的后颈在抽搐。他也走到离桌子很近的地方，让人不再知道那张桌子属于谁。"我所说的话是出于对你的敬畏，甚至是出于对你的爱，将来你会看到的，因为我的决定绝大部分是顾虑到你和妈妈的。"

"那我现在就得向你道谢，"父亲说，"因为你母亲和我将来还能及时向你道谢的可能性很低。"

"拜托，父亲，就让未来继续沉睡吧，这是它应得的。因为如果提早唤醒未来，就会得到睡眼惺忪的现在。这居然还得由你的儿子来告诉你！我本来也还没有打算要说服你，而只是想告诉你这个消息。至少这一点我办到了，这你也得承认。"

"现在，奥斯卡，其实就只有一件事令我纳闷：为什么你没有更经常地为了像今天这样的事来找我。这和你的本性如此相符。不，真的，我是认真的。"

"噢，那你会听我说，而非把我痛揍一顿吗？天晓得我跑来是想赶紧让你高兴一下的。但在我的计划没有全部完成之前，我还不能向你透露什么。为什么你要惩罚我的好意，并且想从我这儿得到解释——现在有可能会妨碍我执行计划的解释？"

"安静，我根本什么也不想知道。但是我要很快地回答你，因为你朝着门退回去，显然有很急的事要做：你用你的把戏平息了我最初的怒气，只不过现在我比先前更悲伤了，因此我拜托你——如果你坚持的话，我也可以向你合掌作揖——至少不要把你的点子告诉你母亲。跟我说就够了。"

"我父亲不可能这样跟我说话。"奥斯卡喊道，手臂已经搁在门把上，"中午之后在你身上发生了某件事，要不然就是你是我此刻在我父亲房间里初次遇见的一个陌生人。我真正的父亲——"奥斯卡张着嘴沉默了瞬间，"他应该要拥抱我才对，他应该要把母亲叫来。你是怎么了，父亲？"

"我认为你最好是跟你真正的父亲一起吃晚餐。那样会更愉快。"

"他会来的，毕竟他非来不可。而母亲也要在场。还有弗兰茨，我现在就去把他找来。所有的人。"说完，奥斯卡用肩膀去顶那扇微微打开的门，仿佛他打算把门压紧。

到了弗兰茨的住处，他俯身对矮小的房东太太说："我知道工程师先生在睡觉，但是没有关系。"接着他不再理会这位太太，她由于对这个访客感到不满而在前厅里徒劳地走来走去。他打开玻璃门，门在他手里颤抖，仿佛被碰到了一个敏感部位。他几乎还没看见房间内部，也毫不在乎，就喊道："弗兰茨，起床。我需要你的专业意见。可是我受不了待在这房间里，我们得出去散散步，你也得跟我们一起吃晚餐。所以，动作要快。"

"乐意之至。"工程师坐在他的皮沙发上说道，"可是哪件事先做呢，起床、吃晚餐、去散步、提供意见？我也可能漏听了几件。"

"首先是别开玩笑，弗兰茨。这是最重要的，这一点我忘了。"

"这我马上从命。但是起来这件事！——我宁愿为了你而吃两顿晚餐，也胜过起床一次。"

"现在赶快起来！不要反驳。"奥斯卡从前面抓住那个体弱之人的外套，拉他坐起来。

"你挺粗暴的，你知道吗？佩服佩服。我曾经像这样把你从沙发上拉起来过吗？"他用两根小指头揉揉闭着的眼睛。

"可是弗兰茨，"奥斯卡做了个鬼脸，"快穿衣服吧。我又不是傻瓜，会没来由地把你叫醒。"

"同样地，我也不是没来由地在睡觉。昨天我值夜班，然后今天也没睡到午觉，都是因为你的缘故——"

"怎么说？"

"唉，你一点也不替我着想，这已经让我生气了。这不是第一次。当然，你是个自由的大学生，可以想做什么就做什么，但不是每个人都这么幸运。这你总要顾虑一下，可恶！我虽然是你的朋友，但是别人也没有因此就卸下了我的职务。"他把双手一摊，摇了摇。

"从你现在这张嘴来判断，我是不是应该认为你早就已经睡饱了？"奥斯卡说，他拉着一根床柱站了起来，看着这个工程师，仿佛他已经没那么赶时间了。

"你到底想要我做什么？或者应该说，你为什么叫醒我？"工程师问道，用力揉着他山羊胡下面的脖子，在睡醒之后和自己的身体关系更加亲密。

"我要你做的事，"奥斯卡小声地说，用鞋跟踢了踢那张床，"很少。我在前厅里不是就已经跟你说过了吗？要你把衣服穿上。"

"奥斯卡,如果你这话是想暗示我对你的新闻不感兴趣,那么你想的一点也没错。"

"这样也好,那么它将引起的热情就会纯粹是由它引起的,和我们的友谊无关。消息也会更清楚。我需要清楚的消息,记住这一点。不过,如果你是在找衣领和领带的话,它们就在那边那把椅子上。"

"谢了。"工程师说,开始系紧衣领和领带,"你毕竟还是可靠的。"

三月二十六日。鲁道夫·施泰纳[1]博士的神智学演讲,柏林。演说家的效果:自在地讨论反对者提出的异议。听众对于激烈的反对阵营感到惊讶,开始担心起来,完全沉浸在这些异议中,仿佛除此之外就没有别的论点。这时,听众认为这些异议根本无从反驳,能听到对于辩护机会的粗略描述就很满意了。另外,这种演说的效果也与虔诚的气氛相符——一直看着举在面前的手掌心——省略了句点。一般而言,演讲者说出的句子以词首的大写字母开始传向听众,在这个过程中尽可能地转弯,随着句点回到演讲者这边。而句点若是被省略,那个不再被拉住的句子就一口气直接吹向了听众。

---

[1] 鲁道夫·施泰纳(Rudolf Steiner,1861—1925),奥地利社会哲学家,"人智学"与"华德福教育"的创始人。

之前听了鲁斯和克劳斯[1]的演讲。

在西欧的小说里,一旦他们想要把几组犹太人包括进去——我们现在几乎已经习惯了——我们立刻就会在故事情节中寻找犹太人问题的解决之道。但是《犹太女人》[2]中并没有提出这种解决之道,甚至没有对此加以猜测,因为在小说里,凡是思索这类问题的人都不是故事的中心人物。在远离故事中心的地方,事件进行的速度比较快,以至于我们虽然还能仔细观察这些人物,但是不再有机会从他们口中得知他们在这方面的努力和冷静的答复。于是我们二话不说,就在其中看出了这部小说的一个缺陷,而自从有了犹太人复国运动以来,犹太人问题的解决方法是如此清楚地被一条条列出来,因此我们更觉得自己有理由持这种意见,因为作家只需要跨出几步,就能找到适合他小说的解决办法。

但这个缺陷还源自另一个缺陷。《犹太女人》缺少了非犹太人的观众,缺少那些受到尊敬、形成对照的人,这些人在其他小说里引出了犹太人的特质,这种特质带着讶异、怀疑、嫉羡、惊恐朝他们推进,最终才转化为自信,至少是在

---

[1] 鲁斯(Adolf Loos,1870—1933),奥地利建筑师,也是建筑理论家,被视为现代主义建筑的先驱。克劳斯(Karl Kraus,1874—1936),奥地利作家兼文化评论家,文学与政论杂志《火炬》的创办人。

[2] 《犹太女人》(*Jüdinnen*),卡夫卡的好友马克斯·布罗德所写的一部小说,于一九一一年出版。

面对他们时能够昂然挺立。这就是我们所要求的，我们不承认犹太人问题能有其他解决的方式。我们也不只是在这一个例子上援引这种感觉，至少在这个方向上是普遍如此。就好像在意大利走在一条步道上，有蜥蜴从我们脚前跳过，令我们欣喜异常，我们会一直想要俯身去看，可是如果我们在一个小贩那儿看见平常用来腌黄瓜的大瓶子里有几百只蜥蜴爬来爬去，我们就不知道如何是好了。

这两个缺陷结合成为第三个。《犹太女人》可以放弃最突出的那个少年，他平常在小说里吸引了最好的人，并以美好的辐射状伸向犹太人圈子的边界。只是我们不愿意接受这部小说可以舍弃这个少年。在这一点上，我们与其说是看出了一个缺陷，不如说是隐约意识到了一个缺陷。

三月二十八日。画家波拉克-卡尔林[1]和他太太，两颗大门牙使得那张略显平坦的大脸凸出来。宫廷顾问毕特纳夫人，那位作曲家的母亲，年纪凸显了她强壮的骨架，使得她至少在坐着时看起来像个男人。

施泰纳博士过度地被他不在场的弟子占用——在演讲时，那些死者拼命挤向他。求知若渴？可是他们有必要这样吗？<u>显然有必要</u>。——睡了两小时。自从有一次别人切断了

---

1 波拉克-卡尔林（Richard Pollak-Karlin, 1867—1943），犹太裔捷克画家，其妻希尔妲（Hilda Pollak, 1874—1943）亦为画家。

他电灯的电源后,他总是随身携带一支蜡烛。——他和耶稣基督很接近。——他的舞台剧在慕尼黑上演(你可以花一年的时间去研究,也还是不懂),他设计了戏服,写了配乐。——他启发了一位化学家——勒维·西蒙,巴黎蒙西码头的肥皂商人,给了他最好的商业建议。西蒙把他的作品翻译成法语。因此,宫廷顾问夫人在她的笔记本里写下:"要如何获得对更崇高的世界的知识?在巴黎的勒维那里。"

在维也纳共济会有个神智学学者,六十五岁,非常壮硕,曾经是个酒鬼,生性顽固,一直都在相信,也一直都在怀疑。有一个滑稽的故事,据说有一次他在布达佩斯参加会议,在一个有月光的夜晚在盖勒特山上享用晚餐,当施泰纳博士出人意料地出席时,他吓得拿着啤酒杯躲到一个啤酒桶后面(虽然施泰纳博士并不会为此生气)。

他也许不是当代最伟大的心智研究者,但是只有他肩负起了把神智学和科学相结合的任务。因此他无所不知。——在他家乡的村庄,曾经来了一个植物学家、一个神秘大师,启发了他。——我想去拜访施泰纳博士,这被那位女士解读为回忆的开始。——这位女士的医生在她出现了流行性感冒的症状时,向施泰纳博士求一种药物,他把这种药物开给这位女士服用,立刻使她恢复了健康。——一名法国女子用法语向他道别。他在她身后摆了摆手。两个月后她就死了。在慕尼黑还有一桩类似的事情。——慕尼黑一位医生用施泰纳博士所决定的色彩来医治病人。他也叫病人去绘画陈列馆，嘱咐他们在某一幅画作前专心待上半小时或更久。

大西洋世界的灭亡，狐猴洲的沉没，如今由于利己主义而出现的末日。——我们活在一个关键的时代。施泰纳博士的尝试将会成功，只要邪灵的力量不要占了上风。——他饮用两公升的杏仁奶，食用长在高处的果实。——他和不在场的弟子联络，通过向他们发送思维方式，但是在制造出这些思维方式之后就不予理会。但是它们很快就耗尽了，于是他就得重新再把它们制造出来。

F. 女士："我记性很差。"

施泰纳博士："不要吃蛋。"

◇ 拜访施泰纳博士

我去拜访施泰纳博士。

一个女人已经在等待了（在荣曼路的维多利亚饭店三楼），但是恳请我在她之前进去。我们等待着，女秘书过来安抚我们。我在走廊上远远地看见他，接着他就张开双臂朝我们走过来。那女子说明我比她先到，于是他领我去他房间，我跟在他后面。他穿的黑色长外套在举行演讲的夜晚看起来像是打了蜡（并没有打蜡，只是黑得发亮），此刻在日光下（下午三点）却显得有灰尘，甚至有污渍，尤其是在背部和腋下。

在他的房间里，我试图表现出我感觉不到的谦卑，寻找一个可笑的位置来放我的帽子，我把帽子搁在一个用来绑紧靴子的小木架上。桌子位于中央，从我坐的位置可以看到窗外,他坐在桌子左侧。桌上摆着纸张和一些素描,让人想起他在演讲神秘学的生理学时所用的图像。一本《自然哲学年鉴》的小册子盖住了一小叠书,其他地方似乎也散放着书籍。只不过你没法四下张望,因为他一直试图用目光抓住你。而他若是暂时没有盯着你,你就得留心他的目光会再回来。他用几句轻松的话开场:您就是卡夫卡博士吧?您研究神智学已经很久了吗?

我却搬出我准备好的一番话:我觉得有一大部分的我趋向于神智学,但我同时对神智学极端恐惧。因为我害怕它将会导致新的迷惑,这对我来说将会很糟,因为我目前的不幸就是由迷惑构成的。这种迷惑在于:我的幸福、我能够做点有用的事的能力与机会,一直以来就在文学上。而我在这件事情上经历过一些状态(不是很多),依我之见,与博士先生您所描述和预知的未来状态很接近。在那种状态里,我完全活在每一个灵感中,而且也实现了每一个灵感,我不仅感觉到了自己的界限,还感觉到人类的界限。那种状态就只是缺少了可以预知未来之人所特有的淡淡的兴奋,即使不是全然缺少。我从中得出这样的结论,我最好的作品不是在这种状态中写出来的。目前,我无法如我所应当的那样完全献身于文学工作,而且从种种原因来说都是如此。撇开我的家庭情况不谈,单是由于我作品的形成很缓慢,再加上我作品的特质,我就无法靠文学为生;此外,我的健康状况和我的个性也阻止了我投身于一种在最好的情况下也不稳定的生活。

因此，我成了一家社会保险公司的职员。而这两种工作绝对无法兼容，容不下和平共存的幸福。在一种工作上最小的幸福，会成为另一种工作上大大的不幸。如果我在前一天晚上写出了一点好作品，第二天在办公室我就会心急如焚，什么事都做不好。这种来回拉扯变得越来越糟。在办公室里，我表面上尽了我的义务，但是却没能满足内心的义务，而内心没能满足的义务就成为一种不再从我心中离开的不幸。在这两种永远无法协调的努力之外，难道我还要再加上神智学作为第三种吗？难道它不会妨碍我这两方面的工作，同时也被这两方面的工作所妨碍吗？目前已经如此不幸的我，能够把这三者带往一个终点吗？博士先生，我来此是想要问您这个问题，因为我有预感，如果您认为我有能力做到，那么我也就真的可以承受下来。

他全神贯注地聆听，显然一点也没有在观察我，而是完全沉浸在我说的话里。他不时地点头，似乎认为这有助于加强专注。起初他被无声的流鼻涕所扰。鼻涕从他鼻子里流出来，他一直用手帕去处理，把手指深深地伸进鼻孔中，一个鼻孔一根。

五月二十七日。今天是你的生日[1]，但我甚至没有像平常

---

1 这一天是卡夫卡的好友马克斯·布罗德的生日。

一样送书给你,因为那只不过是表象;说到底,我甚至没有办法送你一本书。我写这些,只是因为我今天很需要在你身边片刻,哪怕只是借助这张卡片,而我之所以开始诉苦,也只是为了让你立刻认出我来。

八月十五日。 在刚刚逝去的这段时间里,我一个字也没写。这段时间对我而言之所以如此重要,是因为我在布拉格、科尼希萨和车诺许兹[1]的游泳学校里不再为我的身体而感到难为情。我在弥补我所受的教育,这对于二十八岁的我来说真是太迟了。在赛跑时,这会被称为起跑延误。这种不幸所造成的损害也许并不在于你赢不了;在那因继续无止境地扩散而变得模糊的不幸里,赢不了只是那清楚的、可见的、健康的核心。这种不幸把一个应该绕着圈子跑的人赶进了圈子里。另外,在这段有一小部分也称得上快乐的时间里,我还注意到了自己的许多其他地方,我将在接下来这几天试着将它写下。

八月二十日。 我有着不幸的信念,认为我没有时间写出好的作品,哪怕只有一点点好,因为我真的没有时间来写一

---

1 科尼希萨(Königssaal)和车诺许兹(Czernoschitz),莫尔道河沿岸的避暑休闲地,在布拉格南方约十五公里处。

个故事，让自己向四面八方伸展，如同我所应当做的。可是接着我又相信，如果我靠写点东西而放松下来，我的旅程将会更顺利，我的理解力将会更好，于是我再度尝试。

我从他身上看出他为了我所费的力气，而此刻也许只是因为他累了，这番辛苦给了他这样的把握。如果再加把劲，不就足以让这番欺骗成功了吗？也许此刻也会成功。我抗拒了吗？我虽然固执地站在这栋屋子前面，但也同样固执地犹豫着要不要上楼。难道我在等待客人来，等待他们用歌声来迎接我？

我读了关于狄更斯的文章。一个故事从一开始就在你脑海中，从一个遥远的黑点到逐渐驶近的火车头，由钢铁、煤炭和蒸汽构成，这时候你还不会抛下它，而是乐意被它追赶，也有时间被它追赶，因此就被它追赶着，并且靠着自己的动力跑在它前面，看它要把你推向何处，看你要把它引诱到何方。这对局外人来说有那么难以理解吗？

我无法理解，甚至无法相信。我就只活在此处或彼处一个小小的字里，例如，我在它的变元音（上文中 stößt 这个词的元音）里瞬间晕头转向。第一个和最后一个字母是我感觉像鱼一样的开始和结束。

八月二十四日。和熟人坐在咖啡馆的户外座位上，看着邻桌的一个女人。她刚来，在大胸脯下沉重地呼吸着，坐下时一张晒黑的脸热得发亮。她把头向后仰，能看见她唇上有浓密的汗毛。她把眼睛往上翻，有时几乎就是这样看着她的丈夫，此刻他坐在她旁边读着一本画刊。该有人去劝劝他，在咖啡馆坐在妻子身旁的人顶多可以看报，但是千万不能读一本杂志。一瞬间，她意识到自己身体的丰满，于是从桌旁稍微挪开了一点。

八月二十六日。明天我就要搭车前往意大利。这几天晚上，父亲由于激动而无法入睡，对生意的担忧和由此引发的疾病完全攫住了他。他在胸口敷上一条湿毛巾，恶心想吐，呼吸困难，叹着气走来走去。母亲在忧虑中找到了新的安慰，说父亲一向精力旺盛，什么事都熬过来了，而现在——我说生意上的困境就只会再持续一季，之后就会一切顺利。他叹着气，摇着头来回踱步。事情很清楚，在他看来，我们并未卸下他的担忧，甚至没有减轻他的担忧，而在我们看来其实也是如此，就算在我们最大的善意中也隐藏着那份可悲的信念，认为他必须要养家糊口……凭着经常打哈欠，或是并不令人嫌恶地把手指伸进鼻孔，父亲让我们几乎不自觉地对他的身体状况稍稍感到心安了一些，尽管在他健康的时候，他通常不会这么做。欧特拉[1]向我证实了这一点。可怜的母亲打算明天去向房东央求。

◇ 四个朋友

每年夏天或秋天，罗伯特、山缪、马克斯和弗兰茨这四个朋友习惯利用短短的假期一起旅行[2]。在一年当中其余的日子里，他们的友谊大多体现在每周找一天聚在一起，天南地北地聊天，同时有节制地喝点啤酒，通常是在山缪家，他是他们当中最富裕的，有一个比较大的房间。他们在午夜时分各自离去时，每次都觉得意犹未尽。罗伯特是一个协会的秘书，山缪是一个商务办公室的职员，马克斯是公务员，而弗兰茨是一家银行的职员，他们每一个人在周中上班时所经历的事，另外几个人都不知道，因此不仅需要赶紧说给他们听，还必须花点工夫来解释，否则他们就听不懂。尤为重要的是，这些职业之间的差异使得每个人都得一再向其他人说明自己的工作，由于其他人对这些说明理解得不够彻底。他们就只是软弱的人，所以一再要求重新说明，而这样做同时也是基于好的交情。

风流韵事则很少被提起，即使山缪自己对这些事感

---

[1] 即欧特拉·卡夫卡（Ottla Kafka, 1892—1943），卡夫卡最小的妹妹，也是家人之中和他关系最亲密的。

[2] 卡夫卡和布罗德在一九一一年九月一同旅行时构想合写一部小说，书名起初暂定为"罗伯特与山缪"（*Robert und Samuel*），后来又改成"理查德与山缪"（*Richard und Samuel*），但最后只完成了第一章。在日记的这个地方，卡夫卡可能是在尝试为这部小说写一篇前传。

兴趣，他也避免去要求聊天的内容满足他的需求，在这件事情上，那个拿啤酒来的老女佣经常像是给他的警告。不过，在这些夜晚，大伙经常笑，以至于马克斯在回家的路上会说，老是这样笑其实令人惋惜，因为大家因此而忘了所有严肃的事，而每个人明明都有那么多严肃的事可说。一个人在笑的时候，会以为还有足够的时间去谈严肃的事，但事实并非如此，因为严肃的事对一个人的要求自然也更高，而事情也很清楚，比起独处时，一个人在与朋友相聚时也有能力去满足更高的要求。要笑应该在办公室里笑，因为在办公室里做不成别的事。这个意见是针对罗伯特而发的，罗伯特努力为那个艺术协会注入新生命，同时在那个老协会里观察到了再滑稽不过的事，他以此来娱乐他的朋友。

他一开始说，他的朋友就离开了座位，聚在他身旁，或是坐在桌子上，并且笑得浑然忘我，尤其是马克斯和弗兰茨，于是山缪把所有的杯子都挪到一张小边桌上。如果说得累了，马克斯就会突然精神一振，坐到钢琴前面弹奏起来。当罗伯特和山缪过去坐在钢琴凳上他的两侧时，对音乐一窍不通的弗兰茨就独自在桌旁浏览山缪收集的风景明信片，或是看看报纸。当夜晚变得暖和，可以打开窗户时，他们四个人就都会来到窗前，双手搁在背后，俯视下方的街道，下面的人车往来并没有干扰他们聊天，不过来往的人车也并不多。偶尔会有一个人走回桌旁去喝一口，或是指着楼下坐在小酒馆前面的两个姑娘的鬈发，或是指向令他们微微惊讶的月亮，直到弗兰茨说天凉了，该把窗户关上了。

夏天，他们有时会在公园里碰面，在比较阴暗的僻静处找张桌子坐下，举杯对饮，交头接耳地谈话，对远处管乐团的声音几乎听而不闻。之后，他们手挽着手，齐步穿过绿地，走路回家。走在两边的人，扯动着小树枝或是拍打着矮树丛。罗伯特要他们唱歌，接着却独自唱了起来，一人足以当四人，走在中间的另一个人这时格外有安全感。

在这样一个夜晚，弗兰茨把左右两边的两个同伴拉得更靠近了一点，说他们相聚的时光是如此美好，以至于他无法理解为什么他们每周只能相聚一次，即使不能更频繁，但是要安排每周至少碰面两次肯定不难。大家全都同意，就连走在最外面、听不太清楚弗兰茨小声说的话的第四个人也一样。这样一件乐事，即使偶尔会给人带来一点小麻烦也肯定是值得的。弗兰茨觉得他因为擅自替大家发言而受到的惩罚是他的声音变得空洞了。但是他没有住口，接着又说，如果有人有一次真的没办法来，那么这是他的损失，可以等下一次再弥补，但是难道其他人就得因此放弃相见吗？三个人不也够了吗？迫不得已的时候，两个人不也够了吗？"当然，当然。"大家都说。走在边上的山缪抽了身，稍微走在了另外三个人前面一点，因为这样一来彼此比较靠近。不过后来他又改变了想法，于是又和他们挽起手臂。

罗伯特提出一个建议："我们每个星期聚在一起学习意大利语吧。我们不是下定决心要学意大利语吗？因为去年我们去了意大利那个小地方，发现我们的意大利语只够用来问路，你们还记得吗？当时我们在乡下那些葡萄园的矮墙间迷了路。而且被问的人也费了很大的劲才听懂我们在说什么。所以，我们今年如果还想去意大利的话，就必须学习，没别的办法。而一起学习不是再好不过的吗？"

"不，"马克斯说，"我很清楚我们在一起什么也学不到。就跟山缪你会赞成一起学习一样肯定。"

"当然！"山缪说，"我们在一起肯定会学得很好，我一直觉得很遗憾，我们没有在学校时就在一起。你们知道我们在一起其实才两年吗？"他探身向前，为了把三个人都看进眼里。他们放慢了脚步，松开了挽着彼此的手臂。

"但是我们在一起还不曾学到过什么。"弗兰茨说，"我觉得这样挺好，我根本不想学什么。不过，如果我们要学意大利语的话，最好是各学各的。"

"这我就不懂了。"山缪说，"起初是你想要我们每个星期碰面的，现在你又不要了。"

"别这样。"马克斯说，"我和弗兰茨只是希望我们的相聚不会受到学习的影响，而我们的学习也不会受到我们相聚的影响,没有别的意思。"

"是啊。"弗兰茨说。

"而且时间也不多了。"马克斯说,"现在是六月,九月我们就要出发了。"

"所以我才想要我们一起学习。"罗伯特说,睁大了眼睛看着这两个与他意见相左的朋友。在有人反驳他的时候,他的脖子变得格外灵活。

你以为你对他的描述是正确的,但只是近似罢了,要由日记来修正。

这可能在于友谊的本质,它和友谊如影随形——一个人会欣然接受它,另一个人会感到遗憾,第三个人则根本没有察觉……

九月二十六日。画家库宾[1]建议用边条曲菌素来当泻药,那是一种捣碎的海藻,会在肠子里膨胀起来,使肠子蠕动,亦即以力学的方式起作用,不同于其他泻药那种不健康的化学作用,就只是把粪便撕裂,使之残留在肠壁上。

他在朗恩[2]家里和汉姆生碰过面。汉姆生没来由地冷笑,

---

[1] 库宾(Alfred Kubin,1877—1959),奥地利画家、插画家兼作家,被视为象征主义和表现主义的代表人物。

[2] 朗恩(Albert Langen,1869—1909),德国出版商,出版了挪威知名作家汉姆生作品的德译本。

在谈话时把一只脚抬到膝盖上,从桌上拿起一把裁纸用的大剪刀,把裤脚的须边剪掉,同时并没有中断谈话。他穿得很邋遢,随便配了一件比较有价值的配饰,例如领带。

慕尼黑一间艺术家公寓的故事。那里住着画家和兽医(兽医学校就在附近),生活是那么放荡,有人租下对面那栋房屋的窗户,从那里可以一览无遗。为了满足这些观看的人,有时候会有一个房客跳到窗台上,摆出猴子的姿势,用汤匙从锅子里舀汤喝。

一个制作仿冒古物的人用枪弹制造出风化的感觉,他曾说起一张桌子:现在我们只需要在这张桌子上再喝三次咖啡,然后就可以把它送到因斯布鲁克的博物馆去。

库宾本人:很强壮,但是表情有点单调,他描述各种不同的事物时,脸上的肌肉都一样绷得很紧。他的年纪、高矮和强壮程度视他是坐着、站着、只穿着西装还是穿了大衣而定,看起来都不相同。

九月二十七日。昨天在温塞斯拉斯广场上遇见两个女孩,我的目光在其中一个身上停留得太久,后来才发现另一个穿着一件柔软、有褶、宽大、前面稍微敞开的棕色大衣,有着纤细的脖子和鼻子,头发很美,是一种我已经忘了的发型。在贝维德雷山丘上的老人穿着松垮的长裤,他在吹口哨;当我看着他时,他就不吹了;等我移开目光,他就又吹了起来；最后就算我看着他，他也照吹不误。那颗漂亮的大纽扣，漂亮地缝在一件女装的衣袖下方。那件洋装穿在身上也显得漂亮，在一双美式靴子上方飘荡。我很少能成功地创造出美的事物，而这颗不受注意的纽扣和那位不知情的女裁缝却办到了。在前往贝维德雷的途中说着故事的女子，她活泼的眼睛不受当下话语的影响，心满意足地把她的故事从头到尾讲完。一个强壮的女孩有力地把脖子转了半圈。

九月二十九日。歌德的日记。不写日记的人在面对一本日记时会抱着错误的态度。比如说，这人若是读到歌德的日记，说他在一七九七年一月十一日整天在家里"整理各种东西"，他会觉得自己从来没有在一天里只做这么一点事。

歌德的旅行观察与如今的不同，因为他是从一辆邮递马车里做的观察，它随着地形的缓缓变化而比较简单地展开，也更容易理解，就连那些没去过那些地区的人也能理解。一种平静的、简直如同风景一般的思考出现了。由于那些地区以浑然天成的特色呈现在马车乘客的眼前，道路切过土地的方式也比铁路更为自然，两者之间的关系也许就相当于河流与运河，因此，观看风景的人也无须粗暴，不必太费力气就能系统地观察。因此瞬间的观察比较少，大多只发生在室内，在那里某些人忽然在他眼前冒出来，例如在海德堡的奥地利军官。写到威森海姆那群男子的那一段则与风景较为接近："他们穿着蓝色外套和装饰着编结花朵的白色背心。"（我是靠记忆引用的。）关于沙夫豪森附近的莱茵瀑布写了很多，其中用较大的字母写着"兴奋的念头"。

卢森娜歌舞剧院。露西·科尼希展示梳着古老发型的照片。刮过的脸。她偶尔能够用翘起鼻子、高举手臂和转动全部的手指来成功地表达出一些什么。像块抹布的脸。隆恩（亦即画家皮特曼[1]）用表情搞笑。一种显然无趣的表演，但是不可能被认为无趣，否则就不会每天晚上演出，尤其因为它在被构想出来的时候就是这么无趣，没有形成模式，整个人不必经常出现。小丑漂亮地跃过一把椅子，跳进舞台侧面的空处。整场演出让人想起私人聚会中的表演，出于社交需要，众人特别热情地因一个微不足道的成就而喝彩，用掌声来弥补成就的不足，以便得到某种光滑、圆满的东西。歌手瓦沙塔。唱得那么糟，使人看着他就失了神。但是因为他身强力壮，他还是凭借野兽般的力量勉强得到了观众的注意，这肯定只有我注意到了。

古林鲍姆[2]流露出他人生的凄凉，据说那只是表面上的。

女舞者欧蒂丝。僵硬的臀部。一点肉都没有。红色的膝盖只适合跳《春天的气息》这支舞。

---

1 隆恩（Emil Artur Longen，1885—1936），本姓皮特曼（Emil Artur Pittermann），捷克演员、剧作家、导演兼画家，也是布罗德的朋友。

2 古林鲍姆（Fritz Grünbaum，1880—1941），奥地利歌舞剧场艺人、歌曲创作者，维也纳有一条街道和一座广场以他的名字命名。

九月三十日。前天隔壁房间的女孩（H. H.）。我躺在沙发上，在半睡半醒之际听见了她的声音。我觉得她穿得特别厚实，不仅是由于她的衣服，还由于隔壁那整个房间。只有她赤裸、圆润、结实的深色肩膀足以和她的衣服相抗衡，我在泳池里看见过她的肩膀一次。有一瞬间，我觉得她在冒气，而隔壁整个房间都充满了她冒出的热气。然后她穿着灰色的紧身胸衣站着，下端突出于身体之外那么远，以至于几乎可以坐上去，简直可以当成马鞍来骑。

再说到库宾：他习惯用赞同的语气来重复对方所说的最后几个字，就算他自己接下来所说的话表明他和对方的意见并不一致。这令人不悦。——在听他讲述那许多故事时，你会忘了他的重要性。等你忽然被提醒到，你就会吓一跳。有人说我们打算要去的一家酒馆是个危险的地方，他就说他不去那里；我问他是不是害怕了，他仍旧挽着我的手臂，答道："当然，我还年轻，还有很多事想做。"

一整个晚上，他总是谈起我和他的便秘，而且在我看来相当认真。可是将近午夜时，我把手悬在桌沿，他看见了我的一截手臂，便喊道："可您是真的病了。"从那以后，他对我就更加迁就，后来当其他人想要劝我跟他们一起去妓院时，他也帮我挡下。在我们已经道别之后，他还在我身后对我喊:"边条曲菌素!"

图霍尔斯基[1]和沙弗兰斯基[2]。说着有很多送气音的柏林方言,有很多由"nich"[3]构成的停顿。前者是个看起来与年龄相符的人,二十一岁。适度而有力地摆动散步用的手杖,使他的肩膀抬高,显出年轻的样子,他对自己所写的作品怀着喜悦和轻视。他想成为辩护律师,认为障碍不多,也看出了排除这些障碍的可能。他的嗓音嘹亮,在聊了半个小时之后,据说那男性的声调就变得像个女孩——他对自己摆出架势的能力感到怀疑,但是希望能凭借更多的阅历获得这种能力——最后,他害怕自己会变得忧郁,他曾在与他类似而年纪较长的柏林犹太人身上看见过这种情况,不过目前他还完全没有感觉到这种忧郁。他快要结婚了。

沙弗兰斯基是伯恩哈德[4]的学生,在观察和画素描时做着和画中之人有关的鬼脸。这使我想到自己的模仿能力也很强,还不曾有人注意到。我经常忍不住去模仿马克斯。昨天

---

[1] 图霍尔斯基(Kurt Tucholsky,1890—1935)与卡夫卡相见时还是个攻读法律的大学生,后来成为德国知名记者和作家,致力于批评时政,在纳粹崛起后自杀身亡。

[2] 沙弗兰斯基(Kurt Szafranski,1890—1964),犹太裔德国插画家,曾为好友图霍尔斯基的第一本小说绘制插图,也曾担任《柏林画报》(*Berliner Illustrirte Zeitung*)周刊的主编,纳粹崛起后移民美国。

[3] 德文的 nicht 相当于英文的 not,在柏林方言里省略了尾音 t,听起来就像 nich。

[4] 伯恩哈德(Lucian Bernhard,1883—1972),犹太裔德国平面设计师、建筑师,也是德国第一位海报艺术教授,后移居美国。

晚上在回家的路上,假如我是个旁观者,我可能会把自己和图霍尔斯基搞混。这种陌生的天性在我身上想必既明显又无形,就像藏在一个画谜里的东西,你倘若不知道它藏在里面,就永远也不会发现。在这种变身时刻,我格外想要相信自己视力模糊了。

◇ 老新犹太会堂

十月一日。昨天去"老新犹太会堂"。晚祷。科尔·尼德尔。压低了嗓子的喃喃低语。前厅的捐献箱上写着:"默默的施舍平息了不满。"里面就像教堂。三个显然来自东欧的虔诚的犹太人,穿着袜子,俯身在祈祷毯上,祷告巾披在头上,尽可能把身体缩小。两个人在哭,只是被赎罪日感动了?一个人也许只是眼睛痛,匆匆地把还折着的麻布盖在眼睛上,以便能够马上再凑近经文。那些字句并非真是唱出来的,或者说主要不是用唱的,但是那细如发丝、被继续拉长的字有如在字尾拉出了阿拉伯花饰。那个小男孩对这整个过程毫无概念,也完全无从理解。他耳中听着这些声响,被推挤着穿过拥挤的人群。看上去像执事的那个人在祷告时快速地摇动身体,想来他是在试图尽可能强烈地强调每一个字,即使这种强调令人费解,这样同时保护了嗓子。在这片嘈杂声中,没法靠嗓音作出清晰嘹亮的强调。妓院老板一家人。在"平卡斯犹太会堂",犹太教打动我的程度远远更深。

大前天在苏哈妓院[1]。一个脸颊瘦削的犹太女子，或者应该说，那张脸延伸到了瘦削的下巴，但是被蓬松的波浪发型给摇宽了。三扇小门从建筑物的内部通往接待厅。客人就像在舞台上的警卫待命室里，桌上的饮料几乎没有人去碰。扁脸的女子穿着硬邦邦的衣裳，裙摆直到很下面才开始摇动。有些女子的穿着就像儿童剧场的木偶，在圣诞市集上卖的那一种，被粘上了松松地缝上的花边和金箔，一扯就能掉下，在指间四分五裂。老板娘有一头暗淡的金发，用无疑令人作呕的发圈束紧，鼻子的斜度很大，其方向和下垂的胸部与束紧的腹部形成某种几何关系。她抱怨头痛，而头痛的原因是今天星期六，人这么多，生意却很冷清。

关于库宾：他讲的有关汉姆生的故事很可疑。一个人可以从汉姆生的作品中找到几千个这种故事，再把它们当成亲身经历的事来说。

关于歌德："兴奋的念头"就只是莱茵瀑布所激发的念头。从他写给席勒的一封信里可以看出来。——偶然的瞬间观察"孩童穿着木鞋的响板节奏"所制造出的效果是如此普遍，以至于无法想象有人会觉得这种观察独特而有创意，即使他以前从未读到过。

---

[1] 卡夫卡在日记里提到妓院时通常只用 B（德语的妓院为 Bordell）来表示，为有助于理解上下文，译文中就直述其名。

十月二日。失眠的夜。已经是连着第三夜了。我顺利入睡，但是一个小时后就醒了过来，仿佛我把脑袋搁错了洞。我整个清醒过来，感觉先前根本没睡，或是睡得很浅。入睡的苦差事又在眼前，觉得自己被睡眠拒绝了。这情况持续了一整夜，直到五点，我虽然在睡，但是强烈的梦境不久就使我同时保持清醒。当我不得不应付我的梦境时，我简直像是睡在自己旁边。将近五点时，最后一丝睡眠的迹象也消失了，我就只在做梦，这比醒来还要累。简而言之，我一整夜都在一个健康之人入睡前短暂经历的情况中度过。当我醒来，所有的梦境都围绕着我，但我避免去想它们。接近清晨时，我对着枕头叹气，因为这一夜已经没有希望了。我想起在夜晚结束时我从深沉的睡眠中被抬起来的那些夜晚，醒来时觉得自己先前仿佛被包裹在一颗坚果之中。

◇ 梦：盲孩

这一夜一个可怕的幻象是一个盲孩，看上去像我住在莱特梅里茨的伯母的女儿，但这个伯母其实没有女儿，只有儿子，其中一个儿子有一次弄断了一只脚。另一方面，在这个孩子和 M. 博士[1]的女儿之间有着关联，最近我看出她正要从一个漂亮的小孩转变成一个穿着僵硬衣服的胖姑娘。一副眼镜遮住了这个盲眼或弱视的小孩的双眼，左眼在那距离相当

---

[1] 系指马许纳博士（Dr. Robert Marschner，1865—1934），他是卡夫卡任职的布拉格劳工事故保险局的局长。

远的镜片底下是乳灰色的，并且圆圆地凸起，另一只眼睛则向内缩，被一个紧贴着的镜片遮住。为了让这个镜片能正确地发挥光学作用，必须舍弃常见的挂耳式眼镜架，而改用一个手柄，手柄的上端就只能固定在颧骨上，因此有一根小棍子从镜片往下伸进脸颊的肉里，固定在骨头上，同时有另一根铁丝伸出来，钩在耳朵上。

我认为我之所以失眠只是因为我在写作。就算我写得很少、很差，我还是会因为这些小小的冲击而变得敏感，尤其在晨昏之际，我深深地感觉到可能将我撕裂的那种状态即将来临，它会使我无所不能，然后在那普遍的骚动中不得安宁。这种骚动在我体内，但我没有时间去加以控制。毕竟这种骚动只是一种被压抑、被克制住的和谐，释放出这种和谐将会使我全然满足，甚至会使我变大、变宽，再将我充实。但现在，这个情况却只激起了微弱的希望，而且在我身上造成了损害，因为我缺少足够的心智和力量承受目前这种复杂的情况。在白天里，可见的世界帮助了我，在夜里，它就不受阻碍地把我切割。我总是会想起巴黎。在巴黎被包围期间的那几个月里，巴黎北部与东部近郊的居民简直是时时刻刻都挤在通往市中心的街道上，就像时钟的指针一样朝着巴黎市中心移动，这些人是巴黎市民以前不熟悉的。

我的安慰是——而此刻我怀着这份安慰躺下——我还没有写多久，因此这番写作还无法适应我目前的情况，但是只要拿出一点男子气概，我就能够成功，至少是暂时的。

今天我真是虚弱，甚至把那个孩子的故事说给我主管听。——现在我想起来了，梦中那副眼镜来自我母亲，她晚上坐在我旁边，在玩纸牌时从她的夹鼻眼镜下朝我看过来，让我感到不太自在。她夹鼻眼镜的右边镜片要比左边镜片更靠近眼睛，这一点我不记得我以前曾经注意到。

十月三日。同样的夜晚，只是更难入睡。入睡时鼻根上方一阵垂直走向的头痛，仿佛一条皱纹被猛地压进额头里。为了让自己尽量重一点，我交叉双臂，把手搁在肩膀上，我认为这样有助于入睡。于是，我像个负重的士兵一样躺着。我那些梦境再次展现力量，已经笼罩了入睡前的清醒，使我无法睡觉。在晚上和早晨，我掌控不了对自己创作能力的意识。我感到自己彻底放松，能够从我体内挖掘出任何我想要的东西。引出这样的力量，却不让这些力量去工作，这让我想起我和 B.[1] 的关系。那也是不被允许释放的奔流，不得不在后坐力中自我毁灭。差别只在于，此处所涉及的力量更为神秘，涉及我最后的力量。

在约瑟夫广场上，一辆大旅行车从我身旁经过，载着紧挨着彼此而坐的一家人。随着汽车留下的那股汽油味，巴黎的一阵风从我脸上拂过。

---

[1] 有学者考证出，这是曾在卡夫卡家里担任家庭女教师的路易丝·贝利（Louise Bailly, 1860—1942）。

在办公室里口授一份篇幅较长的报告，写给一个地方行政中心。在结尾应该要加强修辞的地方，我卡住了，就只能看着打字员凯瑟小姐，她按照她的习惯变得格外好动，挪动她的椅子，咳嗽，在桌子上敲来敲去，使得整间办公室都注意到我的不幸。我所搜寻的灵感此时也有了额外的价值：能使她安静下来，而它越是有价值，就越是难以找到。最后我想到了"烙印"这个词和与此有关的句子，但是把这些字句暂时含在嘴里，带着恶心和羞耻的感觉，就好像含着一块生肉，一块从我身上割下的肉（这件事耗费了我这么大的力气）。最后，我把这个句子说了出来，但是留下了极大的惊恐。我意识到我体内的一切都准备好了去从事文学创作，这种创作对我来说将会是有如天堂般的解脱，让我真正地活过来，而此刻在办公室里，为了这样一份可悲的文件，我却要从这具能够感受此等幸福的身体上夺走一块肉。

十月四日。我感到坐立不安，而且怀有恶意。昨天在入睡前，我脑袋里左上方有一道火苗在闪动。一种紧绷的感觉在我的左眼上方已经成了常态。想到这件事，我在办公室里就待不下去，哪怕别人告诉我再过一个月我就自由了。尽管如此，我在办公室里大多还是尽了我的义务，也相当平静，只要我能确定主管对我感到满意，而且我并不觉得自己的处境恶劣。顺带一提，昨天晚上我故意把自己弄得麻木，出去散步，读了狄更斯，觉得自己比较健康了，不再有力量去感到悲伤。我认为悲伤是合理的，即使它似乎移到了离我比较远的地方，而我希望自己能够因此而睡得好一点。我也睡得比较沉，但是还不够，而且经常中断。我安慰自己，虽然我又一次压抑了自己心中的激动，但是我不想屈服，像以前每次经历这种时刻之后一样，而是想继续清楚地意识到那股激动的余波，这是我以前不曾做过的。也许这样一来，我就能够在我心中找到一份隐藏的坚定。

傍晚时分，我在黑暗中躺在我房间里的沙发上。一个人为什么需要比较长的时间才能辨识出一种颜色，而在理解力达到关键性的转折点之后，才马上越来越确定是那个颜色？如果前厅和厨房的灯光同时照在那扇玻璃门上，淡绿色的光几乎就从玻璃上流泻下来，或者应该说是绿色的光，以免贬损那确定无疑的印象。如果前厅的灯光被关掉了，只剩下厨房里的灯光，那么比较靠近厨房的那块玻璃就变成深蓝色，另一块则变成泛白的蓝色，泛白得很厉害，以至于毛玻璃上的图案（写意的罂粟花、藤蔓、各式各样的矩形和叶片）整个都模糊了。

由下方街道和桥上的路灯投射到墙壁和天花板上的光影是紊乱的，有一部分被破坏了，彼此重叠，难以检视。当初在装设楼下的弧形电灯以及装潢我这个房间时，并没有从主妇的角度考虑我的房间在本身没有照明的情况下，在傍晚时分从沙发上看出去会是什么样子。

行驶在下方街道上的电车投射到天花板上的光亮沿着一面墙壁和天花板移动,泛白的光朦朦胧胧,机械地走走停停,在墙角折断。——街灯把洗衣篮上方照得泛出干净的绿光,地球仪立在这道光线清新饱满的反光里,在它的圆弧上形成一个光点。看起来仿佛那道光线还是太强烈了,虽然那光线从它光滑的表面掠过,使它带了点棕色,像个皮制的苹果。——前厅的灯光在床上方的墙壁上制造出大片光亮,被一道始于床头的弧线隔开,瞬间把床往下压,加宽了阴暗的床柱,抬高了床上方的天花板。

十月五日。几天以来第一次又感到坐立不安,就连在写下这几行字之前也一样。生我妹妹的气,她进了房间,拿着一本书在桌旁坐下。等待一件小事发生,好让我发泄这股怒气。最后她从匣子里拿起一张名片,在她的牙齿之间剔来剔去。我怒气冲冲,这股怒气只在我脑中留下一股猛烈的热气,我开始觉得松了一口气,怀着信心开始写作。

昨天晚上在"萨孚咖啡馆"。犹太剧团[1]。——克鲁格太

◇ 犹太剧团

---

[1] 一九一〇年五月,另一个犹太剧团也曾在萨孚咖啡馆演出,当时卡夫卡在布罗德的力邀下观看了其中一场,但并不感兴趣。这次他却以迥然不同的态度,持续观看了大约二十场演出,并把演出内容和感想详细地记在日记中。后来,他与这个剧团的演员勒维(Jizchak Löwy,1887—1942)结为好友,并开始研究犹太文化与历史。

太[1]。"女扮男角"。穿着宽松长袍、黑裤、白袜,黑背心底下是件薄毛料白衬衫,在颈部用一颗纽扣扣住,下面则是个宽松的大翻领,头上是一顶深色无檐的软帽,不仅包住了女性的头发,也是本来就需要戴的——她丈夫也戴着一顶——在这顶软帽上面则是一顶柔软的黑色大帽子,帽檐高高翻起。——其实我不晓得她和她丈夫所饰演的是什么角色。如果我要向别人说明他们所饰演的角色,而又不愿意承认我并不知道,那么我会认为他们是在社区里跑腿的人,受雇于寺庙,是众所周知的懒虫。社区容忍他们,他们是出于宗教理由而享有特权的乞讨者,由于其特殊地位而置身于社区生活的中心附近,由于无所事事地四处游荡而会唱许多歌曲,把社区所有成员之间的关系看得一清二楚,但是由于他们和职业生活毫无关系,这些认知对他们来说没有用处。这种人是形式上特别纯粹的犹太人,因为他们就只活在宗教里,但是活在其中并不费力,也缺少理解,不带苦恼。他们似乎把每个人都当成傻瓜,在一个贵族犹太人被杀害之后马上笑了起来,投靠叛教者。当那个被揭穿的凶手服毒自尽并呼唤上帝时,他们跳起舞来,陶醉地用两只手去摸两鬓的头发。这一切都只是因为他们轻如羽毛,受到一点压力就躺在地上,十分敏感,马上就能不流眼泪地哭起来(他们做出鬼脸哭个痛快),可是一旦压力解除,他们就立刻一跃而起,仿佛本身

---

[1] 克鲁格太太是意第绪语剧团的一名女演员。

没有丝毫重量。

因此，让他们来演一出严肃的戏剧其实应该很令人担心，例如拉泰纳[1]的剧作《叛教者》，因为他们总是站在舞台前端，经常是脚尖着地、双腿凌空，没有化解剧情的紧张，而是将之切断。不过，这出戏的严肃逐渐呈现出来，紧凑的台词就连在可能的即兴演出中都经过斟酌，充满了一致的情感张力，即便情节只在舞台后端进行，总还是保留了意义。反倒是这两个身穿长袍的人被压在下面，这对他们来说恰如其分，尽管他们张开双臂，拧着手指发出响声，观众却只看见那个凶手在他们背后，他服了毒，一只手按住他那显得太宽的衣领，蹒跚地走向房门。

旋律很长，身体乐意把自己交付给它们。由于这些旋律拖得很长，所以最适合的表演方式是摇摆臀部，张开双臂平静地上下摆动，把掌心凑近鬓角但小心地避免碰触，有点像一种捷克民俗舞。

在某些歌曲里，听到歌者用意第绪语[2]唱着"犹太小孩"，看着舞台上这个女子，看着她吸引着我们这些听众，因为她和我们都是犹太人，对基督徒没有渴望或好奇，这使我的脸颊颤动起来。除了一名服务生和两个站在舞台左

---

[1] 拉泰纳（Joseph Lateiner，1853—1935），被视为第一个用意第绪语写作的职业剧作家，创作了大量作品。

[2] 意第绪语是"二战"前许多中欧、东欧犹太族群所使用的语言，可视为德语的一种犹太化变体，卡夫卡似乎认为意第绪语比他的母语德语更能反映真实的犹太生活，他隔年还以意第绪语为主题做了一场公开演讲。

侧的女仆之外，那个政府代表[1]也许是表演厅里唯一的基督徒。他是个可悲的人，有着面部肌肉抽搐的毛病，左脸尤其严重，但也强烈扭曲了右脸，脸上的肌肉以一种几乎慈悲的速度把脸部拉紧、放松，和秒针一样短促，但也和秒针一样规律。当抽搐掠过他的左眼时，几乎使左眼因此消失。由于这种收缩，在那张除此之外完全枯槁的脸上发展出了新的小肌肉。

详细询问、恳求或解释犹太法典的旋律：空气进入一根管子，带着管子一起，一根整体而言骄傲、在螺纹中谦卑的大螺丝从遥远的小小的开端处旋转着，朝着被问的人而来。

十月六日。两个老人坐在舞台边上那张长桌旁。一个把两只手臂撑在桌子上，只把他的脸转向右边，面向舞台，浮肿的红色的脸和一堆呈不规则四角形的蓬乱胡子，悲哀地隐藏了他的年纪；另一个正对着舞台，年老而干瘪的脸偏离了桌边，只用左臂扶着桌子，右臂弯曲着举在半空中，以便能更好地享受那旋律，他用脚尖和着旋律的节拍，右手拿着的短烟斗也随之微微摇动。"老爹，跟着唱吧。"那女子一会儿对着第一个老人说，一会儿对着第二个老人说，她略微弯下腰来，鼓励地伸出手臂。

---

[1] 按照当时的规定，公开演出时需有政府审查机构的代表在场，以监督演出过程。

那些旋律能接住每一个跳起来的人，而且在并不中断的情况下围住此人的全部热情，即使他不相信是这些旋律引发了他的热情。那两个穿长袍的人尤其急着去加入唱歌，仿佛为了满足身体最基本的需求而伸展身体，而歌唱时的拍手显然能表现出演员最健康的状态。——老板的小孩待在一个角落里，孩子气地和舞台上的克鲁格太太一起唱，在他们噘起的嘴唇之间充满了旋律。

剧情：赛德曼，一个富有的犹太人，在二十年前就已经受洗改信基督教，显然他所有的犯罪本能都朝着这个目标努力。当年他毒死了他不愿被迫受洗的妻子，从那以后，他就努力忘记土话，但是在言谈中会不经意地冒出一些土话，尤其是在开场之初，好让听众注意到，也因为接下来的情节还容许有这么做的时间，而他不断表达出他对所有与犹太人有关的事物的厌恶。他决定把女儿许配给军官达戈米若夫，但她却爱着她表哥——年轻的艾德曼。在戏的一幕高潮中，她摆出不寻常的僵硬姿势，只在腰间显出柔软，向她父亲说明她坚持信仰犹太教，用一阵对所受到的强迫轻蔑的笑声结束了这一整幕戏。（这出戏里的基督徒包括赛德曼的一个正直的波兰仆人，他后来协助揭穿了他主人的罪行。这个仆人的正直主要是因为和赛德曼周遭的人形成对比。剧中对那个军官着墨不多，只叙述了他负有债务。因为身为高尚的基督徒，没有人对他感兴趣。后来出场的一位审判长也一样。最后还有一个法庭仆役，他的凶狠并未超出他的职务所需,也没有超越那两个穿长袍的人,尽管马克斯说他是个屠夫。)基于某些原因,达戈米若夫必须先赎回老艾德曼持有的票据才能结婚,但是老艾德曼虽然即将前往巴勒斯坦,也打算付现金给赛德曼,却不愿意把票据拿出来。赛德曼的女儿在爱上她的军官面前表现得很骄傲,对自己信仰的犹太教感到自豪,虽然她受过洗。那个军官不知道该如何是好,垂下双臂,两只手松松地交缠在一起,用求助的眼神看着她父亲。女儿逃到艾德曼那儿,她想嫁给她所爱的人,即使暂时只能秘密结婚,因为按照世间的法律,一个犹太人不能和基督徒结婚,而她若是没有得到父亲的同意就无法改信犹太教。父亲来了,看出若是不略施诡计,一切就全都完了,于是表面上给予了这段婚姻祝福。大家都原谅了他,甚至开始喜欢他,仿佛先前是他们不对,就连老艾德曼也一样,尤其是他,尽管他知道当年是赛德曼毒死了他妹妹。(这个漏洞也许是剧本被删减而产生的,但也可能是因为这出戏主要是靠着口述由一个剧团传授给另一个剧团的。)经过这番和解,赛德曼取回了达戈米若夫的票据。"你晓得的,"他说,"我不希望这个达戈米若夫说犹太人的坏话。"于是老艾德曼就把票据免费交给了他,然后赛德曼把他叫到背景中的门帘后面,佯称有东西要给他看,接着从他背后把致命的一刀刺进他的睡袍。(在和解与杀人之间,赛德曼从舞台上消失了一段时间,为了想出这个计划,并去购买刀子。)借助此举,他想把年轻的艾德曼送上绞刑架,因为杀人的嫌疑将落在他身上，而赛德曼的女儿就可以嫁给达戈米若夫。他逃走了，老艾德曼躺在门帘后面。他女儿披着婚纱出场，挽着年轻的艾德曼，他穿上了祷告衣。遗憾的是，他们看见父亲还没来。赛德曼来了，见到这对新人似乎很高兴。这时出现了一个人，也许是达戈米若夫本人，也许只是个演员，事实上则是个我们没见过的警察，他声称要搜索屋子，因为"在这栋屋子里的人有生命危险"。赛德曼说："孩子们，别担心，这当然是弄错了。一切都会水落石出的。"老艾德曼的尸体被发现了，年轻的艾德曼从他爱人身边被拖走，遭到逮捕。整整一幕戏的时间，赛德曼极其有耐心地指导那两个穿长袍的人，不时插进善加强调的短句（对，就是这样。可是这话就错了。对，这样就好多了。没错，没错），要这两个人在法庭上做证，佯称艾德曼父子失和多年。他们很难进入状况，出现了许多误会，例如他们在即兴排演法庭上那一幕时，宣称是赛德曼买通他们以这种方式来描述这件事——直到最后他们才把那个父子失和的故事说熟了，甚至——赛德曼也拦不住他们——能够表演那桩杀人案是怎么发生的，那个男的用一个牛角面包把那个女的刺倒在地上。这当然是画蛇添足。尽管如此，赛德曼对这两个人还是相当满意，希望有了他们的帮助能在审判时得到好结果。演到这里，为了那些虔诚的观众，上帝自己代替剧作家出手了，让那个坏人瞎了眼，尽管剧中并没有明说，因为这是不言自明的。

在最后一幕，充当审判长坐在法庭上的又是那个饰演达戈米若夫的演员（从这一点也可以看出对基督徒的轻视，一个犹太演员足足可以饰演三个基督徒的角色，如果演得不好也无所谓），在他旁边戴着假发和假胡子饰演辩护律师的，旋即被认出是赛德曼的女儿。观众虽然很快就认出来是她，但是有很长一段时间都以为她是代替另一个演员出场的，既然达戈米若夫也在饰演另一个角色。直到这一幕快演到一半的时候，观众才看出她是为了拯救爱人而乔装改扮。那两个穿长袍的人要各自提出证词，这对他们来说很难，因为他们练习的时候是两个人一起，而且他们也听不懂审判长所说的标准德语。不过，当情况变得太糟的时候，辩护律师就会帮忙，在其他时候，他也要向审判长耳语。接着赛德曼出场，先前他就已经试图通过拉扯衣服来指挥那两个穿长袍的人了，他的发言流畅且笃定，态度理智，懂得如何和审判长交谈。相较于先前的证人，他给了法庭一个好印象，这和我们所认识的他形成了可怕的对比。他的证词乏善可陈，很遗憾，他对这整件事情所知甚少。但这时来了最后一个证人，那个仆人，他是真正控告赛德曼的人，虽然他并未完全意识到。他看见了赛德曼去买刀子，也知道在关键时刻赛德曼在艾德曼家里，他也知道赛德曼厌恶犹太人，尤其厌恶艾德曼，想要取得他的票据。那两个穿长袍的人跳起来，为他们可以确认这一切感到高兴。赛德曼为自己辩护，表现得像个只是有点疑惑的正直的人。这时话题转到了他女儿身上。她在哪里？当然是在家里，并且支持他的说法。不，她并不在家里，辩护律师说，并且想要证明这一点。他转身面向墙壁，摘下了假发，以女儿之身转身，面向震惊的赛德曼。她把胡子摘掉，纯白的上唇看起来像在责备。为了逃过世间法律的制裁，赛德曼服了毒，承认了他的恶行，但几乎不是对众人承认，而是对犹太教的上帝承认，此刻他信奉了这个上帝。在这当中，弹钢琴的人奏起了一段旋律，那两个穿长袍的人被这段旋律感动了，不禁跳起舞来。那对团圆的新人站在背景中，他们，尤其是那个严肃的新郎按照古老的神庙习俗唱起那段旋律。

那两个穿长袍的人首次出场那一幕。他们带着募捐箱来到赛德曼的房间，四下看看，感到不自在，面面相觑。他们用双手把门柱上上下下摸了一遍，没有找到门柱圣卷[1]，在其他几扇门上也没有找到。他们不愿意相信，在每一扇门旁高高地跳起来，像在打苍蝇一样，跳上跳下，用力拍打门柱顶端，发出啪的声音，可惜全都是徒劳。直到此刻，他们一句话也没有说。

克鲁格太太和去年的威贝格太太相像。也许克鲁格太太的性情稍微柔弱一点，也单调一点，但是她比较漂亮，也比较端庄。威贝格太太常卖弄的一个噱头是用她的大屁股去撞

---

[1] 门柱圣卷是刻有经文的羊皮纸卷，信奉犹太教的家庭将它装在盒中挂在门柱上以示信仰。

她的搭档。另外，她带着一个比较差劲的女歌手，我们从没见过。

"女扮男角"其实是个错误的说法。由于她穿着长袍，她的身体就完全被忘记了。只有当她仿佛被跳蚤给咬了而耸起肩膀和转动背部时，才会使人想起她的身体。衣袖虽然短，仍然时时刻刻都被往上拉起一截，观众相信这会使这个女子轻松许多。由于她要唱那么多歌曲，还要以犹太法典的方式来解释，因此观众也会注意要她把衣袖拉起一截来。

我但愿能见到一个规模较大的意第绪语剧团，这场演出或许因为人手有限、排练不足，还是美中不足。我也希望去认识意第绪语文学，它显然被赋予了国家持续不断的战斗立场，这个立场主宰了每一部作品。没有一种文学采取这样一贯的立场，即使是受到压迫的民族的文学也没有。在其他民族身上，国家的战斗文学也许在战争时期会受到宣扬，而主题离得比较远的其他作品则会由于观众的热情而得到一种国家的光环，例如《被出卖的新娘》[1]，但是在意第绪语文学中似乎就只有第一种作品能够存在，而且是一直如此。

舞台很简单，就和我们一样默默地等待着演员。由于这

---

1 《被出卖的新娘》(*Die verkaufte Braut*)，被誉为捷克音乐之父的作曲家史麦塔纳（Bedřich Smetana，1824—1884）所写的一部喜歌剧。

座舞台必须以三面墙、一张椅子和一张桌子来满足所有的演出过程，我们对它毫无期待，而是以全副精力期待着那些演员，因此毫无抵抗力地被空墙后面的歌声吸引，那歌声揭开了演出的序幕。

十月九日。要是我能活到四十岁，我大概会娶一个门牙突出、稍微从上唇里露出来的老姑娘。考夫曼小姐去过巴黎和伦敦，她的门牙交叉，就像在膝盖处仓促交叠的双腿。但是我大概活不到四十岁，理由在于，例如我脑袋左半边经常感觉到紧绷，像是一种体内的麻痹，姑且不论这种不适，如果只是去观察，它给我的印象就像学校教科书里头颅的横切面，或是像几乎无痛地在活生生的身体上进行解剖，凉凉的刀子小心翼翼地割开薄如纸片的外膜，不时停下来再往回走，有时静置不动，距离正在运作的大脑部位很近。

夜里做的梦，即使到了早晨我也不觉得那是个美梦，只有由两个针锋相对的意见构成的短短的滑稽的一幕，在梦中令人乐不可支，但是这一幕我已经忘了。

我步行穿过在二楼到三楼的高度之间长长的一排房屋——不记得马克斯起初是否与我同行——就像在车厢相连的火车上，从一节车厢走到另一节车厢。我走得很快，或许也因为那房子有时摇摇欲坠，因此动作必须要快。我根本没

◇ 梦：妓院

注意到房子与房子之间的门，那是很长的一排房间，但是不仅看得出各个住宅之间的差异，也看得出房屋与房屋之间的差异。我经过的也许都是摆着床铺的房间。一张典型的床铺留在我记忆中，位于我的左侧，倚着阴暗或肮脏的墙壁，也许像阁楼的墙壁一般倾斜，有矮矮一叠被褥，被子其实就只是一块粗麻布，被先前睡在那儿的人踢成一团，一端垂下来。在这么多人还躺在床上时从他们的房间穿过，使我感到羞愧，因此我踮起脚尖大步行走，希望能借此表示我只是被迫经过，尽量不打扰一切，放轻脚步，让我的通行完全不被注意。因此我在同一个房间里也从来不转头，不是看着街道的右边，就是看着后墙的左边。

那一排住宅经常夹杂着妓院，我虽然似乎是为了它们而走上这条路的，却格外迅速地穿过，以至于我就只意识到它们的存在，却什么也没看见。但是所有住宅的最后一个房间又是一家妓院，我就留了下来。我穿过一扇门走进去，对着门的墙壁，也就是这一排房屋的最后一面墙壁，如果不是玻璃做的，就是根本被打通了，我假如再往前走，就会掉下去。打通的可能性甚至更大，因为那些妓女躺在地板边缘。我能清楚看见有两个躺在地上，一个的头部稍微伸出边缘之外，垂在半空中。左侧是一面坚实的墙，右侧的墙则不完整，往下可以看见院子，尽管不能看到底。一座破败的灰色楼梯分成好几段通往楼下。从房间里的光线来判断，天花板跟其他房间里的一样。

我主要是跟头垂下来的那个妓女打交道，马克斯则是和躺在她旁边的那一个。我摸了摸她的腿，然后就只规律地去按她的大腿。我是如此享受，以至于我感到纳闷，这种分明是人间至乐的娱乐竟然不需要付费。我深信我（而且就只有我）欺骗了这个世界。然后那个妓女抬起了上半身，双腿并没有移动，把背部转向我，她的背上布满了红得像火漆的大圆圈，边缘颜色较淡，中间溅满了红色斑点。这时我才发现她全身都有这些斑点，我搁在她大腿上的手指也沾上了这些有如碎裂封蜡的红色碎屑。

我退回到一群男子之中，他们似乎倚着靠近楼梯入口的墙在等待，楼梯上有一些人来来去去。他们等待的方式就像周日上午乡下男子聚集在市场上一样。因此那也是个周日。那滑稽的一幕也是在这里发生的：一个我和马克斯有理由害怕的男子走开了，后来又从楼梯走上来，走到我面前。当我和马克斯正担心他会做出某种可怕的恐吓时，他却向我提出了一个单纯得可笑的问题。接着我站在那里，忧心忡忡地看着马克斯无所畏惧地坐在左边某处的地上，喝着马铃薯浓汤，里面看得见又大又圆的马铃薯，尤其是其中一块。他用汤匙把马铃薯压进汤里，也许用了两根汤匙，或者就只是在翻动它们。

十月十日。写了一篇巧辩的文章寄给《杰钦-波登巴赫日报》[1]，对我任职的机构有褒有贬。

昨天晚上在护城河街上，迎面走来三个刚刚结束排演的女演员。要迅速看清三名女子的美丽真难，更何况我同时也想看看她们后面那两个男演员，他们踩着演员那种轻快摇摆的步伐跟在她们后面走过来。左边那个男演员有着青春丰腴的面孔，敞开的大衣裹着壮硕的身形，足以代表他们两个。他们超过了那三位女士，左边那个走在人行道上，右边那个走在下面的车道上。左边那个伸手用五根手指抓住他帽子的顶端，把帽子高高举起，喊道（右边那个这时才想到）：再见！晚安！不过，虽然这番超前和打招呼使得这两位男士被分了开来，被问候的那三位女士却不为所动地往前走，只是轻声打了招呼，几乎没有中断她们的交谈。领头的似乎是最靠近车道的那个女子，她个子最高也最柔弱，看起来也最年轻貌美。那一刻，我觉得这一幕是个有力的证明，证明了此地的剧场界井然有序且管理得当。

前天在"萨孚咖啡馆"看犹太人表演。范恩曼的《逾越节之夜》。有时候（此刻我才意识到）我们之所以没有插手干预情节，是因为我们太过激动，而不是因为我们只是观众。

---

[1] 卡夫卡这篇文章的标题是"劳工意外保险与企业主"，刊登在一九一一年十一月四日的报纸上。

十月十二日。昨天在马克斯那儿写我的巴黎旅行日记。[1]在昏暗的里特街，穿着秋装、肥胖而温暖的R.。我们之前只见过穿着夏装的她，夏季女衫和薄薄的蓝色小外套，在那身装束里，一个外貌并非没有缺陷的女孩看起来比没穿衣服更糟。在她那张没有血色的脸上，她的大鼻子格外显眼。她的脸颊要用手按很久才会出现红晕，脸颊和嘴唇上方有很多粗硬的金色汗毛，铁道的烟尘被吹到鼻子和脸颊之间，还有从衬衫领口露出来的苍白。今天我们却毕恭毕敬地跟在她后面。由于没刮胡子，样子也很邋遢，因此我必须在费迪南街前面一条过道的入口旁向她道别，在那之后我感觉到自己对她略有好感。而当我思索起原因时，我就只需要一再告诉自己：因为她穿得这么温暖。

十月十三日。我的主管秃头处紧绷的头皮自然地过渡到他前额上细细的皱纹。大自然的一个缺陷，显而易见且容易模仿，钞票可不能这样制造。

我认为我对R.的描写并不成功，但是想必比我所以

---

[1] 这是为前面提到的与布罗德合写的小说《理查德与山缪》所做的准备工作。

为的要好，要不然就是我前天对她的印象想必非常不完整，以至于这番描写与之相称，甚至是超越了它。因为昨天晚上我回家时，瞬间想到了那番描写，它不知不觉地取代了最初的印象，让我觉得我昨天才见到 R.，而且马克斯并不在场，因此我准备向他说起她，按照我在此处对她的描写。

昨天晚上在射手岛[1]上，没找到我的同事，随即就离开了。我穿着短外套，手里拿着压扁的软帽，引起了一些注意，因为外面很冷，但是里面却由于众人的呼吸而很热——喝啤酒的人、抽烟的人和军乐队吹奏管乐器的人。这支乐队的位置并不高，也不可能高，因为大厅相当低矮，乐队塞满了大厅的一端，直到边墙，那群乐手像是刚好被塞了进去。后来，这种拥挤的印象在大厅里有点消失了，因为靠近乐队的座位没什么人坐，大厅中间的座位才是满的。

啰唆的 K. 博士。我和他在弗兰茨-约瑟夫火车站后面走了两个小时，多次请求他允许我先走。我由于不耐烦而绞着双手，尽量听而不闻。在我看来，一个在自己那一行有所成就的人，一旦说起工作上的事，就免不了会变得滔滔不绝、不能停止。他意识到自己的能干，在每一个故事里都会联系到别的故事，而且是好几个。他综观所有的故

---

[1] 射手岛（德语 Schützeninsel），位于流经布拉格的莫尔道河中央，捷克语称之为斯特雷奇岛（Střelecký ostrov），岛上有餐厅和公园绿地。

事，因为他全都经历过。由于时间仓促，再加上要考虑到我，很多事他隐而不谈，我也借提问打断了一些，但是却因此使他谈起了别的事，也让他看出他深深掌握了我的想法。在大多数故事里，他都扮演着重要的角色，他只暗示了这一点，因此他隐而未言的事就显得更加意味深长。由于他很有把握我会佩服他，他也就能向我诉苦，因为在他的不幸、苦恼和怀疑中，他仍旧值得佩服。他的对手也是能干的人，而且值得一提；在一家有四个律师和两名主管的律师事务所里，在一件有争议的事情上，他以一人之力对抗这家事务所。有好几个星期，他都是对方那六名法学家每天的话题。他面对的是他们当中口才最好的一位，一个才思敏捷的律师——而且最高法院也站在对方那一边，据说最高法院的判决欠佳，而且互相矛盾；我用准备道别的语气替法院稍微辩护了一下，他就提出证据来说这个法院不该受到维护，而我又得和他在街上来来回回地走。我立刻对这个法院的差劲感到纳闷，于是他就向我说明为什么必然是这样，说明法院业务过重及其原因；我说我得走了，他又说起上诉法院比较好，而行政法院还要好，原因何在；最后我真的要走了，他才又试着谈起我的事，我就是为了这件事（设立工厂）[1]才来找他的，我们也早就已经彻底谈过了。他不自觉地希望以这种方式来抓住我的注意力，再引诱我去听他那些

---

[1] 一九一一年十二月，卡夫卡按照父亲的意思，以匿名合伙人的身份和他的妹夫共同成立了一家石棉工厂。这位K.博士是卡夫卡的一个远房亲戚，也姓卡夫卡，是一名律师。

故事。这时我说话了,同时刻意伸手与他相握表示道别,这才得以脱身。

顺带一提,他很擅长叙述,在叙述中结合了诉状的铺陈和生动的谈话,这种生动的谈话在那些肥胖、黝黑、暂时还算健康、中等身高、由于不停抽烟而精神亢奋的犹太人身上经常可以看见。法律用语支撑了这番谈话,所引用的法律条文数目很多,使它们显得遥远。每一个故事都从头说起,正反两面的说辞都被提及,并在中间插入个人的评论,谁也不会想到的细枝末节最先被提起,然后再说这只是细枝末节,撇到一边不提("有一个人,他叫什么名字并不重要")。当故事渐渐进入重点,他会把听众本人拉进他的叙述里,仔细加以询问,有时候在说到听众根本不会感兴趣的一个故事之前,他也会对听众进行毫无必要的询问,以建立起某种暂时的关联。听众插入的评论不会马上被提出来——这会令人不愉快(就像库宾)——而是虽然也很快就会被提到,但要在叙述的过程中找个适当的时机提出来,以此当作是对听众的一种恭维,把听众拉进故事里,因为这给了他身为听众的特殊权利。

十月十四日。昨天晚上在"萨孚咖啡馆"观赏《舒拉米丝》(Sulamith),阿·戈尔德法登[1]的作品。其实是出歌剧,

---

1 阿·戈尔德法登(Abraham Goldfaden, 1840—1908),出生于俄国的犹太诗人与剧作家,以意第绪语和希伯来语创作出大量剧作,被视为现代犹太剧场之父。

但是每一个唱出来的片段都被叫作轻歌剧。在我看来，这件小事就表明了艺术上一种固执、操之过急、基于错误的理由而热切的努力，在一个部分偶然的方向上横切过欧洲艺术。

故事内容：一个英雄拯救了一个在沙漠中迷路的少女（"伟大的神，我向你祈求"），她因为渴得难受而跳进了一个水井。他们发誓对彼此忠贞（吾爱，我最亲爱的，我在沙漠中寻得的钻石），请求水井和沙漠里的一只红眼猫做见证。少女舒拉米丝（齐席克太太饰演）由阿布索隆的野蛮仆人辛吉唐（皮普斯饰演）带回伯利恒她父亲马诺亚（齐席克饰演）那里，阿布索隆（克鲁格饰演）则还要前往耶路撒冷；在那里，他却爱上了富家女艾比盖儿（克鲁格太太饰演），与之成了婚，忘了舒拉米丝。舒拉米丝在伯利恒的家里等待爱人。"很多人去了耶路撒冷，并且找到了平静。""出身高贵的他将会背弃我！"通过绝望的爆发，她获得了坦然面对一切的信心，为了不出嫁而可以继续等待，她决定假装发疯。"我的意志如铁一般，让我的心成为堡垒。"即便是在假装发疯的那些年里，她也仍悲伤地大声缅怀她对爱人的回忆，所有的人都不得不容许她这样做，因为她的疯狂就只涉及那片沙漠、那口水井和那只猫。她也通过发疯赶走了三个追求她的男子，她父亲马诺亚只能靠着抽签来平息这三个人对她的争夺：乔埃·格东尼（U. 饰演），"我是最强壮的犹太英雄"；亚维达诺夫，一个地主（R.P. 饰演）；挺着大肚腩的祭司（勒维饰演），他觉得自己比所有人都更优越，"把她给我，我想要她想得要命"。阿布索隆遭遇了不幸，他的一个孩子被沙漠里的一只猫给咬死了，另一个孩子掉进了井里。他想起了自己的过错，向艾比盖儿坦承一切。"哭得节制一点。""不要再用你的话语来撕裂我的心。""可惜我说的都是一件事。"几个思绪围绕着他们两个打转，然后消逝。应该要回到舒拉米丝身边，抛弃艾比盖儿吗？舒拉米丝也值得怜悯。最后艾比盖儿让他离开。在伯利恒，马诺亚为了女儿而哀叹："唉，我的晚年啊。"阿布索隆用他的声音治愈了她。"父亲，其他的事我以后再告诉你。"艾比盖儿在耶路撒冷的葡萄园里倒下，能替阿布索隆辩解的只有他的英雄行为。

在演出结束时，我们还等待着演员勒维，我对他佩服得五体投地。他应该要像平常一样"播报"："亲爱的来宾，我代表全体团员向各位致谢，感谢您的光临，并且衷心地邀请您来观赏我们明天的节目，明天将要演出的是××作者举世知名的作品××。再见！"接着他会挥动帽子退场。

但是他没有出现，我们先是看见帷幕被紧紧拉上，然后又试探性地一点一点被拉开。这情况持续了相当久。最后帷幕被大大地拉开了，中间有一颗扣子把幕布紧扣在一起。我们看见勒维在帷幕后面朝着舞台前沿走来，面向观众，一双手却在抵抗某个从后面攻击他的人，直到整个帷幕连同上端用来固定的铁丝都被寻找支撑的勒维扯了下来，而勒维就在我们眼前被刚才饰演野蛮人的皮普斯推倒了。仿佛帘幕已经被拉上了似的，皮普斯仍然弯着腰，抱住了跪倒的勒维，简直是用脑袋把他从舞台侧面推了下去。大家都跑到大厅侧翼。"把帘幕拉起来！"在几乎完全暴露的舞台上，有人喊道。饰演舒拉米丝的齐席克太太脸色苍白，可怜兮兮地站在舞台上，小服务生站在桌子和椅子上把帘幕勉强挂回去，老板试图安抚政府代表，对方唯一的愿望就是赶紧离开，但在老板的安抚下留了下来。人们能听见齐席克太太在帘幕后面说："我们还想从舞台上向观众宣扬道德……"犹太职员所组成的"未来社团"预定明晚在此地演出，在今天的节目开演之前举行了一场正式的全员大会，由于这桩风波，他们决定在半小时之内召开一场特别会议。该社团的一名捷克成员预言，这些演员这种丢脸的行为将会使他们彻底没落。这时，大家忽然看见刚才仿佛消失了的勒维，被服务生领班R.用双手推向一扇门，或许也用了膝盖。干脆把他轰了出去。事前和事后，这个领班在每个客人面前，包括我们在内，都像只狗一样站在那里，有着狗一般的嘴脸，下面是一张大嘴，被谦卑的嘴角皱纹围住，他……

十月十六日。昨天是个累人的周日。全体员工向父亲辞职。他好言相劝，诚恳亲切，并运用他的疾病、他的高大和从前的强壮、他的经验和精明，在对他们全体以及私下的单独谈话中，他把他们几乎全都争取回来了。一个重要的办事员F.想再考虑一下，等到周一，因为我们店的经理要走，并且想把全体员工一起带去他新成立的商行，而这个办事员已经答应了他。会计在周日写信来说，他还是无法留下，因为R.不让他食言。

我搭车前往兹兹科夫[1]去找他。他年轻的妻子有圆润的脸颊、略长的脸和一个多肉的小鼻子，这种鼻子在捷克人的脸上从来不会难看。她穿着很长的晨袍，袍子很宽松，有花朵图案，沾着污渍。由于她的动作十分着急，那晨袍变得格外长而宽松，她急着招呼我，急着把家里再弄漂亮一点，把桌上的相册摆好，急着去把她丈夫找来。她丈夫的动作也同样着急——也许那个凡事依赖他的妻子是在模仿他——他的上半身向前倾，摇摆得很厉害，下半身则引人注目地留在后面。我认识这个人已经十年了，经常看见他，但很少注意他，此时忽然和他有了近距离的接触。我用捷克语劝他，而我的劝说越是没有效果（他已经和R.签了书面合约，只是在周六晚上被我父亲弄得太过惊慌，没有说起这份合约），他的脸就变得越像一只猫。到最后，我装出有些惬意的感觉，稍微拉长了脸，眯起眼睛，打量这个房间，仿佛在盯着某种具有暗示作用的东西，直到它变得无法言传。但是当我看出这没有什么效果，看出他并没有换一种语气跟我说话，

---

[1] 兹兹科夫（Žižkov），当时是布拉格东边一个居民以工人为主的郊区，如今是布拉格市的一个行政区。

而我又得重新开始游说他时,我并没有不高兴。我们从对街住着一个和他同姓的人开始谈起,以他在门边对我在冷天里穿着单薄的西装感到讶异结束。这就见出了我最初的希望和最终的失败。但是我要他答应下午去找我父亲。我提出的论点在某些地方太过抽象,也太正式。没有把他妻子一起叫来是个错误。

下午去拉都廷[1],为了挽留那个办事员。因此错过了和勒维碰面,我一直惦记着他。在车厢里:一个老太太鼻尖上的皮肤几乎还像年轻人一样紧致。所以说,青春结束于鼻尖,而死亡也从那里开始?乘客顺着脖子往下吞咽,张大了嘴巴,这表示他们认为这趟火车之旅、其他乘客的组合、他们的座位安排、车厢里的温度都无懈可击、自然、没有可疑之处,就连我搁在膝盖上的《潘》(Pan)杂志也一样,有几个人偶尔会瞄上一眼(毕竟这是个他们不可能料到会在车厢里看见的东西)。同时,他们也相信一切本来有可能更糟。

在 H. 先生的院子里来回踱步,一只狗把脚掌搁在我摇晃着的脚尖上。有几个小孩、几只鸡,偶尔有几个成年人。一个保姆对我感兴趣,她有时从阳台上探出身子,有时躲在一扇门后面。在她的注视下,我不知道自己究竟是谁,是满不在乎还是难为情,是年轻还是老迈,是大胆莽撞还是深情款款,双手是搁在背后还是放在身前,是冷还是热,是爱护

---

[1] 拉都廷(Radotin),布拉格南方十五公里处的小镇,可乘火车抵达。

动物的人还是生意人，是 H. 先生的朋友还是有求于他，是否比那些参加集会的人略胜一筹，他们有时在酒馆和公共男厕之间来回，是否由于我单薄的西装显得可笑，是犹太人还是基督徒，诸如此类。我走来走去，擦擦鼻子，偶尔读一下《潘》，胆怯地避免去看阳台，后来，我忽然发现阳台上空无一人。我看着那些家禽，接受一个男子的问候，透过酒馆的窗户看着面对演讲者的那群男子一张张脸扁平歪斜地挨在一起，一切都有所帮助。H. 先生偶尔会从集会中出来，而我拜托他为了我们好好利用他对那个办事员的影响力；当初是他介绍他到我们店里来工作的。他黑棕色的胡子围着脸颊和下巴周围，黑黑的眼睛，在眼睛和胡子之间是深色的脸颊。他是我父亲的朋友，我从小就认识他，而一想到他是个烘焙咖啡豆的人，他在我脑海中就比实际上肤色更深，也更有男子气概。

十月十七日。我什么都做不成，因为我没有时间，而我心中的感觉如此急迫。假如有一整天的空闲，心中这股晨间的不安能够持续延长到中午，再渐渐疲弱到晚上，那么我就能睡觉。可是现在，这股不安顶多只能有傍晚一个小时的时间，它稍微有点增强，然后就被压抑，无用而且有害地挖空了我的夜。我能长时间忍受这种情况吗？忍受有意义吗？难道这样我就会有时间了吗？

拿破仑在艾尔福特的宫廷宴席上说:当我还只是第五军团的一名少尉时……(各国王侯尴尬地面面相觑,拿破仑注意到了,便改了口),当我还有此荣幸只当个少尉时……当我想到这一则逸事时,我的颈动脉就会扩张,因为略微感同身受的自豪不自然地钻进了我心中。

再说到拉都廷:我受着冻,独自在庭园的草地上走来走去,然后在敞开的窗户里认出了那个保姆,她随着我来到了屋子的这一侧——

十月二十日。十八日在马克斯的住处,写巴黎之旅,写得不好,没有达到那种书写上的自由,这种书写能让双脚脱离所经历的事件。在前一日的情绪激昂之后,我也还有点昏沉,那一天以勒维的朗诵会作为结束。白天里,我的心情还没有什么特别的,我和马克斯一起去接他母亲,她从格布隆茨来,我和他们一起去了咖啡馆,后来去马克斯的住处,他为我表演了《贝城佳丽》[1]里的一段吉卜赛舞蹈。那支舞有很长的时间就只是以单调的节奏摇摆臀部,脸上带着慵懒、诚恳的表情。直到快结束时,内心被激发的那种狂野才短暂地

---

[1] 《贝城佳丽》(*La jolie fille de Perth*),法国作曲家比才(Georges Bizet,1838—1875)所写的一部歌剧。

出现，摇撼了身体，征服了身体，挤压了旋律，使之忽高忽低（听得出格外哀怨、低沉的音调），然后戛然而止。开始时十分贴近吉卜赛风格，而在整支舞蹈中也维持着这种风格，也许是因为一个在舞蹈中如此狂野的民族只有在朋友面前才会展现出平静。我觉得那第一支舞极为真实。接着我翻阅了一下《拿破仑语录》。一个人多么容易就会短暂地成为他对拿破仑的想象当中的一小部分！之后我情绪沸腾地回家，抗拒不了我的任何一个想象，它们失序，又如怀孕，凌乱，肿胀，在围绕着我滚动的家具中央；我的痛苦和烦恼如排山倒海而来，我尽可能占据许多空间地走进演讲厅，因为我很紧张，尽管我这么庞大。假如我是个旁观者，从我坐着的样子就能立刻看出我此刻的状态。

勒维朗诵了肖洛姆·阿莱汉姆[1]的幽默小品，接着读了培瑞兹[2]的一篇故事，比亚利克[3]的一首诗（不过，诗人为了使这首诗更为大众化，亲自把这首诗从原本的希伯来语翻译成意第绪语，这首诗利用了"基希涅夫反犹骚乱"[4]来讨论犹

---

1 肖洛姆·阿莱汉姆（Scholem Aleichem，1859—1916），生于俄国的犹太裔作家，以意第绪语写作，文笔幽默，有"犹太人的马克·吐温"之称，著名的舞台剧《屋顶上的提琴手》就是改编自他的作品。

2 培瑞兹（Jizchok Leib Perez，1852—1915），生于波兰的犹太裔作家，以波兰语、希伯来语和意第绪语写作，和亚拉姆同被视为现代意第绪语文学的开创者。

3 比亚利克（Chaim Nachman Bialik，1873—1934），生于俄国的犹太裔诗人，以意第绪语和希伯来语写作，如今在以色列被视为国家诗人。

4 "基希涅夫反犹骚乱"（Kishinev pogrom），系指两场反犹暴动，分别于一九〇三年和一九〇五年发生在当时属于俄国的基希涅夫（今属摩尔多瓦），造成数十名犹太人死亡，千余所房屋被毁，促使当地许多犹太人移民美国和西欧。

太人的未来），还有罗森费德[1]那首《卖蜡烛的女子》。身为演员，他很自然地一再睁大眼睛，就这样睁了好一会儿，被高高扬起的眉毛框住。整场朗诵会的全部真相；右臂从肩膀处稍微抬起，推一推夹鼻眼镜，那眼镜像是借来的，跟他的鼻子一点也不合；双腿在桌子底下伸长了，连接大腿和小腿的软骨动得尤其厉害；弓着背，背部看起来软弱无力；面对单调一致的背部，观察者在作出判断时不会受骗，不像在看着脸部时，容易被眼睛、脸颊的凹凸或任何小细节——哪怕只是一点胡茬——所欺骗。在朗诵会结束后，我在回家的路上就已经感觉到自己凝聚了所有的能力，因此回到家里就向我妹妹抱怨，甚至也向母亲抱怨。

十九日为了工厂的事去找K.博士。理论上的些许敌意，是双方在签订合约时难免会产生的。我用目光搜寻H.[2]的脸，他面向着K.博士。在两个平常不习惯彻底思索彼此关系的人之间，想必更容易产生这种敌意，因此对任何一件小事都感到不满。——K.博士习惯在房间的对角线上来回踱步，紧绷的上半身向前倾，摇摇晃晃，一边走一边说话，而且经常在一条对角线的末端把手里那根香烟的烟灰抖落在分置于房间三处的烟灰缸里。

---

[1] 罗森费德（Morris Rosenfeld，1862—1923），生于波兰的犹太诗人，后移居美国，以意第绪语写作。

[2] 系指卡夫卡的妹夫卡尔·赫尔曼（Karl Hermann）。

今天上午去"勒威与温特贝格公司"。老板用背部抵住那张扶手椅，好让他有空间和支撑来做东欧犹太人惯用的手势。手势和表情之间互动与互补。有时候他将这两者联系起来，会看着他的手，或是把手举在脸旁边，让听众更容易看见。他讲话的语调带着神庙里的旋律，尤其是在逐一讲述几点事项时，会以这个旋律从一根手指到另一根手指点数，像是跨越了好几个音域。我后来在护城河街上遇到父亲和一位普莱斯勒先生，他甚至举起了手，使衣袖稍微往后缩（他自己并不会把衣袖拉起来），就在护城河街中央用张开的手和叉开的手指做起了有力的转螺丝的动作。

我可能生病了，从昨天起全身到处发痒。下午，我的脸发烫得很厉害，出现各种颜色，这让我去剪头发时担心那个助手会看出我患了一种大病，毕竟他要一直看着镜子里的我。胃和嘴巴之间的连接也部分受到干扰，一个钱币大小的盖子不是上升或下降，就是留在底下，发射出一种微带压迫感的作用，在我的胸口扩散开来。

再说到拉都廷：我邀请她下来。她的第一个回答很严肃，虽然在那之前她带着别人托她照顾的那个小女孩对着楼下的我哧哧地笑，并且卖弄风情，而我们一旦相识，她就绝对不敢再这么做了。接着我们一起笑了很久，虽然我在楼下受着冻，她在楼上敞开的窗前也受着冻。她把胸脯压在交叉的手臂上，再把全身贴在窗腰上，显然弯着膝盖。她十七岁，认为我是二十五六岁，她在我们的交谈中始终没有放弃这个想法。她的小鼻子有一点歪，因此在她脸颊上投下了一片不寻常的影子，但是这也无法帮助我再认出她来。她不是拉都廷镇的人，而是来自朱赫尔[1]（最靠近布拉格的一站），她不希望别人忘记这一点。之后我和那个办事员去散步，在黑暗中沿着公路走出拉都廷镇，走回火车站。就算我没有跑这一趟，他也会留在我们店里。公路一侧是座荒凉的小丘，被一家水泥工厂用来开采石灰。还有几座老磨坊。据说有一棵白杨树被龙卷风连根拔起，白杨树的树根先是垂直地伸进泥土中，再向四面八方蔓延。那个办事员的面孔：泛红的肉像面团一样附着在强壮的骨头上，模样疲倦，但是强健有力。对于我们在这里一起散步，他的语气中甚至没有感到惊讶。有一大片土地被一座工厂先行买下，暂时闲置着，位于小镇中央，周围是工厂建筑，部分被电灯照亮，上空是皎洁的月亮，从烟囱里冒出来的烟在月光里如云似雾。火车的信号灯。路边的老鼠窸窸窣窣，穿越这片空地上长长的小路。那条小路是镇民不顾工厂的反对踩出来的。

整体而言，微不足道的这番书写给我带来了力量，例子：

---

[1] 朱赫尔（Chuchle），位于布拉格西南方，在从布拉格到捷克西部大城皮尔森的铁路线上。

十六日，星期一，我和勒维去国家剧院观赏《杜布罗夫尼克三部曲》[1]。剧作和演出都很差。留在我记忆中的是第一幕里壁炉上一座时钟的美妙鸣声；窗前高唱着《马赛进行曲》进城的法国军队，他们的歌声逐渐远去，等到下一拨进城的士兵接下去唱，歌声就又大了起来；一个黑衣少女和她的影子穿过落日映在镶木地板上的光带。第二幕我就只记得一个少女纤细的脖子，在红棕色衣肩的蓬蓬袖之间伸直了，连接着她小小的头部。第三幕我记得那条被压皱的礼服外套、深色的花背心、横着拉出来的金色表链，那是属于一个年老而驼背的地主后代的。也就是说，留下记忆的并不多。座位很贵，我真是个差劲的好人，勒维很拮据，我却把钱浪费在门票上；最后他比我更感到无聊。简而言之，我再次证明了我独自做主的一切行动都是一种灾难。不过，平常我和这种灾难合为一体，无法分离，我把从前所有的灾难和日后所有的灾难都吸引了过来；这一次我几乎完全不受影响，把一切都当成某种一次性的东西。这样很容易就能忍受，甚至在剧院里我第一次觉得自己这个观众的脑袋从座椅和身体集结而成的黑暗中高高抬起，伸进一道特别的光线里，不受这出剧作及其演出的影响。

第二个例子：昨天晚上在马里恩街上，我向我妹夫的两个姊妹同时伸出两只手，熟练得就好像那是两只右手，而我

---

[1] 《杜布罗夫尼克三部曲》(*A Trilogy of Dubrovnik*)，克罗地亚诗人与剧作家沃吉纳维克（Ivo Vojnović，1857—1929）的剧作。

则是两个人。

十月二十一日。一个相反的例子：当我的主管和我讨论公事时（今天谈的是卡片档案柜），我无法在凝视他的眼睛时不在眼神里流露出一丝怨恨。不是我把目光移开，就是他把目光移开。他移开目光的时间比较短，但是更为频繁，因为他没有意识到他这样做的原因，每一次感觉到移开目光的冲动时他就会让步，但是随即又把目光移回，因为他认为这整件事就只是因为眼睛的一时疲劳。我则比较强烈地抵御着这股冲动，因此加速了我目光的游移。我最喜欢让目光沿着他的鼻子进入脸颊上的阴影，我往往需要紧闭的嘴里的牙齿和舌头的帮助才能够把脸面向他——如果必要的话。我虽然会垂下目光，但是从来不会把目光投向比他的领带更低的地方，然而等他一转开眼睛，我就马上把他整个地看进眼里，并且毫无顾忌地盯着他。

那些犹太演员。齐席克太太脸颊上靠近嘴巴的地方有些突出。原因一部分在于饥饿、生育、四处奔波和演出的辛苦所导致的脸颊凹陷，一部分则在于不寻常的静止肌肉，这是她那张原本肯定是笨拙的大嘴在表演时为了做动作而不得不培养出来的。饰演舒拉米丝时，她大多把头发松开，遮住了脸颊，使得她的面孔有时候看起来像是早年的少女脸。她骨架大，中等壮硕，束腰绑得很紧。她走路的姿势很容易显得庄严，因为她习惯抬起一双长手臂，伸直，再缓缓摆动。尤其是当她唱起犹太人的国歌[1]时，她会微微摇摆宽大的臀部，把与臀部平行的弯起的手臂上下摆动，掌心中空，仿佛在玩一颗缓缓飞行的球。

十月二十二日。 昨天去看那些犹太人演出夏坎斯基的《晚祷》，这是一部相当差劲的剧作，但有一幕写信的戏很逗趣；两个相爱的人直挺挺地并肩站立，双手交握地祷告；改变信仰的宗教大法官倚着约柜的帘幕，他走上台阶，停在那里，垂着头，嘴唇贴着帘幕，站着，把祈祷书拿在啪嗒作响的牙齿前面。在这第四个夜晚，我头一次无法明显地获得一个纯粹的印象。原因也在于我们人太多，再加上我妹妹桌旁的客人。尽管如此，我也没理由这么虚弱。由于我对齐席克太太的喜爱，我的表现很可悲，多亏了马克斯，她才坐在我旁边，但我将会恢复正常，现在就已经好些了。

齐席克太太（我真喜欢写下她的名字）在餐桌旁吃烤

---

[1] 犹太人的国歌，系指如今以色列的国歌《希望》(*Ha-Tikvah*)，歌词由犹太诗人伊姆贝尔（Naphtali Herz Imber, 1856—1909）所写，自一八九七年起就成为"犹太人复国运动"的国歌。

鹅时也喜欢低着头，你会以为可以随着目光进入她眼皮底下——如果你首先小心翼翼地沿着她的脸颊看过去，再把自己缩小，溜进去，而你根本无须先把她的眼皮掀开，因为它们已然抬起，透出一道淡淡的蓝光，引诱你去尝试。她的演出技巧包括偶尔伸出拳头，转动手臂，把无形的拖地长裙拉起来卷住身体，把张开的手指按在胸口，因为单是叫喊还不够。她的表演并不多样：用受惊的眼神看着她的对手，在小小的舞台上寻找出路；声音轻柔，只有通过更大的内在共鸣才能在声音短暂上扬时表现出壮烈；喜悦在她脸上弥漫开来，从高高的额头直到发际，再进入她心里；独唱时自给自足，无须添加新的手法；在抵抗时站直身体，迫使观众去注意她的整具身体；也就仅止于此了。但其中的事实和人们可以相信的是，她的效果丝毫不会减少，不会受那出戏的影响，也不受我们的影响。

我们对这些演员感到同情，他们是这么出色，却赚不到什么钱，也远远没有得到足够的感谢和名声，这其实只是对许多崇高努力的可悲命运所感到的同情，尤其是对我们自身的努力。因此这份同情才会强烈得不成比例，因为表面上是针对陌生人，事实上却是针对自己。尽管如此，这份同情毕竟是和这些演员紧紧相连的，就连此刻我也无法将其从他们身上分离。由于我看出了这一点，这份同情就和他们更加紧紧相连了。

齐席克太太的脸颊在她肌肉发达的嘴巴旁边出奇地光滑。她年幼的女儿身材不太匀称。

和勒维还有我妹妹一起散步了三个小时。

十月二十三日。那些演员的在场使我相信,之前我针对他们所写的东西大多是错误的,这一再令我感到惊恐。之所以错误,是因为我在写他们时怀着坚定不移的爱意(当我此刻写下这句话,它就也变成错误了),但所用的力气却时有变化,因此没有切中那些真实的演员,而是在这份爱里迷失了。这份爱永远不会对我所用的力气感到满意,因此想要拦阻这份力气,借此来保护这些演员。

齐席克[1]和勒维的争吵。齐席克认为艾德史塔特[2]是最伟大的犹太作家,认为他是崇高的。罗森费德固然也是个伟大的作家,但不是最伟大的。勒维则认为齐席克是个社会主义者,由于艾德史塔特写作社会主义的诗歌,是伦敦一家社会主义犹太报纸的编辑,所以齐席克认为他是最伟大的。可是

---

[1] 这个演员是上文中齐席克太太的丈夫,故两人同姓。

[2] 艾德史塔特(David Edelstadt,1866—1892),以意第绪语写作的犹太作家,生于俄国,后移民美国,以裁缝为业,是位工人诗人,因肺结核而英年早逝,死后被犹太劳工运动视为英雄。

艾德史塔特是哪位？他的党认得他，除此之外没人晓得他，而罗森费德却是举世闻名。齐席克说：是否受到认可不重要。艾德史塔特的一切都是崇高的。勒维说：我对他的作品也很熟悉，例如《自杀者》那首诗就写得很好。齐席克：争吵有什么用呢？我们反正不会达成共识。到了明天也还是我说我的，你说你的。勒维：到后天我也一样。

戈尔德法登，已婚，十分拮据时也一样挥霍无度。上百部作品。把从宗教仪式中窃取来的旋律变得通俗。整个民族都在唱。裁缝师在工作时唱，女佣之类的人物也会唱。

就像齐席克说的，更衣室的空间这么小，大家当然会吵架。众人情绪激动地从戏中场景来到更衣间，每个人都自认为是最伟大的演员，如果有人免不了踩到另一个人的脚，那么他们不仅会吵起来，还会大打出手。唉，华沙的剧场有七十五个小小的个人更衣室，每一间都有灯光。

六点时，我在他们的咖啡馆里碰见那些演员围着两张桌子而坐，分成两个敌对的小团体。在齐席克那一桌上摆着培瑞兹所写的一本书。勒维刚刚把那本书合上，以便和我一起离开。

在二十岁以前，勒维是个研读犹太经书的学生，花他富有父亲的钱。有一群同龄的年轻人,他们偏偏选在星期六聚在一个上锁的酒馆里,穿着长袍抽烟,并且违反其他的安息日戒律。

"伟大的阿德勒[1]",最有名的意第绪语演员,来自纽约,是个百万富翁,戈尔丁[2]替他写了《野人》这出戏。勒维在卡尔斯巴德时让他不要来观看他们的演出,因为勒维没有勇气在那座简陋的舞台上当着他的面表演。——真正的布景,而不是这个在上面连移动都有困难的可悲的舞台。我们要怎么演出《野人》!在这出戏里需要一张卧榻。莱比锡的水晶宫剧院设备一流。窗户可以打开,阳光会照进来。在剧中需要一个王座,没问题,那里就有一个王座,我穿过人群朝它走过去,于是我真的就是国王。在那里演出要容易得多。在这里,所有的东西都会把你弄糊涂。

十月二十四日。母亲一整天都在忙,有时开心,有时难过,视情绪而定,完全没有根据她自身的情况。她的声音嘹亮,对于寻常的谈话来说太大声,但是当你心里难过,

---

[1] 阿德勒(Jacob P. Adler,1855—1926),出生于敖德萨的犹太演员,后移居伦敦和纽约,在各地的意第绪语剧场都是明星人物,曾成功演出意第绪语版的《李尔王》。

[2] 戈尔丁(Jakob Gordin,1853—1909),生于俄国的犹太裔美国剧作家,以将写实主义引入意第绪语剧场而知名。

并且是在一段时间之后突然听见她的声音时，听着却很舒服。我已经抱怨了好一段时间了，抱怨我虽然一直在生病，却从来没有染上一种能迫使我躺在床上的特殊的疾病。这个愿望肯定主要是因为，我知道，例如当母亲从亮着灯光的客厅走进昏暗的病房时，她非常懂得安慰人，或是在晚上，当白昼单调地逐渐转变成夜晚时，母亲从店里回来，用她的关心和迅速的安排让已经入夜的一天重新开始，并鼓励那个生病的人过来协助她。我想再度怀着这个愿望，因为这样一来我就是虚弱的，因此会被母亲所做的一切说服，而且随着年纪的增长能够享受天真的喜悦。昨天我想到，我之所以一直没有像母亲所应得的那样去爱她，没有尽我所能地去爱她，是因为受到德语这种语言的妨碍。犹太的母亲不是德语的 Mutter，用 Mutter 去称呼她使她有点滑稽（不是对她自己来说，因为我们身在德国）。我们用德语的 Mutter 这个单词来称呼一个犹太妇人，却忘了其中的矛盾，于是这个矛盾就更沉重地压在心上。Mutter 这个词对犹太人来说特别德国化，不经意地包含了基督教的光华和基督教的冰冷，因此被称为 Mutter 的犹太妇人不仅变得滑稽，而且变得陌生。Mama 会是个比较好的称呼，只要你听到这个称呼时不要想着 Mutter。我认为维系着犹太家庭的就只有对犹太人集中居住区的回忆，因为德语的 Vater 所指的也远远不是犹太人的父亲。

今天我站在 L. 顾问[1]面前，他出乎意料地主动问起我的病，幼稚、欺人、可笑，令我不耐烦。我们已经很久没有如此亲近地谈过话了，也许根本就不曾有过。他从未如此仔细地打量过我的脸，而我感觉到我的脸以虚假的部分呈现在他面前，他很难理解，但至少令他惊讶。我都认不出我自己了。我很清楚他。

十月二十六日，星期四。昨天，勒维朗诵了一整个下午，先是朗诵戈尔丁的《神、人、魔鬼》，后来朗诵了他自己在巴黎时写的日记。前天我去看了戈尔丁的剧作《野人》。戈尔丁要胜过拉泰纳、夏坎斯基、法伊曼等剧作家，因为他更重视细节、条理和因果逻辑，不再完全是其他剧作里那种直接的、彻底即兴的犹太风格。这种犹太风格听起来没那么吵嚷，因此也就没那么琐碎。当然，为了观众还是得做出妥协。有时你会认为你必须伸长脖子，以越过纽约犹太剧场观众的脑袋来看这出戏（野人这个人物，赛尔姐太太的整个故事），但更糟的是，也对某种预期的艺术做出了实际的妥协，例如，在《野人》里，有一整幕戏的情节起起伏伏，由于拿不定主意，野人说话含混不清，而且说的是很粗糙的文学语言，使人只想闭上眼睛，《神、人、魔鬼》里的那个老姑娘

---

[1] L. 顾问（Eugen Lederer），布拉格劳工事故保险局意外事故部门的主管，卡夫卡从一九〇九年四月到九月曾被暂时调到这个部门。

也一样。《野人》的部分情节很大胆。一个年轻寡妇嫁给了一个老人,对方有四个孩子,而她立刻就把她的情人弗拉迪米尔·沃若贝齐克也带进了她的婚姻。这两个人毁掉了这一家人,许穆尔·莱布里希(皮普斯饰演)不得不交出所有的钱,不久就病倒了,长子西蒙(克鲁格饰演)是个大学生,离家出走了,亚历山大成了赌徒和酒鬼,丽莎(齐席克饰演)成了妓女,至于傻子莱姆奇(勒维饰演)则对赛尔妲太太又爱又恨,恨她是因为她取代了他母亲的位置,爱她则是因为她是第一个与他亲近的年轻女子,这种爱恨交织使得他发疯了。如此夸张的情节随着赛尔妲被莱姆奇杀死而得到解决。其他人物在观众的记忆中都不完整,而且不知所措。作者创造出该女子及其情人这两个角色,不问任何人的意见,这种创造给了我各式各样模糊的自信。

剧场节目单给人含蓄的印象。观众从节目单上得知的不仅是名字,还有更多信息,但又没有透露太多。关于要接受大众公评的这一家人,哪怕是最善意、最大胆的公众,也只提供最必要的信息。许穆尔·莱布里希被描述为"富有的商人",但是他又老又病,是个可笑的花花公子,一个差劲的父亲,一个在妻子的忌日再婚、不尊重死者的鳏夫,这些都没有被提到。所有这些描述都比节目单上的描述更正确,因为到了这出戏的结尾,他就不再富有;因为赛尔妲抢光了他的钱,而他也几乎不再是个商人;因为他疏忽了他的生意。西蒙在节目单上被描述为"大学生",这个描述十分模糊，凡是跟我们稍微沾亲带故的人都有儿子是大学生。亚历山大这个没有个性的年轻人在节目单上就只是"亚历山大"，至于丽莎这个居家型的女孩，观众也就只知道她是"丽莎"。莱姆奇很遗憾地被描述为"傻子"，因为这是无法否认的事实。弗拉迪米尔·沃若贝齐克只被注明是"赛尔姐的情人"，但并没有说他毁掉了一家人，没有说他贪杯好赌、放浪形骸、游手好闲，是个寄生虫。说他是"赛尔姐的情人"固然泄露出不少内情，但是从他的行为来看，这其实是最含蓄的说法。此外，故事发生的地点是俄国，这些人物分散在一片广大的地区，或是聚集在这个地区一个没有言明的小地点，简而言之，这出戏变得不可思议，观众将一无所获。

尽管如此，这出戏还是开演了，作者显然强大的力量运作了起来，难以相信是节目单上那些人物会做出来的事情发生了，而且是不可避免地发生在他们身上。人们只能相信那些鞭打、拉扯、打架、拍肩、晕倒、割喉、跛行、穿着俄式长靴跳舞、女子拉高了裙摆跳舞、在沙发上翻滚，因为这都是些无法反驳的事。不过，甚至不需要兴奋的观众在记忆中经历的戏剧高潮，就能看出节目单给人的含蓄印象是错误的，这个印象只有在演出结束后才会形成，但此刻就已经不正确，甚至是不可思议了。只有一个疲倦的局外人才可能得出这个印象，因为对于在演出结束后诚实评判的人来说，在节目单和演出之间不再看得出任何相容之处。

从画下一条斜线开始就怀着绝望而写，因为今天家人玩纸牌时特别吵闹，我必须和大家一起坐在桌旁，欧特拉嘴里塞满了东西大笑着，站起来又坐下，伸手越过桌面，跟我说话，而我写得这么差，更是雪上加霜。我不得不想到勒维所写的巴黎回忆，他写得很好，以没有被打断的感受写成，出自独立自主的热情。相形之下，我却几乎完全受到马克斯的影响，至少在目前是如此，主要的原因肯定是我能用的时间很有限，这有时候甚至会损及我阅读他作品的喜悦。

因为能够安慰我，所以我写下了萧伯纳的一段自传性话语，虽然这段话其实不带有安慰性：他年少时在都柏林一家房地产公司担任学徒，不久之后就放弃了这个职位，前往伦敦，成为作家。在一八七六年至一八八五年这最初的九年里，他总共只赚了一百四十克朗。"可是虽然我年轻力壮，我的家庭处境很糟，但我并没有努力去谋生；我让我母亲去努力谋生，让她来养我。我没有扶持我的老父，反而紧抓着他外套的下摆。"最终，这段话还是稍微安慰了我。他在伦敦自由度过的那几年，对我来说已成为过去，可能得到的幸福越发变得不可能。我过着可怕的替代生活，而我够胆怯也够可悲，能够追随萧伯纳之处就只是把这段话读给我爸妈听。这种可能的生活有着钢铁的颜色、拉紧的钢条和钢条之间通风的黑暗，它就这样在我眼前闪现！

十月二十七日。勒维写的故事和日记：说巴黎圣母院吓到了他，植物园里那只老虎的绝望和希望打动了他，它用食物来平息它的绝望和希望；说到在想象中，他虔诚的父亲问他如今周六是否能去散步，是否有时间读现代书籍，在斋戒日是否可以吃东西，而他在周六其实要工作，根本没有时间，而且禁食的时间比任何一种宗教所规定的都更长。当他啃着黑面包在街上散步时，远远看过去像是他在吃巧克力。制帽工厂里的工作[1]，还有他的朋友，对方是个社会主义者，认为每个人都是小资产阶级，不像他这么勤奋工作，例如双手细嫩的勒维。这个朋友在周日百无聊赖，瞧不起阅读，认为那是种奢侈的事，他自己不识字，却用嘲讽的口吻请求勒维把他收到的一封信读给他听。

犹太教的净身池，在俄国每一个犹太社区里都有。我把它想成一个小房间，里面有一个水池，形状是固定的，附有由拉比所规定与监督的设施，只为了洗掉灵魂在尘世上的不洁，因此外表上的状况并不重要，那只是一种象征，就算肮脏发臭也没有关系，还是能够达到目的。女性前来洗净月经的不洁，抄写犹太律法《妥拉》的人在抄写一段律法的最后一个句子之前来净身，以洗净所有罪恶的念头。

有个习俗是醒来之后立刻把手指浸在水中三次，因为

---

[1] 勒维在十七岁时离家前往巴黎，起初在工厂工作，十八岁时首次担任业余剧团演员，之后才加入职业剧团，在各地巡演。

邪灵在夜里会栖息在手指的第二节和第三节上。合理的解释：应是为了避免立刻用手指去摸脸，因为在睡梦中手指可能不由自主地摸过身体的各个部位，像是腋窝、屁股和性器。

舞台后面的更衣间非常狭窄，如果有一个人刚好在隔开舞台的门帘后面站在镜子前面，而有另一个人想从他旁边经过，那么他就必须掀起门帘，不得不让观众暂时看见他。

迷信：如果从一个不完整的杯子里喝水，邪灵就会找到附在人身上的入口。

在演出结束后，那些演员显得多么受伤，我害怕用一句话去碰触他们。我宁愿在匆匆握手道别之后赶紧离开，仿佛我感到生气不满，因为我不可能说出我真实的印象。所有的人在我看来都是虚假的，除了马克斯，他冷静地说了些空泛的话。但是那个问起一个离谱细节的人是虚伪的，用一句玩笑来回答演员所表达的意见是虚伪的，语带嘲讽的人是虚伪的，开始大谈自己各种印象的人也是虚伪的，全都是些无赖，他们理应被塞在观众席的深处，此刻在深夜里站起来，重新意识到自己的重要。（大错特错。）

十月二十八日。我虽然有类似的感觉，但是在那个晚上，我觉得不管是剧作还是演出都不完美。但正因为如此，我感到我有责任对那些演员格外地肃然起敬。当一个人的印象中有许多小小的漏洞时，谁晓得这应该怪谁？齐席克太太有一次踩到了自己衣裳的裙边，在她那件公主般的荡妇衣裳里摇晃了一下，像一尊巨大的柱子。有一次她说错了台词，为了让舌头冷静下来，猛地转身面向后墙，尽管这个动作与台词并不相称；这令我迷惑，但并没有妨碍我每次听见她的声音时颧骨上会感到一丝战栗。可是因为另外几个熟人得到的印象更差，我觉得他们比我更有义务表现出敬意，也因为依我之见，他们的敬意会比我的敬意更有效，因此我有双重的理由去咒骂他们的举止。

◇ 戏剧

马克斯写的那篇《关于戏剧的公理》，刊登在《剧场》杂志上。完全具有梦中真理的特性，"公理"这个字眼也与之相称。它越是如梦一般膨胀起来，你就得越冷静地去对待它。文中道出了下面这几个原则：

论点：戏剧的本质在于一种缺乏。

戏剧（在舞台上）要比小说更耗费精力，因为我们能够看见平常只能读到的一切。

这只是在表面上，因为在小说里，作家只能把最重要的事物呈现在我们眼前，而在戏剧里我们能看见一切，包括演员和布景，因此不止看见了重要的东西。所以从小说的角度来看，最好的戏剧是一部一点也不刺激的戏，例如一出哲学剧，由演员坐在一个随便布置的房间里朗诵出来。

然而，最好的戏剧是那种在时间与空间里给予最多刺激的戏剧，它摆脱了生活的所有要求，只集中于谈话、独白里的思绪、事件的重点，其余的一切都交给刺激，在一个由演员、布景画家和导演所抬起的牌子上被高高举起，只追随它灵感的极致。

此一推论的错误：它在没有明言的情况下改变了立场，一下从作者的角度来看，一下又从观众的角度来看。诚然，观众并未按照作者的意思来看待一切，作品上演时会让作者自己感到惊讶（十月二十九日，星期日），但是作者脑中有这出戏的全部细节，这些细节点点滴滴地进行，而且只因为他把所有的细节聚集在台词里，才赋予了这些台词戏剧化的分量和力量。因此，戏剧发展到极致，就落入一种难以承受的人性化，而使之变得能够承受就是演员的任务，演员要把他饰演的角色松弛地、轻轻地带在身边。也就是说，戏剧飘浮在空中，但不是一片被暴风卷起的屋顶，而是一整栋建筑，它的墙基被一种如今仍近乎疯狂的力量从泥土中拉出来。

有时，那出戏似乎停顿在舞台上方的短帘里，演员扯了几条下来，把末端拿在手里把玩，或是用来裹住身体，只偶尔会有一条扯不下来的短帘把一个演员拉到半空中，把观众吓一跳。

◇ 梦：驴子

我今天梦见了一头长得像猎犬的驴子，它的动作非常谨慎。我仔细地观察它，因为我意识到这个现象很罕见，但后来我就只记得我不喜欢它那细长的像人脚的足，因为其长度和单调。我拿了深绿色的新鲜的柏树枝给它吃，那是苏黎世一位老太太给我的（这整件事发生在苏黎世），它不想吃，只轻轻嗅了嗅；可是当我把柏树枝留在桌子上，它就把它们全吃光了，只剩下一个几乎无法辨识、模样像栗子的核。后来听说，这头驴子从不曾用四只脚走路，而是始终像人一样直立，露出它银闪闪的胸膛和小肚子。但这话其实并不确切。

此外，我还梦见了一个英国人，那是我在一场集会上认识的，类似苏黎世救世军那样的集会。集会上的桌椅就像学校里的一样，在写字板下面还有一个开放式置物格；当我把手伸进去，想要整理什么东西时，我惊讶于在旅行中结交朋友是多么容易。这显然是指那个英国人，不久之后他就朝我走过来。他穿着明亮宽松的衣服，保持得很好，只在上臂后方有一块布料，它与衣服的布料不同，或可能是另外缝上去的，是一块有皱褶的灰布，略微下垂，撕成了一条一条的，仿佛在织成时就有斑点，让人想起马裤上的皮衬，也让人想起女裁缝、女店员、女职员的袖套。他的脸也用一块灰布遮着，在嘴巴、眼睛，可能还有鼻子的地方很实用地剪了洞。这块布却是新的，上面有绒毛，有点像法兰绒，很柔软伏贴，是质料极佳的英国货。这一切都令我有好感，使我很想去认识这个人。他想要邀请我到他家去，但由于我后天就得搭车离开，这件事就没成。在他离开那场集会之前，他还穿上了几件显然非常实用的衣物，在他扣上纽扣之后，那些衣物使得他看起来毫不显眼。虽然他无法邀请我到他家去，但他还是请我和他一起走上街道。我跟着他，我们在集会场所对面的人行道边缘停住，我在下面，他在上面，稍作交谈之后，我们再度感觉到他的邀请不会有结果。

后来我梦见马克斯、奥图[1]和我有这样的习惯，即到了火车站才打包行李。例如，我们捧着自己的衬衫穿过车站大厅，走向我们放得很远的行李箱。这虽然看起来是我们一向的习惯，却不是个好习惯，尤其因为我们在火车快要进站之前才开始打包。我们当然很紧张，几乎没有抱着还能赶上火车的希望，更别说占到好位子了。

"萨孚咖啡馆"里的常客和工作人员虽然喜欢那些演员，却无法对他们保持尊敬。由于那些令人泄气的印象，他们瞧不起那些演员，认为他们老是挨饿、四处漂泊，就像历史上的犹太同胞。所以那个领班会想要把勒维从大厅里撵出去；那个从前在妓院上班、如今是皮条客的门房会对着齐席克年幼的女儿大吼，她在观看《野人》演出时，由于同情心被激起而想把某

---

[1] 奥图（Otto Brod, 1888—1944），马克斯·布罗德的弟弟，他们三个人在一九一〇年十月曾一起前往巴黎旅行。

件东西递给那些演员；而前天，勒维在"咖啡城市"[1]替我朗诵了戈尔丁剧作《以利沙·本·阿布亚》的第一幕之后，我送他回"萨孚咖啡馆"，一个家伙（他是个斜眼，在鹰钩鼻和嘴巴之间有个凹处，一撇小胡子从里面冒了出来）对着他喊："傻子（影射他在《野人》里的角色），快点，有人在等你。今天你有访客，是你实在配不上的访客。甚至有个炮兵部队的志愿兵在这儿，你瞧。"于是他指着咖啡馆用帘幕遮着的一扇窗玻璃，意思是那个志愿兵就坐在那后面。勒维伸手在额头上抹了一下："从以利沙·本·阿布亚[2]到这家伙。"

看见那道石阶时我是那么感动。一早便是如此，后来又有好几次，我喜欢从我窗前能够看见的那道阶梯的一截三角形石砌栏杆，从切赫桥的右边通往下面码头的平台。那一截石梯很陡，仿佛只是为了给人一个匆匆的暗示。此刻，我看见河边斜坡上有一具活动梯子通往水里。它一直都在那儿，只是由于在秋季和冬季它前面的游泳学校被撤走了，才露了出来，在视角的变化中搁在褐色树木底下的深色草丛里。

勒维：四个少年时期的朋友在老年成为伟大的犹太经师，但是命运各不相同。一个发疯了，一个死了，拉比以利

---

[1] "咖啡城市"（Kaffee City），一间咖啡馆的名字，和卡夫卡当时的家位于同一条街上。

[2] 以利沙·本·阿布亚（Elisha ben Abuyah），犹太拉比，大约公元七十年生于耶路撒冷，在改变世界观之后被视为犹太异端。上文中戈尔丁的同名剧作就是写他的故事。

沙在四十岁时成为自由思想者，只有他们当中最年长的阿基帕[1]获得了完整的认知，他在四十岁时才开始学习。以利沙的学生是拉比麦尔[2]，一个虔诚的人。他是如此虔诚，即使上了自由思想者以利沙的课，也对他没有影响。照他的说法，他是吃了核果的果仁，扔掉了果壳。有一个星期六，以利沙骑马兜风，拉比麦尔步行跟随，手里拿着《塔木德》，但是他只走了两千步，因为在安息日不允许走得更远。这趟散步产生了一番象征性的论辩。"回到你的族人之中。"拉比麦尔说。拉比以利沙用一句双关语拒绝了。

十月三十日。当偶尔觉得自己的胃是健康的时候，我就几乎总是渴望着想象吓人的狼吞虎咽，尤其是在香肠腊肉店前面满足自己的那份渴望。如果看见一条香肠，上面的标签指出这是条又老又硬的家常香肠，我就想象着用整副牙齿咬下去，然后快速、规律、无所顾忌地吞咽，就像一部机器。就算是在想象中，这种行为也会立刻导致绝望，而这种绝望又加快了我的匆忙。肋排的长条猪皮我咬都没咬就塞进嘴里，让它穿过肠胃，再从后面扯出来。肮脏的小食品店被我整个吃空了。我用鲱鱼、腌黄瓜和所有劣质、不新鲜的辛

---

[1] 阿基帕（Akiba ben Josef，约55—135），犹太拉比，据说原是不识字的牧羊人，后来成为拉比犹太教的重要经师。

[2] 拉比麦尔（Rabbi Meir），公元二世纪的重要犹太经师。

辣食物把自己塞满。糖果就像冰雹一样从铁罐里被我倒进嘴里。借此，我不仅享受着我健康的状态，也享受着没有痛苦、马上就会结束的自作自受。

我有个老习惯，当纯粹的印象，不管是苦还是乐，只要达到了极致的纯粹，我就不让它们穿透我整个人，而是用微弱的新印象使之模糊，并加以驱逐。这并非由于我想要伤害自己，而是由于软弱而承受不了这些印象的纯粹。但是我没有承认自己的软弱，宁可试图在内心的静默里用看似任意唤出的新印象来帮助自己，也不去做唯一正确的事，亦即让我的软弱显露出来，并把其他的力量唤来支援它。

例如，周六晚上，我先是听了 T. 小姐[1]那篇写得很好的中篇小说，那其实更该算是马克斯的作品，至少很大一部分属于他；后来又听了鲍姆出色的剧作《竞争》，在其中不断能看见戏剧力量的运作及其效果，就像目睹一个工匠制作出成品。听了这两篇作品之后，我深受打击，好几天来已然空洞的内心在措手不及的情况下被沉重的悲伤填满，以至于在回家的路上我对马克斯说，《罗伯特与山缪》那篇小说是写不成了。要作这番声明，在当时不需要一点勇气，不管是面对我自己还是马克斯。接下来的对话让我有点困惑，因为《罗伯特与山缪》在当时远远不是我最担心的事，所以我

---

[1] 系指艾莎·陶席希（Elsa Taussig, 1883—1942），她当时是马克斯的女友，两人后来在一九一三年结婚。

对马克斯提出的异议找不到适当的回答。可是等到我独自一人，不再有那番谈话来打扰我的悲伤，也失去了马克斯在场时几乎总能带来的安慰时，我的绝望就越来越深，开始溶解我的思考（这时，当我休息吃晚餐时，勒维来了，既打扰了我也令我开心，从七点到十点）。然而，我并没有在家里静候接下来会发生的事，我胡乱读了两册《行动》杂志，读了一点《不幸之人》[1]，最后也读了我巴黎之行的笔记，然后上床躺下，比之前满意了一些，但还是固执。几天前也有过类似的情况，当我去散步回来，模仿着勒维的时候，我靠着他那热情的力量，这份力量表面上对准了我的目标。那一次我也在家里乱读一通、乱说一通，然后就倒下了。

十月三十一日。 尽管我今天浏览了一下菲舍尔出版社[2]的目录、岛屿出版社[3]年鉴、《新观察》[4]杂志，但此刻我相当有把握，我不是牢牢吸收了一切，就是虽然粗略，但抵御了

---

1 《不幸之人》(*Die Mißgeschickten*)，德国作家薛佛（Wilhelm Schäfer，1868—1952）的中篇小说，于一九〇九年出版。

2 菲舍尔出版社（S. Fischer Verlag），于一八八六年由萨姆埃尔·菲舍尔（Samuel Fischer）创立，迅速成为现代文学重镇，霍普特曼、托马斯·曼、赫尔曼·黑塞这几位诺贝尔文学奖得主均为其旗下作家，至今仍是德语世界的重要出版社。

3 岛屿出版社（Insel Verlag），德国一家历史悠久的出版社，一九〇一年成立于莱比锡，以出版文学经典知名，每年发行的年鉴除了提供出版书目之外，也兼述出版社的工作重点。

4 《新观察》(*Die Neue Rundschau*)，菲舍尔出版社发行的文学季刊，自一八九〇年发行至今，为欧洲历史最悠久的文史杂志。

任何损害。今天晚上,如果我不必再和勒维一起外出,我对自己就有足够的信心。

今天中午,面对一个为了我妹妹而到家里来的媒婆,基于几种互相交织的理由,我感到一种不得不垂下目光的尴尬。这个妇人所穿的衣服由于老旧、磨损和脏污而有了一层浅灰色的油光。她站起来时仍把双手搁在腿上。她的眼睛斜视着,这似乎使我更难对她置之不理。当我不得不看向父亲时,他针对她想介绍的那个年轻人问了我一些事。另一方面,由于我的午餐摆在面前,我的尴尬又略微减轻了,光是从三个盘子里取出食物混在一起就够我忙的了。她脸上的皱纹很深——起初我只看见了一部分——深到使我心想,动物若是看见这样的人类面孔,想必会大感不解。她小小的鼻子从脸上伸出来,立体得引人注目,略微隆起的鼻根尤其棱角分明。

星期天下午,当我刚刚经过三个女子,走进马克斯所住的屋子时,我心想:还有一两间屋子是我在里面办事的,走在我身后的女子还有可能看见我在一个周日午后拐进一栋屋子的大门,去工作、去交谈,怀着目的,赶着时间。我只是偶尔从这个角度来看待这件事。这种情况不会长久了。

威廉·薛佛[1]的中篇小说,尤其是在大声朗诵时,我会

---

1 威廉·薛佛(Wilhelm Schäfer,1868—1952),德国作家,作品以短篇故事和逸闻趣事为主。

感受到那种专注的享受，就好比我在舌头上拉动一条细绳。昨天下午我起初有点受不了瓦莉[1]，可是当我把《不幸之人》借给她，她已经读了一点，而且想必确实受到那个故事的影响时，我又因为这种影响而爱她，并抚摸了她。

为了不忘记，以免我父亲哪天又说我是个不肖子，我写下他当着几个亲戚的面说马克斯"疯疯癫癫"。他没有什么特殊的理由，不管是单纯想要教训我，还是自认为是在拯救我。昨天，当勒维在我房间里时，父亲嘲讽地摇摆身体，拉下嘴角，说我让陌生人进屋里来，问陌生人有趣在哪里，建立这种无用的人际关系是为了什么，诸如此类的话。——我其实不该写下来，因为写着写着，我简直恨起父亲来了，而我今天并没有理由恨他。况且从我写下来的父亲所说的话来看，这份恨意，至少是由于勒维而起的恨意大得过分，而由于我记不起父亲昨日的举止究竟哪里恶劣，这更增添了我的恨意。

十一月一日。今天既热切又快乐地开始读格雷茨[2]的《犹

---

[1] 瓦莉（Valli Kafka，1890—1942），卡夫卡的二妹。

[2] 格雷茨（Heinrich Graetz，1817—1891），犹太裔德国历史学家，写出了第一部犹太通史《犹太民族史，从上古到当今》(*Geschichte der Juden von den ältesten Zeiten bis auf die Gegenwart*)，这是一部经典之作，格雷茨也因此被视为犹太复国主义理念之父。卡夫卡所读的是分为三卷的简短的版本。

太史》。因为我对这本书的渴望远远超出了阅读，起初它比我所想的更为陌生，我必须偶尔暂停阅读，通过休息来让我的犹太特质集中起来。不过，读到结尾，新征服的迦南地区头几个不完美的聚落，以及族人（约书亚、士师、以利亚）对这种不完美的忠实记载就已经感动了我。

昨天晚上向克鲁格太太道别[1]。我和勒维沿着火车跑，看见克鲁格太太在最后一节车厢关上的车窗后面从昏暗中向外望。她在车厢里迅速向我们伸出手臂，站起来，打开车窗，穿着敞开的披风在那儿站了片刻，直到阴郁的克鲁格先生在她对面站了起来；他只会抑郁地把嘴巴大大张开，再紧紧闭上，仿佛将永远闭上。在那十五分钟里，我很少跟克鲁格先生攀谈，也许只看了他两眼，而且在不曾中断的无力的交谈中，我的目光无法从克鲁格太太身上移开。她完全被我的在场给左右了，但主要是在她的想象中，而非在实际中。她转向勒维，重复使用同样的发语词："喂，勒维。"她是为了我而说。她靠在丈夫身上，他紧紧压住她的衣裳和鼓起来的披风，有时只让她的右肩露在窗前，她努力想借此给我一个无言的信号。

在剧团那几场演出中，我最初的印象是我让她感到不太自在，而这个印象想来是正确的。她很少邀请我一起合唱，

---

[1] 克鲁格太太的丈夫也是剧团成员，两人先行离开剧团。

就算邀请了，也不是很带劲。她问了我一些什么，可惜我答错了（"您懂吗？"我说："懂。"但她其实希望我说不懂，以便能够回答"我也不懂"）。她两次都没有拿印着她照片的明信片给我。我比较喜欢齐席克太太，想要送花给她，好让克鲁格太太难堪。但是在这种反感之外，她对我的博士头衔怀着敬意，我稚气的外表对此并无影响，甚至还加强了这份敬意。这份敬意是如此之大，从她经常使用但并未特别强调的称谓"嗯，博士先生"中流露出来，我不禁惋惜自己实在配不上这份尊敬，并扪心自问，我是否有权让每个人这样称呼我。由于她如此尊敬我这个人，她更加尊敬身为听众的我。当她唱歌时，我笑逐颜开。她在台上时，我一直笑着看她，跟着哼那段旋律，后来也跟着唱歌词，在几场演出之后向她道谢；因此她自然又很喜欢我。可是如果她由于喜欢我而跟我说话，我就感到尴尬，她肯定又会恢复到起初对我的反感，并且维持下去。她必须更加努力地奖赏身为听众的我，而她乐于这样做，因为她是个虚荣的女演员，也是个善良的女子。

尤其是当她在车窗里沉默着时，她用眨动的眼睛看着我，一张嘴由于尴尬和狡猾而沾沾自喜，眼睛漂浮在泛自嘴角的皱纹上。她想必以为我爱着她，而那也是真的。她用这些眼神来满足我。身为世故的少妇，身为贤妻良母，这是她能够给她想象中的一位博士唯一的满足。这些眼神是那么恳切，并用"此地有这么亲切的来宾，尤其是某几位"这样的话语加以支持，于是我就心生抗拒，而这时我就看着她丈夫。当我比较他们俩，看见他们将要一起搭车离去，却只关心着我们，而没有看彼此一眼时，我感到无比讶异。勒维问他们在车上是否有好的座位。"有的，如果车厢里一直这么空的话。"克鲁格太太回答，一边偷偷看一眼车厢里。她抽烟的丈夫将会把温暖的空气弄得污浊。我们谈起他们的小孩，他们就是为了孩子而先行搭车离开。他们有四个小孩，三男一女，老大九岁，他们已经十八个月没见到孩子了。当一位男士在旁边仓促上了车，火车似乎想要开动时，我们匆匆道别，伸手相握。我摘下帽子，然后把帽子举在胸前。我们向后退，大家在火车驶动时都这么做，借此表示一切都已结束，而我们也无奈地接受了。可是火车并未驶动，我们又走近车厢，对此我很高兴，她问起我的妹妹。接着，火车出人意料地开始缓缓行驶。克鲁格太太掏出手帕准备挥动，她还喊着要我写信给她，问我知不知道她的地址。她已经离得太远，我无法用言语来回答她，于是我指指勒维，意思是我可以从他那儿得知她的地址。她赶紧向我和勒维点点头，表示这样很好，让手帕在风中飘动。我举起帽子回礼，起初很笨拙，后来就越发自在，当她离得越来越远。

事后我想起来，我当时有个印象，觉得火车其实并没有开走，而只是在火车站里行驶了那短短一段路，为了让我们看一出戏，然后就沉没了。晚上在半睡半醒之际，克鲁格太太看起来矮小得不自然，几乎没有腿，面孔扭曲，绞着双手，仿佛有一桩天大的不幸发生在她身上。

今天下午，我很孤单，由此感到的痛苦刺人而强烈地袭上心头，我察觉我借由写作而获得的力量正以这种方式在消耗自己，而我实在没有打算把这些力量用在这上面。

每当克鲁格先生来到一座新城市，就会有人注意到他和他妻子的首饰进了当铺。等到接近启程的时候，他就会慢慢再把它们赎回来。

哲学家门德尔松的妻子最喜欢说的一句话：我受够了这整个宇宙！

在向克鲁格太太道别之际，一个最重要的印象是我一直不得不相信的：身为单纯的小市民，她勉力把自己拉在她生而为人真正的天命之下，只需要往上一跃、只需要把门扯开、只需要拧亮一盏灯，她就能成为女演员，并且将我征服。她也的确站在上方，而我站在下方，就像在剧场中一样。——她十六岁结婚，现在二十六岁。

十一月二日。今天早上是很久以来第一次，我又愉快地想象着一把在我心脏里转动的刀子。

在报纸上，在谈话中，在办公室里，言语的激烈往往会引人误入歧途，再加上从当前的软弱里油然而生的希望，希望在下一刻就会忽然大彻大悟，或是由于强烈的自信，或者只是漫不经心，或是由于我们不计代价想要传递到未来的一个当下印象，或是认为当下的真实热情足可为未来的心不在焉辩白，或是喜欢在中间被撞了一两下而抬高的句子，它们使嘴巴逐渐张开到最大，哪怕它们也让嘴巴很快就合上了，或是做出明确的评价的一丝可能，或是努力让已经结束的谈话继续下去，或是急于摆脱一个话题，如有必要，趴着离开也行，或是出于为自己的沉重呼吸寻找出路的绝望，或是向往一道没有阴影的光——这一切都可能引诱人说出这样的句子："我刚读完的那本书是我至今读过最棒的一本。"或是："我从来没读过这么棒的书。"

为了证明我所写、所想的关于他们的一切都错了，这些演员又留了下来（克鲁格夫妇除外），这是勒维告诉我的，昨天晚上我和他碰了面。谁晓得他们会不会基于同样的理由而在今天再度搭车离去，因为勒维没有到店里来，尽管他答应了要来。

十一月三日。一个看似几乎不可能的证明，证明了我写下的两件事都错了。昨天晚上勒维亲自来了，并且打断了我的写作。

N. 习惯用同样的声调重复述说每一件事。他向某人说起店里的一件事，虽然没有说到许多细节，从而彻底结束这个故事，但毕竟是以一种由于缓慢而显得彻底的方式来告知，就只是告知，没有别的意思，因此说完也就了结了。等到另一件事谈了一会儿，他意外地发现它与先前那个故事的联结，于是又拿出来再说一次，以它原有的形式，几乎没有添加什么，但也几乎没有删减。他就像一个单纯无邪的人，背上被人偷偷系上了一条绳子，他拖着这条绳子在房间里走来走去。我爸妈特别喜欢他，与其说是注意到他这个习惯，不如说是感觉到他这个习惯，于是他们，尤其是我母亲，会不自觉地给他机会去重复述说。如果在某一个晚上，复述一个故事的时机始终没有出现，母亲就会问起，而且带着一种好奇，这种好奇即使是在问过问题之后也没有如期消失。至于那些已经重复述说过、无法靠自己的力量再出现的故事，母亲会追问出来，甚至是在好几个晚上之后。但是 N. 的习惯是如此根深蒂固，往往有力量证明自己的正当性。没有人能够如此规律地把一个基本上跟每个人都有关的故事一再讲给家中每一个成员听。在这种情况下，当过了一段时间，聚在一起的家人增加了一个人时，这个故事就必须再讲一遍，讲述的次数几乎就跟在场的人数一样多。因为只有我看出了 N. 的这个习惯，我通常也是第一个听他说故事的人，之后的复述所带给我的就只是一份由于我的观察得到了证实的小小的喜悦。

嫉妒鲍尔，他的作品据说获得了成功，尽管我明明这么爱他。感觉就像体内有一个线团迅速卷起，把无数的线头从我身体的边缘往里面拉紧。

勒维。父亲谈到他时说："谁要是带着狗一起上床，起床时身上就带着臭虫。"我按捺不住，说了些失控的话。父亲回话时格外冷静（但停顿良久，与平常不同）："你知道我必须保重身体，不能激动，却还这样跟我说话。我够激动了，实在够了。所以别再对我说这种话。"我说："我会努力克制自己。"而在这种极端的时刻，我总是感觉到父亲身上有一种智慧，而我只能领略一丝一毫。

勒维写他祖父去世的故事。他乐善好施，懂得好几种语言，有过几趟深入俄国的远程旅行。有一次在一个星期六，他拒绝在叶卡捷琳诺斯拉夫一个神奇的拉比家里吃饭，因为那个拉比的儿子留着长发，系着彩色领巾，这使他怀疑起这家人的虔诚。

床被摆在房间中央，亲友所持的烛台是借来的，蜡烛的光亮和轻烟弥漫在房间里。大约四十名男子围在他床边一整天，借助一个虔诚之人的死亡来端正自己。他直到临终都神志清楚，在适当的时刻把手搁在胸前，开始说出在这个时刻该念的祷词。在他病痛之时，以及在他死后，祖母都在隔壁房间里和其他妇女聚在一起，不断哭泣。但是她在祖父临终之际却十分平静，因为按照戒律，必须尽力让临终之人死得轻松一点。"他在自己的祷告声中去世。"许多人都羡慕他在如此虔诚的一生之后能这样死去。

庆祝逾越节。一个富有的犹太人团体租下了一家面包店，其成员负责替各家的大家长制作所谓的"十八分钟无酵饼"[1]：取水、遵照教规净化、揉面、切割、戳洞。

十一月五日。昨天睡觉了，在观看了《巴柯巴》[2]之后从七点钟起和勒维在一起，他朗诵了他父亲的信。晚上去鲍姆家。

我想要写作，而额头上颤抖不休。我坐在我的房间里，这里是整间屋子嘈杂声的总部。我听见所有的门被砰地关上，关门的噪声只让我免于听见在门与门之间奔跑的脚步

---

1 犹太人庆祝逾越节时要吃没有发酵的面饼，为了避免发酵，必须在十八分钟内完成从和面到送进烤箱的整个过程。
2 《巴柯巴》(*Bar Kochba*)，犹太剧作家戈尔德法登所写的一部轻歌剧，叙述同名历史人物的故事，巴柯巴于公元一三二年到一三六年领导犹太人反抗罗马帝国，史称"巴柯巴起义"或"巴柯巴之乱"。

声，我还听见厨房里炉灶的门被啪地关上。父亲撞开我的房门，睡袍拖在身后穿过我的房间，再从另一扇门冲出去。隔壁房间里有人在扒出火炉里的灰烬，瓦莉穿过前厅，问父亲的帽子是否擦干净了，就像呼喊着穿过一条巴黎街道。有人因为体贴我而"嘘"了一声，却使得回答的那个人提高了叫喊的声音。公寓的门闩被拉开，像发炎的喉咙一样发出噪声，接着门被打开，一个女子的声音短短唱了几声，然后门在一个男子重重的一甩之下被关上，这个声音听起来最肆无忌惮。父亲出门了，现在，由两只金丝雀的叫声带领着，响起了比较柔和、比较分散、更加无望的噪声。以前我就曾经想过，而在金丝雀的叫声里重新想起，我是否该把房门打开一道细缝，像条蛇一样爬进隔壁房间，趴在地板上，向妹妹和她们的家庭女教师恳求，请她们安静下来。

◇ 汽车小故事

昨天晚上，当马克斯在鲍姆家朗诵我那篇汽车小故事时，我感到心中苦涩。我对所有的人封闭自己，因为受不了那篇故事而把下巴紧紧压在胸口。这篇故事的句子杂乱无章，漏洞之大，足以让人把双手插进去；一个句子听上去很高，一个句子听上去很低；一个句子摩擦着另一个句子，就像舌头去舔一颗蛀空的牙齿或假牙；一个句子带着如此生硬的开头走过来，使得整个故事令人瞠目结舌；掺进一段对马克斯睡眼惺忪的模仿，摇摇摆摆地晃进来（斥责被消音——被激起），有时候看起来就像是一堂舞蹈课的前十五分钟。

我向自己解释，这是因为我缺少足够的时间和休息，来把我才华的所有可能性从我体内挖掘出来。因此，能够显露出来的始终都只是残缺的开端，例如这整篇汽车小故事就只是一个残缺的开端[1]。假如有朝一日我能写出篇幅较长且完整的作品，从头到尾都形塑得好，那么这个故事也就永远无法彻底从我身上分离，而我身为一篇健全故事的血亲，可以睁大眼睛冷静地听着它被朗诵出来；可是这篇故事的每一块碎片都无家可归地到处乱跑，把我赶往相反的方向。——这个解释若是正确的，我还是会感到庆幸。

剧团演出戈尔德法登的剧作《巴柯巴》。整个表演厅和舞台上都对这出戏发出了错误的判断。我带了一束花来给齐席克太太，附上一张名片，写着"出于感谢"，等待着我可以请人把这束花递给她的时机。由于开演的时间晚了，而齐席克太太的重头戏要在第四幕才会出现，我等得不耐烦，又担心花朵会枯萎，演到第三幕时（那时是十一点）我就请服务生把花从包装纸里拿了出来。那束花就摆在旁边一张桌子上，厨房的工作人员和几个脏兮兮的熟客拿起来递给彼此，还闻了闻，我只能既担心又生气地瞧着，除此之外别无他法。当齐席克太太表演她在监狱里的重头戏时，我虽然爱她，但还是在心里催她赶快演完。终于，这一幕演完了，我

---

[1] 这篇"汽车小故事"收录在巴黎旅行日记的末尾。

因为心神不宁而没有察觉。领班把花递给她，齐席克太太在即将拉上的帷幕中间接过了那束花，在帷幕之间的小小缝隙里鞠了个躬，之后就没有再回来。没有人察觉我的爱，而我原本想要让所有人都看见，借此让这份爱在齐席克太太眼中变得珍贵，但几乎没有人注意到那束花。那时已经过了凌晨两点，大家都累了，有几个观众已经先离开了，那时我很想拿我的杯子朝他们的背影扔过去。

我们机构里的监察员 P. 跟我一起来看戏，他是个基督徒。平常我很喜欢他，但看戏时他惹我心烦。我担心的是那束花，不是他的事。我也知道他不太看得懂那出戏，而我没有时间、兴致和能力去勉强他接受他自认为并不需要的帮助。最后，我在他面前感到惭愧，因为我自己也不专心。另外，他也妨碍了我和马克斯交流，甚至提醒我，我以前喜欢他，以后也还会喜欢他，他可能会反感我今日的行为。

但觉得心烦的人不是只有我。马克斯觉得自己要为他在报上写的那篇称赞演出的文章负责任。这对贝格曼[1]带来的那群犹太人来说已经太迟了。"巴柯巴"社团的成员是为了这出剧的剧名而来，想必会感到失望。由于我只是从这部剧中了解巴柯巴这个人的，所以我绝对不会把任何社团叫成这个名字。表演厅后面有两个盛装打扮的女店员和她们的情人在一起，在表演死亡的那一幕戏里，有人忍不住大声地叫他

---

[1] 贝格曼（Hugo Bergmann，1883—1975），卡夫卡的中学同学，当时是布拉格犹太复国运动大学生联盟"巴柯巴"的重要成员，后来成为知名的哲学学者。

们安静一点。最后，街上的人们因为看不到舞台而生气地敲打着大玻璃窗。

舞台上少了克鲁格夫妇。——临时演员很可笑。"粗野的犹太人"，如同勒维所说。那是些外出做生意的人，并没有拿酬劳。他们大多数时候就只是忙着遮掩他们的笑声，或忙着享受他们的笑声，即使是出自好意。一个圆脸的人有着金色的胡子，在他面前大家实在忍不住要笑。那把粘上去的大胡子晃来晃去，在他笑的时候限制了他的脸颊，使他笑起来格外滑稽，而他的角色原本并不该笑。另一个人只在想笑的时候才笑，但是一笑就不可收拾。当勒维饰演的角色唱着歌死去，蜷缩在这两个长者的臂弯里，应该要在逐渐减弱的歌声中缓缓滑到地上时，他们两个把头伸到他背后，以便在观众看不见他们的情况下（他们这样以为）好好笑个够。昨天，我在吃午餐时想起这一幕的时候，都还忍不住笑了。

齐席克太太在监狱里，喝醉的罗马总督来探监（年轻的皮普斯饰演），按照剧情她必须摘下他的头盔，然后戴在自己头上。当她摘下头盔时，一条揉成一团的毛巾掉了出来，这毛巾显然是皮普斯塞进去的，因为那副头盔压得他难受。虽然他明明应该知道那顶头盔会在舞台上从他头上被摘下，但他还是一脸责备地看着齐席克太太，浑然忘了他演的是个喝醉的人。

精彩之处：看齐席克太太蜷缩在罗马士兵的手下（不过她得先把他们的手拉向自己，因为他们显然害怕去碰她），而那三个人的动作几乎,就只是几乎,通过他们的用心和技艺,配合着歌声的节奏;她在那首歌里预告弥赛亚的出现,并且靠着她的力量,用小提琴运弓的动作来呈现竖琴的弹奏,并未让人觉得格格不入;在监狱里,每当有脚步声靠近,她就中断了她的哀歌,赶紧回去转动石磨,一边转动,一边唱起一首工人歌曲,之后又回去唱她的哀歌,然后再回去转动石磨;就像帕普斯来探望她时她在睡梦中唱的那样,她的嘴张开着,像一只眨动的眼睛——她的嘴角在张开时总是让人想到眼角。——无论是在白色还是黑色的面纱底下,她都一样美丽。

在她身上看出的新动作:把手按进那件品质欠佳的紧身胸衣深处,在嘲讽时短促地颤动肩膀和臀部,尤其是当她背对着她所嘲讽的人时。

她像个主妇一样领导着整场演出。她给每个人提示,自己却从不会接不下去;她指导了那些临时演员,恳求他们,最后在必要时推他们一把;当她不在舞台上时,她清亮的嗓音就加入了台上微弱的合唱;她撑住了那面折叠式屏风(在最后一幕里代表一座堡垒),换作那些临时演员,大概会碰倒十次。

我原本希望用那束花让我对她的爱得到一些满足,但那完全没有用,只有通过文学或是同床共枕才有可能满足。我这样写,不是因为我以前不知道,而是因为经常把警示写下来也许是件好事。

十一月七日，星期二。昨天那批演员和齐席克太太终于搭车离开了。晚上我陪勒维去咖啡馆，但却在外面等着，不想进去，不想看见齐席克太太。可是当我来回踱步时，我看见她开了门，和勒维一起走出来。我一边打招呼一边朝他们走过去，在马路中央与他们相会。齐席克太太用她那高雅而自然的词汇感谢我送的花，她此时才得知那花是我送的。也就是说，勒维这个骗子之前什么都没有告诉她。我为她担心，因为她只穿了一件单薄的深色短袖上衣，而我请求她——我差点就要伸手把她推走——进店里去，免得着凉。不，她说，她不会着凉，因为她围着一条披肩，于是她把披肩拉给我看，然后在胸前围得更紧一点。我没法对她说我其实并不担心她，只是欣喜于找到了一种感受，能让我在其中享受我的爱，因此我又对她说了一次，说我担心她。

这时，她的丈夫、她幼小的女儿和皮普斯先生也出来了，我这才发现他们还根本不确定要不要前往布尔诺，如同勒维所说，皮普斯甚至打定主意要搭车去纽伦堡。他说这样最好，在那里要找到一座表演厅很容易，当地的犹太社群很大，前往莱比锡和柏林也很方便。顺便说一句，他们讨论了一整天，而勒维一直睡到四点，让他们空等着，并错过了七点半驶往布尔诺的火车。在这番议论中，我们走进店里，在一张桌旁坐下，我坐在齐席克太太对面。我本来很想好好表现一下，这也并不难，我只需要知道几条火车路线，能分辨各个火车站，在纽伦堡和布尔诺之间作出决定，但必须喊得比皮普斯更大声，他表现得就像戏里的巴柯巴，而勒维十分理性地以中等音量的絮絮叨叨来回应他的大喊大叫，他并非蓄意，但至少在当时我觉得他这番絮叨令人费解。于是，我没有好好表现，而是瘫坐在椅子上，看看皮普斯，再看看勒维，只偶尔在移动目光时遇到齐席克太太的眼睛，可是当她用一道眼神来回应我（例如，她只需要对我微笑，由于皮普斯的激动）时，我就移开目光。这并非没有意义。在我们之间不能有针对皮普斯的激动而发的微笑。为此，面对着她的脸，我太过严肃，并且由于这严肃而感到疲倦。如果我为了什么事想要发笑，我可以越过她的肩头看着在《巴柯巴》里饰演总督夫人的那个胖太太。但我其实也无法认真地看着她，因为那将意味着我爱她，就连在我背后年轻纯真的皮普斯想必也会看出来，而那就真的耸人听闻了。我，一个通常被认为才十八岁的年轻人，当着"萨孚咖啡馆"夜间客人的面，在到处站立着的服务生当中，在围桌而坐的这群演员面前，向一个三十岁的妇人示爱——几乎没有人认为她长得漂亮，她有一个十岁的孩子和一个八岁的孩子，丈夫就坐在她旁边，她是正派和俭朴的楷模——向这个女子表白他完全沉溺其中的爱，并且——现在真正奇怪的事来了，不过不再有人注意到——他立刻放弃了这个女子，一如他会放弃年轻而且单身的她。尽管有这一切不幸，我还是能够感觉到爱，一种不属于尘世的爱，但却以世间事物为对象，对此我不知道是该心存感激还是该出声咒骂。

齐席克太太昨天是美丽的，那种平凡的美丽。小巧的手、轻盈的手指、浑圆的下臂是那么完美，就连其不寻常的裸露也不会让人想到身体的其余部分。那分成两股波浪的头发被煤气灯照亮了。右边嘴角的皮肤不太好。她的嘴巴张开，像小孩子张口抱怨似的；上唇和下唇延伸成线条柔和的海湾。她把元音的光芒扩散到那些字词里，并用舌尖保持这些字词纯净的轮廓，你会以为这么美的词语构成只可能成功一次，因而惊讶于它的持续存在。低而白的额头。以前我讨厌别人扑粉，但是如果这层白色、这层浅浅浮在皮肤上的乳白色轻纱是来自扑粉，那么所有的人都应该扑粉。她喜欢把两根手指搁在右边嘴角，或许还把一个指尖塞进了嘴里，甚至也许还把一根牙签伸进了嘴里；我没有仔细去看这些手指，不过看起来几乎像是她把一根牙签伸进一颗蛀空的牙齿，然后让它在那里停留了十五分钟。

十一月八日。为了工厂的事，我在律师那里待了一整个下午。

那个姑娘只是因为挽着情人的手臂走着，才平静地四下张望。

N. 的女职员让我想起一年半前在巴黎奥德翁剧院饰演玛内特·萨洛蒙[1]的女演员。至少在她坐着的时候是这样。柔软的胸脯裹在羊毛布料里，宽胜于高。嘴巴以上的脸是宽的，嘴巴以下就迅速瘦削下来。天然卷的头发随便地披散着。这具健壮的身体透着干劲和镇静。此刻我注意到，她卖力地工作（她打字机上的那些细铁杆飞舞着——奥利弗公司的产品——就像昔日的编织针），也会走来走去，但是在半个小时里几乎没说几句话，仿佛玛内特·萨洛蒙附身，这加深了我对她的记忆。

在律师那儿等待时，我看着一位打字的小姐，一边思索着，她的脸是多么难以看清，即使是在盯着她看的时候。发型和鼻子之间的关系尤其令人困惑，蓬松的头发几乎以同样的宽度朝四面八方伸出去，鼻子在大部分时候都显得太长。当这位正在读一份文件的小姐动作较大地转身时，我几乎为自己的观察感到惊愕，因为我对她的思索，比起我用小指头去轻触她的裙子，我之于她更加是个陌生人。

当律师宣读合约读到一段涉及我将来可能会有的妻子和子女时，我注意到对面有一张桌子、两把围在桌旁的大椅子和一把小一点的椅子。想到我将永远无法让自己和妻儿来坐

---

[1] 玛内特·萨洛蒙，法国作家龚古尔（Edmond de Goncourt，1822—1896）同名作品《玛内特·萨洛蒙》(*Manette Salomon*) 中的女主角。

满这三把椅子或是任意三把椅子时，我感到对这种幸福的一种渴望，这种渴望从一开始就如此绝望，以至于我怀着激动的心情向律师提出了在这漫长的宣读过程中我仅存的一个疑问，这个疑问一提出来，就立刻揭露出我完全误解了刚刚才被宣读出来的一大段文字。

再谈道别：因为我觉得受到了皮普斯的压迫，我首先注意到他参差不齐、末端有黑点的牙齿。终于我想出了半个点子。"为什么要一趟火车坐到纽伦堡这么远的地方呢？"我问，"何不在一个比较小的中途站演出一两场呢？""您认识这样的中途站吗？"齐席克太太问，并借此强迫我看着她，语气远远不像我此刻所写的这么尖锐。她露出在桌面上的整个身体，浑圆的肩膀，背部和胸部都很柔软，尽管在舞台上穿着欧式服装时她的体型显得骨头突出，几近粗壮。我可笑地提出了比尔森[1]，邻桌的常客十分明智地提出了特普利策[2]。齐席克先生会赞成任何一个中途站，他只对小型的演出活动有信心，齐席克太太也一样，虽然他们并没有怎么和彼此沟通。此外，她也向四周的人询问车票价钱。他们常说，只要能赚到生活费也就够了。她的小女儿用脸颊去蹭她的手臂；她肯定没有感觉到，但是成年人有一种天真的信念，认为一

---

[1] 比尔森（Pilsen），位于捷克西部，距离布拉格大约九十公里，是捷克第四大城。

[2] 特普利策（Teplitz），位于捷克西北部，靠近德国，是著名的温泉城市。

个小孩在父母身边不可能会出事，就算父母亲是巡回演出的演员。成年人认为，真正的忧虑不会存在于这么靠近地面的地方，而只会存在于成年人脸部的高度。我很赞成他们去特普利策，因为我可以替他们写一封推荐信给 P. 博士[1]，借此替齐席克太太出点力。在皮普斯的反对下，他亲手替这三个可供考虑的城市做了签，并兴致盎然地抽了签，特普利策被抽到三次。我走到邻桌，兴奋地写起推荐信，然后以要回家去查明 P. 博士的地址为借口而先告辞，其实并无此必要，而且家里也没人知道。当勒维准备要送我回家时，我尴尬地玩着这位太太的手和她女儿的下巴。

◇ 梦：剧院

十一月九日。前天做了个梦：

全跟剧院有关，我一会儿在廊台上，一会儿在舞台上。几个月前我喜欢过的一个女孩也一起演出，当她在惊恐中紧紧抓着椅背时，绷紧了她柔软的身体；我从廊台上指着这个饰演一个男性角色的女孩，我的同伴不喜欢她。在一幕戏里，舞台布景大到其他东西全都看不见了，看不见舞台，也看不见观众席，没有黑暗，也没有聚光灯；全体观众都群聚在代表老城广场的场景中，这可能是从尼可拉斯路的街口看过去的。如果是这样，就不可能看见市政厅天文钟前面的广

---

[1] 这位 P. 博士（Dr. Josef Poláček）是卡夫卡在特普利策的亲戚，也是当地犹太社群活跃的成员之一。

场和小广场，但是通过舞台地板的短暂转动和缓慢摇摆，却使人能够从金斯基宫眺望小广场。除了尽可能展示出整个布景，没有别的用意。它是如此完美，如果忽视了哪个部分就太可惜了。我清楚地意识到这是世上有史以来最美丽的布景。灯光表现出带着秋天气息的乌云，被遮蔽的阳光散射在广场东南角的几片彩绘玻璃上。由于一切都是真实尺寸，就连最小的细节都没有出错，给人的印象很震撼。和风把几扇窗户吹得一开一合，但由于那些房屋很高，听不见一点声音。广场倾斜得很厉害，铺着石子的路面几乎是黑色的，泰恩教堂在它原本的位置，可是在它前面却有一座小皇宫。平时在广场上的所有纪念碑全部聚集在皇宫前院，排列得整整齐齐：玛利亚圆柱、市政厅前面我从未见过的老喷泉、尼可拉斯教堂前面的喷泉，还有目前为了竖立胡斯纪念雕像而围在开挖的土地四周的木板围篱。

所表演的是皇室的一场庆典和一场革命，在观众席上的人常会忘记这只是表演，在舞台上和布景中更容易忘记。那场革命十分浩大，大批群众拥上广场又拥下广场，在布拉格可能从未发生过这样的革命；它本该在巴黎发生，显然只是由于布景的缘故，才把这场革命移到了布拉格。那场庆典起初看不见什么，不过宫廷的车马都出动去参加庆典了，这时革命已经爆发，民众涌进了宫殿，我自己正从宫殿前院的喷泉边跑到空旷处，但是宫廷的人已经无法再回到宫殿里了。这时宫廷车队从艾森街疾驶而来，速度之快，使得它们在距离宫殿大门还很远的地方就必须刹车，刹住的车轮摩擦着铺着石子的路面。那些车辆看起来就像民俗庆典上的游行花车，上面有活人演出的画像，因此它们是平的，用花环围绕着，有一块彩色的布从车子的底盘上垂下来，遮住了车轮，因此更加让人意识到车队的匆忙所意味的惊恐。拉车的马匹在大门前受惊直立，仿佛没有知觉似的把车辆以曲线从艾森街拉到宫殿。此时许多人从我旁边拥向广场，他们大多是观众，是我在街上见过的，也许这时才刚刚抵达。在他们之中还有一个我认识的女孩，但我不知道是哪一个；一个高雅的年轻人走在她身旁，他穿着一件黄褐色细格纹的长大衣，右手深深地插在口袋里。他们往尼可拉斯路走过去。从这一刻起，我就什么都看不见了。

席勒在某处写过：最重要的是（或类似的话）"把情感化为性格"。

十一月十一日，星期六。昨天一整个下午都在马克斯那里，排定了《丑图之美》[1]一书中文章的顺序。感觉不太好。但正是在这种时候马克斯对我特别好，或者只是因为我清楚地意识到自己没什么功劳。不，他确实对我更好了。他想把

---

[1] 这是马克斯·布罗德的作品，是一本探讨艺术与美学的散文集，完整的书名为"谈丑陋图画之美"(*Über die Schönheit häßlicher Bilder*)，于一九一三年五月出版。

我那篇《布雷西亚观飞机记》也收录进去。我内心的一切美好都排斥这样做。今天我本该和他一起去布尔诺。我身上所有的不好和软弱把我留了下来,因为我无法相信自己明天真能写出什么好东西。

那些女孩的工作围裙在背后绷得特别紧。今天上午在"勒威与温特贝格公司"看见一个女孩,那件系在背后的围裙在她身上不像通常那样把左右两片布连接在一起,而是彼此重叠,这使得她就像个襁褓中的婴儿一样被紧紧裹住。这是一种感官印象,看见襁褓中的婴儿,我也会不自觉地有这种印象。他们被紧紧地裹在襁褓中和被褥里,用带子绑紧,就像是为了满足一种欲望。

爱迪生在美国接受访问时说到他的波希米亚之旅。依他的看法,波希米亚的发展程度相对而言比较高(城市近郊的街道宽敞,屋子前面有小花园,搭车穿过乡间时可以看见正在兴建中的工厂),乃是由于有大批捷克人移民美国,其中有些人又从美国返回捷克,带回了新的抱负。

一旦我看出我对原本该由我来改善的恶劣的情况置之不理(例如我已婚的妹妹[1]表面上满足、在我眼中却悲哀的生活),我手臂上的肌肉就顿时失去了感觉。

---

[1] 系指卡夫卡的大妹艾莉・卡夫卡(Elli Kafka, 1889—1942),她的先生即是前文中提过的卡尔・赫尔曼。

我将尝试逐渐整理出我身上所有毫无疑问之处，之后再整理出所有可信之处和可能之处，以此类推。我身上的毫无疑问之处是对书籍的贪得无厌，这倒不是指要拥有它们或阅读它们，而是看见它们，在书店的橱窗里确定它们的存在。如果某处摆了好几册同一本书，那么每一本都令我欣喜。这种贪婪就好像来自我的胃，仿佛一种被误导的食欲。相对而言，我所拥有的书籍没那么令我欣喜，但是妹妹的书就会令我开心。相形之下，拥有它们的渴望非常小，几乎不存在。

十一月十二日，星期日。 昨天黎施潘[1]在鲁道夫音乐厅演讲，题目是"拿破仑传奇"。起初听众不多。从入口的小门到讲台的途中摆了一架大钢琴，像是为了考验演讲者的礼仪。演讲者走进来，看着观众，想走最短的路到讲台去，因此太靠近那架钢琴，他吃了一惊，向后退了一步，轻轻地绕过它，没有再看向观众。在演讲结束时兴奋和热烈的喝彩中，他当然早就把那架钢琴忘了，因为在演讲中它没有再引起注意。他把双手搁在胸口，想要尽可能晚一点背对着观众退场，因此优雅地侧着走了几步，稍稍撞到了钢琴，他不得不踮起脚尖稍稍弯腰，才能再走到空地上。至少黎施潘是这

---

[1] 黎施潘（Jean Richepin，1849—1926），法国作家，作品包括诗集、小说和剧作。

样做的。

他高大、强壮，五十来岁，有腰身。硬挺的鬈发（就像都德[1]）紧紧压在头上，没有散开。就像南方国家所有上了年纪的人一样，他有一个厚鼻子和一张皱纹很多的宽脸，鼻息有时很重，就像从马的口鼻里冒出来。面对这张脸，你很清楚这是他们的脸最终的状态，不会再被超越，但还会持续很久。他的脸也让我想起一个意大利老妇的脸，这张脸就在一撇长得相当自然的胡子后面。

在他背后是音乐厅逐渐高起的舞台，新近漆成了浅灰色，起初这颜色让人有点迷惑。他的白发简直是紧紧粘在这个颜色上，让人看不出轮廓。当他把头向后仰，那颜色动了起来，他的头几乎没入其中。直到演讲进行到一半，当注意力完全集中时，这种干扰才停止，特别是当他那具身穿黑衣的庞大身躯在朗诵时站了起来，挥动双手念出那些诗句，赶走了那片灰色。——开始时，他向各方来宾鞠躬、致意，令人感到难为情。当他说到拿破仑手下一个士兵身上有五十七个伤口时，他说这个士兵上半身的各种颜色就只有像在场的慕夏[2]这样伟大的色彩艺术家才能模拟。

我感觉到自己越来越被讲台上的人打动。我没有去想自

---

1 都德（Alphonse Daudet，1840—1897），法国写实主义作家，其短篇小说《最后一课》是家喻户晓之作。

2 慕夏（Alfons Mucha，1860—1939），捷克艺术家及设计师，欧洲新艺术全盛时期的代表人物，尤以华丽优雅的海报设计出名。

己的痛苦和烦恼。我缩进座椅的左角，其实是缩进了演讲中，交叉的双手搁在膝间。我感觉到黎施潘对我产生了一种影响，就像大卫王带少女上床时想必会感受到的那种影响。我甚至依稀看见了拿破仑的幻影。在有系统的幻想中，他从入口那扇小门走进来，尽管他也可以从讲台的木板或是管风琴里走出来。他震慑了此刻座无虚席的整个演讲厅。我离他那么近，我绝不会怀疑他的影响，就算在现实中也不会怀疑。我也许会注意到他那身装束的每一个可笑之处，就像在黎施潘身上一样，但是这不会干扰我。但我小时候是多么冷静！小时候我经常希望能和皇帝面对面，好让他看见他对我一点影响也没有。但那不是勇气，只是冷静。

他朗诵诗歌就像在议事厅里演讲。他捶桌子，就像眼睁睁看着战役发生而无能为力的人。他摆动伸直的双臂，替卫队在大厅中央开出一条路来。"皇帝！"他大喊，举起的一只手臂变成了旗帜，在重复呼喊时仿佛让回声穿过了平原上呼声震天的一支军队。在描述一场战役时，某处有一只小脚撞在地板上，大家循声看去，原来是他过于胆怯的脚。但是这并没有妨碍他。——在朗诵《两个手榴弹兵》[1]时，他得到的掌声最少，他朗诵的是德·内瓦尔[2]翻译的法文版，这也是他特别推崇的一首诗。

---

[1] 《两个手榴弹兵》，德国诗人海涅（Heinrich Heine，1797—1856）的作品，叙述两个曾被俄国俘虏的法国士兵徒步走回法国途中的对话，后来由舒曼谱成歌曲。

[2] 德·内瓦尔（Gérard de Nerval，1808—1855），法国浪漫主义时期作家，也是海涅的朋友。

在他年少时，拿破仑的墓每年会被打开一次，他涂上防腐香料的脸被展示给用火车载来的伤兵看，那个景象带来的惊吓胜过钦佩，因为那张脸肿胀发绿，于是后来就废止了这个开墓仪式。但是黎施潘曾在他叔公的手臂上看见过这张脸，他叔公曾在非洲服役，指挥官专门为了他下令打开那座坟墓。

他早早就预告了一首他想要朗诵的诗（他的记忆力极佳，血气旺盛的人想必都是如此），先对这首诗加以评论，接下来的诗句在他这些话里已经制造出了一场小小的地震，在朗诵第一首诗时他甚至说他将用上他的全副热情。事实也的确如此。

在朗诵最后一首诗时，他的情绪又提升了一级，他在不知不觉中念起了诗句（维克多·雨果的诗），慢慢地站起来，念完之后也没有再坐下，用他本身散文般的最后力量延续了朗诵诗句的大动作。他立下了这个誓言来结束演讲：即使在千年之后，他尸体的每一粒尘土若是有知，都会准备好追随拿破仑的呼唤。

法语，呼吸急促，带着快速接续的喘息声，经得住哪怕是最幼稚的即兴演出，不曾中断，即使他经常说起那些美化日常生活的诗人，说起他身为诗人的幻想（闭上眼睛），说起他身为诗人的幻觉（眼睛睁开，不情愿地看向远方），诸如此类。说到这些，他有时候也会蒙住眼睛，再缓缓让眼睛露出来，把手指一根接一根地拿开。——他当过兵，他叔叔在非洲服役，他祖父曾在拿破仑麾下，他甚至唱了一首战歌的两句。——十一月十三日。我今天得知此人现年六十二岁。

十一月十四日，星期二。昨天在马克斯那儿，他从他在布尔诺的朗诵会回来。下午睡着了。包围着没有痛觉的脑的坚实脑壳仿佛被拉进更深的内部，而在光线和肌肉的自由颤动中把一部分大脑留在了外面。

在寒冷的秋天早晨泛黄的光线中醒来。穿过那扇几乎关着的窗户，在坠落之前还在玻璃前面滑翔，张开双臂，鼓起肚腹，双腿向后弯曲，就像古代船只的船艏雕像。

◇ 入睡之前

入睡之前。

身为单身汉似乎很糟。年老时要在勉强保持尊严的情况下请求别人接纳，如果你想和别人共度一个晚上的话；用一只手把食物提回家，无法怀着冷静的信心慵懒地等待任何人；要送别人礼物只能大费周章或惹来恼怒；在大门口道别，永远无法和妻子一起爬上楼梯；生病时仅有的安慰就是窗外的景色，如果你能坐起来，房间里只有通往陌生公寓的侧门；感觉到亲戚的陌生，只有通过婚姻的方式才有办法和他们保持友好，首先是通过父母的婚姻，而当其效果消失时，就通过自己的婚姻；必须惊讶地看着别人的孩子，而不被准许一再地说：我没有孩子，没有家庭随着自己成长；有着年纪并未改变的感觉；根据小时候记忆里的一两个单身汉来形塑自己的外表和举止。这一切都是事实，只是我们很容易犯下错误，把未来的痛苦这样摊在自己面前，使得目光不得不远远地越过它而去，而且不再回来。但事实上，今天和以后，你自己将会站在那里，带着一具身体和一颗真正的脑袋，因此也有一个额头，可以用力拍下去。

现在试着给《理查德与山缪》的引言写个草稿。

十一月十五日。昨天晚上，我怀着预感把毯子从床上拉开，躺了下去，又一次意识到我所有的能力，仿佛我把它们握在手中；它们拉紧了我的胸膛，使我脑袋炙热。有一会儿，为了安慰自己不能起床工作，我重复地说"那不健康，那不健康"，而以几乎看得见的意图想把睡眠拉过来盖在我头上。我一直想着一顶有帽檐的软帽，为了保护自己，我用力把帽子压在额头上。昨天我损失了多少？血液在紧绷的脑袋里挤压，有能力做任何事，却受限于精力，这些精力对于我这条小命不可或缺，却在这里浪费掉了。

确定的是，我预先构思的一切，不管是逐字逐句，还是随意但用字明确，即便构思时感觉良好，一旦在书桌前试图写下来，就显得枯燥、错乱、呆板、胆怯、碍手碍脚，尤其是有许多漏洞，尽管我丝毫没有遗忘最初的构想。原因大部分自然是在于，我只有在没有纸笔、灵感泉涌时才能构思出好东西，我固然渴望这种时刻，但我的畏惧更胜于渴望，泉涌的量是那么大，这使我不得不放弃，只能胡乱从中汲取凑巧取得的东西，而这样取得的东西在写下来时，比起它丰富的源头就微不足道了。纸笔没有能力重现这种丰富，这很惹人厌，因为它徒然引诱我，却没有用处。

十一月十六日。今天中午，在我入睡之前，但我根本没有睡着，一个蜡制女子的上半身躺在我身上。她的脸在我脸的上方向后仰，她的左下臂压在我胸口上。

三夜无眠，如果想要做点什么，最小的尝试就会立刻使我筋疲力尽。

摘自一本旧笔记："从早上六点就开始用功[1]，此刻是晚上，我察觉到我的左手出于同情而握住了右手的手指，已经好一会儿了。"

---

[1] 按照布罗德的注释，这是指卡夫卡攻读法律时准备参加国家考试之前的那段时间。

十一月十八日。昨天去工厂。搭电车回来，伸长了腿坐在一个角落里，看见外面的行人、商店里亮起的灯光、经过的高架桥的墙面、一再出现的背影和面孔、一条从近郊商店街通向外面的马路。没有一点有人性的东西，只有走路回家的行人。火车站一带刺眼的灯光燎进黑暗中，一间煤气厂低矮的烟囱越往上越细，一张海报上宣传着女高音德·崔维尔[1]的客座演出，这海报一路摸着墙面，直到墓园附近的一条小巷，再从那里随着我从田野的寒凉回到城市民宅散发出的温暖中。我们把陌生的城市当作事实来接受，生活在那里的居民没有渗入我们的生活方式，一如我们无法渗入他们的生活方式。我们忍不住会去比较，但是我们很清楚这种比较没有道德上的价值，甚至没有心理学上的价值，最终我们常常也可以放弃比较，因为生活条件的差异太大，使得比较失去了必要。

但我们所住城市的近郊城镇对我们而言虽然也是陌生的，却值得去作比较。半小时的散步路程就一再向我们证明，这里有一部分人住在市区，有一部分人则住在贫穷、阴暗的城市边缘，那里就像一条长而崎岖的沟渠，尽管和城市之外的任何一群人相比，他们和我们有着大范围的共同利益。因此，每次走进市郊城镇，我的情绪总是十分复杂，包括恐惧、孤单、同情、好奇、高傲、旅行的乐趣和男子气

---

[1] 德·崔维尔（Yvonne de Tréville, 1881—1954），美国歌剧女高音，一九〇二年至一九一二年间曾在欧洲各大城市巡回演出。

概；回来时，尤其是从兹兹科夫回来的时候，则带着满足、严肃和平静。

◇ 梦：在剧院

十一月十九日，星期天。梦境：

在剧院。上演许尼兹勒的《远地》，由乌提兹[1]改编。我坐在很前面的一张长椅上，以为自己坐在第一排，后来才发现那是第二排。长椅的靠背对着舞台，因此我可以很轻松地看着观众席，但是要转个身才能看见舞台。作者就坐在附近某处，我显然已经晓得这出戏的内容，忍不住说出我对这出戏不好的评价，但是加了一句，第三幕据说很诙谐。用"据说"这个词，我想要表达的是，当我说起这部剧作的优点时，我其实必须仰赖传闻，因为我并不识得这部剧作；于是我把这句话又重复了一次，不仅是为了我，可是其他人并不在乎。在我周围有一大群人推推挤挤，大家似乎都穿着冬季服装前来，因此把座位挤得很满。在我旁边和后面的人对我说话，我看不见他们，他们指着刚到的人给我看，说出这些人的名字，尤其吸引我注意的是一对正挤着穿过一排座位的夫妻，因为那位太太有一张深黄色的、男性化的脸，鼻子很长，而且看起来穿着男装，她的头从拥挤的人群中伸出来。演员勒维十分自在地站在我旁边，可是和真正的勒维很不

---

[1] 乌提兹（Emil Utitz, 1883—1956），卡夫卡的中学同学，后来成为研究哲学、心理学及艺术史的学者，在卡夫卡写这则日记时，乌提兹在德国的罗斯托克大学任教。

相像，他激动地发表言论，一再重复principium（"原则"）这个拉丁文，我一直在等待tertium comparationis（"比较基准"）这个拉丁文出现，但是它没有出现。基希家的老三[1]站在二楼楼座的一个包厢里，那其实只是廊台上的一个角落，在舞台右侧，从那里与包厢相连。他穿着一件漂亮的双排扣外套，前襟敞开，站在他坐着的母亲后面，对着剧场说话。勒维说的话和这番话有所关联。基希指着上方很高的一处帷幕，说上面坐着"德国基希"，他指的是我的同学，他在大学里读的是德语系。

帷幕升起，剧院里逐渐暗了下来。基希为了更明确地表示出他反正要走，就和他母亲一起走上廊台，离开了，手臂、外套和双腿都大大地张开着。

舞台要比观众席略低，观众把下巴搁在椅背上向下看。布景主要由舞台中央两根粗矮的柱子构成。演的是年轻男女的一场宴席。我看见的有限，因为随着戏剧的开演，虽然第一排长椅上有很多人走开了（他们显然是去了舞台后面），但留下来的那些女孩却戴着又大又扁的帽子，大多是蓝色的，在长椅上左右移动，遮蔽了视线。不过，舞台上有个介于十岁到十五岁之间的男孩，我却看得格外清楚。他干燥的直发分了发线，甚至不懂得该如何正确地把餐巾搁在大腿上，为此必须专注地往下看，而他在这出戏里却要饰演一个

---

[1] 与卡夫卡相熟的基希这家人有五个儿子，老大保罗是卡夫卡的中学同学，老二则是知名的记者与报告文学作家埃贡·埃尔温·基希（Egon Erwin Kisch, 1885—1948）。

纨绔子弟。由于这些观察，我对这出戏不再有太大的信心。现在，舞台上这群男女等着一些新来的人从观众席的第一排走上去。但是这出戏排练得不好。比如有个姓哈克贝格的女演员刚到，一个男演员就和她攀谈，以一副见多识广的样子倚坐在他的靠背椅上，开口就说"哈克——"，随即意识到自己的错误而改口。接着来了一个我认识的女孩（她名叫法兰珂，我想），她从我的位子上爬过椅背，背部在她爬过去时完全赤裸着，皮肤不太好，右臀上甚至有一处抓破充血的地方，有门把那么大。可是，等她在舞台上转过身，以洁净的面孔站在那里时，她演得很好。这时，有一个骑士唱着歌从远方疾驰而来，一架钢琴模拟着嗒嗒的马蹄声。大家听见那奔放的歌声逐渐接近，我也终于看见了那个歌者，为了让歌声随着他的快速接近自然增强，他沿着上方的廊台跑向舞台。他还没有来到舞台上，那首歌也还没有唱完，但他奔跑的速度和歌声的强度都已经达到了极限，钢琴也无法更清楚地模仿马蹄敲在石地上的声音，因此两者都放缓下来。那个歌者以平静的歌声抵达，只是他把自己缩得很矮，只把头露在廊台栏杆的上方，以防观众太清楚地看见他。

第一幕就此结束，但是帷幕没有放下，剧院里也还是暗的。两个剧评家坐在舞台上，背倚着布景在书写。一个蓄着金色山羊胡的戏剧指导或导演跳上舞台，人还在半空中就伸手做出指示，另一只手里拿着一串葡萄吃着，葡萄是先前那场宴席上摆在水果盘里的。

再度转过来面向观众席，我看见照亮观众席的是简单的煤油灯，就像在街道上一样插在简单的枝状灯座上，此刻当然只是微弱地燃烧着。忽然，可能因为煤油不纯净或是灯芯有缺陷，火光从这样一盏灯里喷溅出来，火星大把地溅到观众身上，一时无法拨开，形成了泥土般黑黑的一团。中间有位先生站了起来，从上面走近那盏灯，显然想要解决这件事，但是他却先仰头看看那盏灯，在灯旁站了一会儿，当确认什么也没有发生，就平静地走回他的座位，陷了下去。我把自己和他弄混了，把脸探进那片漆黑里。

我和马克斯想必是截然不同的。我虽然佩服他的作品——当它们完整地呈现在我面前，不容我或任何其他人去改动时，就连今天这一系列短篇书评也一样——但是他替《理查德与山缪》所写的每一个句子都涉及我不情愿的让步，我痛苦地深深地感觉到了这番让步。至少是在今天。

今天晚上，我又充满了被我怯懦地克制住的能力。

十一月二十日。梦见一幅画，据说是安格尔[1]的作品。树林里的少女在上千面镜子里，或者其实是一群处女。她

◇ 梦：树林里的少女

---

[1] 安格尔（Jean A. D. Ingres, 1780—1867），法国画家，新古典主义画派的代表人物，有学者猜测引发卡夫卡梦境的可能是《黄金时代》（*L'âge d'or*）这幅画。

们一群一群地聚在一起,就像剧院帷幕一样,被轻盈地拉动着,画的右边有一群挨得比较紧,她们面向左边,在一根巨大的树枝上或一条飞舞的绸带上或坐或躺,或是靠着自己的力量在一条缓缓升上天空的链子上飘浮着。她们不仅与观众互相映照,也离开观众而去,变得不清晰而且多重;眼睛不再看得清细节,但所见的画面却更加丰富。一个赤裸的少女站在前面,不受那些镜子映照的影响,用一条腿支撑身体,把臀部向前推。在此处要佩服安格尔的绘图技术,只是我愉快地发现,这个少女身上留下了太多真实的赤裸,对触觉来说亦然。从她背后某处发出一道泛黄的微光。

可以确定的是,我讨厌对照的修辞。它们虽然在意料之外,但是并不令人惊讶,因为它们一直都近在咫尺;如果它们是不自觉的,却也只是在边缘最外围不自觉。它们虽然制造出彻底、丰富、滴水不漏的感觉,但只是像生命之轮[1]里的一个人像;我们在一个圆圈里追着我们小小的灵感跑。它们虽然可以十分不同,却没有微妙的差异,它们在你手下成长,就像灌了水而浮肿起来,起初有着无限成长的希望,最后却是永远相同的中等大小。它们蜷缩起来,无法延伸,没有提供线索,是木头里的洞,是立定的冲锋,正如我所指出

---

[1] 生命之轮是一个玩具,利用动画的原理在圆形纸带上画出一个人物的连续动作,转动时就能制造出这个人物在动的错觉。

的，把对照拉到自己身上，但愿它们把所有的对照都拉过来，并且是永远。

打算写的剧作：英语教师魏斯，他挺直肩膀，双手深深插在口袋里，穿着那件绷紧的淡黄色大衣，一天晚上在温塞斯拉斯广场上，大步穿过马路，匆匆走到电车旁，电车还停着，但是铃声已经响起。离我们而去。

◇ 安娜与艾弥尔

E：安娜！

A（抬眼看）：嗯。

E：过来。

A（踏着冷静的大步）：你想干吗？

E：我只是想告诉你，这一段时间以来我对你不满意。

A：是吗！

E：是的。

A：那你就该把我辞退，艾弥尔。

E：这么快？而你连原因都不问？

A：我晓得原因。

E：是吗？

A：你觉得饭菜不好吃。

E（迅速站起来，大声说话）：你知不知道库尔特今天晚上搭车离开？

A（内心不为所动）：知道的，我很遗憾他要走了，你没必要为了这件事把我叫来。

十一月二十一日。 我以前的保姆今天到家里来看我，这是短时间里第二次了，她的脸黄中带黑，鼻缘有棱有角，脸颊上有一颗我当年很喜欢的痣。她前一次来时我不在家，这一次我想好好休息一下，睡一觉，就请别人假称我不在。为什么她把我抚养得这么差？我小时候明明很听话，此刻她自己在前厅里也对厨娘和家庭女教师说我性情安静又乖巧。为什么她没有帮我利用这一点，为我准备一个更好的未来？她是别人的妻子，或是寡妇，有小孩，她言辞活泼，使我无法睡觉，她以为我是个高大健康的绅士，在二十八岁这个美好的年纪，喜欢回想自己年少时的岁月，并且知道自己想做什么。而我却在这里躺在沙发上，被一脚踢出了这个世界，等待着睡眠，而睡眠却迟迟不来，就算来了，也只是从我身上轻轻拂过。我的关节由于疲倦而酸痛，我干瘦的身体由于不该让它意识到的激动而颤抖崩坏，脑袋里抽搐得令人惊异。这三个女人站在我的房门前，一个在称赞从前的我，两个在称赞现在的我。厨娘说我会直接上天堂，她的意思是，不会绕路。将来就会是这样。

勒维：《塔木德》里有个拉比，他有个取悦上帝的原则，不接受别人的任何东西，哪怕是一杯水。可是碰巧，当时最伟大的拉比想要认识他，于是邀请他去吃饭。要拒绝此人的邀请是不可能的，因此第一个拉比难过地上路了。可是由于他的原则是如此坚定，在这两个拉比之间耸立起了一座山。

安娜（坐在桌旁看报）

卡尔（在房间里走来走去，每次走到窗前就会停下来看向窗外，有一次甚至打开了那扇内窗）

安娜：拜托把窗户关上，明明很冷。

卡尔（关上窗户）：我们担心的事不一样。

十一月二十二日。安娜：可是你养成了一种习惯，艾弥尔，一种很惹人厌的习惯。每一件小事都可以被你用来在我身上发现一种缺点。

卡尔（搓着手指）：因为你不考虑别人，因为你根本难以理解。

确定的是，我的身体状况构成了妨碍我进展的主要障碍。靠这样一具身体什么也做不成。我将不得不习惯它的持续失灵。由于前几夜一直做着乱七八糟的梦，几乎没能好好睡上片刻，今天早晨我是这样七零八落，就只能感觉到我的前额。唯有远远优于目前的状况才勉强能够忍受。由于已经准备好死去，我很想手里拿着卷宗蜷缩在走廊的水泥地上。我虚弱的身体太长了，没有一点油脂能制造出幸福的温暖，以保护体内之火，没有油脂能让心智在日常所需之外滋养自己，而不至于损及整体。最近我虚弱的心脏经常刺痛，它要如何让血液流过这么长的腿？单是把血液送到膝盖就已经够吃力了，之后就只能用衰老的力气把血液送到冰凉的小腿。可是这时候上半身又需要血液了，我等待着，血液在下肢虚耗。由于身体的长度，一切都被拉扯开来。它能成就什么呢？就算它被压得更短、更结实，也许还是没有足够的力气来完成我想做的事。

勒维在写给他父亲的一封信里说：如果我回华沙，我将穿着我的欧式服装在你们中间走来走去，就像"眼前的一只蜘蛛，就像婚礼上的吊丧客"。

勒维说起一个已婚的朋友。他住在波斯廷，华沙附近的一个小镇，由于无人分享他对先进事物的兴趣而感到孤独，因此闷闷不乐。"波斯廷，那是个大城市吗？""这么大。"他向我伸出他的手掌。那只手戴着粗糙的黄褐色手套，呈现出一个荒凉的地区。

十一月二十三日。二十一日是克莱斯特逝世一百周年纪念日[1]，克莱斯特家族请人在他的坟上摆了一个花圈，上面写着："献给整个家族里最卓越的人。"

由于我的生活方式，我依赖着什么样的情况！今天夜里我睡得比上个礼拜好一点，今天下午甚至睡得相当好，我甚至有睡得不错之后的那种困倦感，因此我担心我会写得比较差，我感觉到某种能力更深地进入了内心，已经准备好面对所有的惊奇，也就是说，我已经看见它们了。

十一月二十四日。《犹太教屠夫》（学习屠宰术的人）。戈尔丁的剧作。剧中引用了《塔木德》，例如：

如果一个伟大的学者在晚上或夜里犯下了一桩罪过，隔天早晨就不能再为此指责他，因为以他的博学，他自己肯定已经懊悔了。

如果有人偷了一头公牛，就必须归还两头，如果把偷来的公牛给宰了，就必须归还四头，可是如果宰杀了一头偷来的小牛，就只须归还三头，因为假定偷牛的人必须要把小牛扛走，因此做了一件很沉重的工作。这个假定影响了处罚，哪怕那人是轻轻松松地把小牛牵走的。

---

[1] 生前潦倒的德国作家克莱斯特于一八一一年十一月二十一日自杀身亡，享年三十四岁。

坏念头的正派。昨天晚上我感到格外悲惨。我的胃又不舒服了，写作很吃力。我费力地聆听勒维在咖啡馆的朗诵（店里起初很安静，我们生怕打扰这份安静，后来却热闹起来，使我们不得安宁），眼前凄凉的未来在我看来不值得步入，我孤单地穿过费迪南大街。在与贝格史坦街交叉的地方，我又想到了比较远的未来。我要如何用这具从杂物间里拖出来的身体承受这个未来？《塔木德》里也说：没有女人的男人不是人。面对这种念头，在这个夜晚我没有别的办法来帮助自己，只能对自己说："这会儿你们这些坏念头来了，趁着现在，因为我身体虚弱，而且胃不舒服。你们偏偏挑中现在，就只想乘虚而入，想让我把你们想个透彻。你们应该感到惭愧。等我强壮一点的时候再来吧。不要这样利用我的身体情况。"它们果然就撤退了，并没有等待其他的证明，就缓缓消散了，在我之后散步时也不再打扰我。那次散步自然也不是太愉快。但它们显然忘了，如果要尊重我身体的所有不适，它们就很少会有机会出现。

由于一辆从剧院驶来的汽车的汽油味，我注意到迎面走来的剧院观众，他们正忙着整理大衣和看戏用的小型望远镜。显然有美好的居家生活在等待他们（哪怕家里就只有一根蜡烛照着，但在上床睡觉之前这也正合适），可是他们看起来也像是从剧院被打发回家的，帷幕在他们面前最后一次降下，剧院的门在他们身后打开，在开演之前或是在演出第一幕时，他们曾由于某种可笑的忧虑而趾高气扬地从这些门走进剧院。

十一月二十五日。一整个下午都在"咖啡城市"劝说M.签署一份声明，说他只是我们店里的事务员，因此不属于强制保险范围，所以父亲没有义务替他的保险补缴高额保费。M.答应了我，我说一口流利的捷克语，特别为我的疏忽之处优雅地道歉，他答应星期一把这份声明寄到店里。我感觉他就算谈不上喜欢我，至少也是尊重我的，可是星期一他什么都没有寄来，人也不在布拉格了，去了外地。

晚上无精打采地在鲍姆家聚会，马克斯没来。朗读《丑陋的人》[1]，这篇故事还太凌乱，第一章更像是储藏着一篇故事的仓库。

十一月二十六日。上午和下午五点前，和马克斯合写《理查德与山缪》。之后去见帕青格[2]，来自林茨的收藏家，是库宾介绍的，五十岁，十分高大，动作像高塔一般；如果他好一会儿沉默不语，我们就低下头来，因为他完全沉默，在

---

1 《丑陋的人》(*Die Häßlichen*)，与卡夫卡同时期的布拉格作家艾斯勒（Nobert Eisler）的作品。
2 帕青格（Anton Pachinger，1864—1938），奥地利收藏家与民俗学者，如今他的故乡林茨的市立博物馆就是建立在他的收藏上。

说话时也不把话说完；他的生活就是收集和交媾。

收集：他从收集邮票开始，后来改为收集图画，无所不收，后来他看出这种永无止境的收集没有什么用处，于是把范围缩小到护身符，后来又缩小到下奥地利和南巴伐利亚的朝圣奖章和朝圣手册。这是为每一趟朝圣之旅都会重新制作的奖章和手册，就材质和艺术性而言大多没有价值，但是经常有着赏心悦目的图画。他也开始努力撰写这方面的文章，那是第一次有人写这个题材，由他初次确立了系统化整理的观点。在那之前就收集这类东西的人当然懊恼自己没有先行发表文章，但是也只能接受。如今他是这类朝圣奖章的鉴定专家，各地都有人来请他确认与鉴别这些奖章，他的话有分量。此外他也收集其他各式各样的东西，最得意的收藏是一条贞操带，这条贞操带连同他所收集的所有护身符，曾经在"德勒斯登卫生展览会"上展示过。（他刚去了德勒斯登，打包所有的东西，准备运走。）还有一把漂亮的骑士长剑，曾属于法肯史泰纳。他对艺术的态度带着一种负面的透彻，这种态度只有通过收集才会获得。

他带领我们从葛拉夫饭店的咖啡馆到楼上他暖气很足的房间。他坐在床上，我们坐在他旁边的两把椅子上，这样形成了一场安静的集会。他问的第一个问题："两位是收藏家吗？""不，只是贫穷的爱好者。""这没有关系。"他掏出皮夹，朝我们扔出一张又一张的藏书票，有他自己的，也有别人的，其中夹杂着他下一本书的广告，书名是"矿石世界的魔法与迷信"。他已经写了很多，尤其是针对"艺术中的母性"，他认为孕妇的身体最美，也最令人愉悦……他也写过护身符。他曾在维也纳的宫廷博物馆任职，主持过多瑙河口布勒伊拉的考古挖掘工作，发明了一种方法来黏合挖掘出的花瓶，并将这种方法以他的姓氏来命名。他是十三个学会和博物馆的成员，等他死后，他的收藏将赠送给纽伦堡的"日耳曼国家博物馆"。夜里他常常在书桌前坐到凌晨一两点，早上八点就又坐在书桌前了。他要我们在他一个女性朋友的签名纪念册上写几句话，为了找人把册子写满，他带着这本纪念册上路。自己创作的写在前面。马克斯写了一句复杂的诗上去，帕青格先生先用呆板的声音朗诵出来，然后试着用"雨过天晴"这个成语来翻译。我写下：小小的心灵在舞蹈中跳跃……

他又大声念出来，我协助他，最后他说："一种波斯格律？叫什么来着？加扎勒[1]？对吧？"我们无法表示同意，也无法猜出他的意思。最后他引用了吕克特[2]一首模仿意大利民间诗歌的三行诗（Ritornell）。噢，原来他指的是这个。不过，这也并不对，但是听起来有种韵味。

---

[1] 加扎勒（Ghazal），一种古老的诗歌形式，起源于阿拉伯半岛，多半用来抒情，尤其是抒发爱情的悲喜。

[2] 吕克特（Friedrich Rückert，1788—1866），德国诗人、语言学家兼翻译家，曾翻译波斯诗人的作品，被视为德国东方学研究的开创者，作曲家马勒的《悼亡儿之歌》(*Kindertotenlieder*) 就是取材自吕克特的同名诗集。

他是哈尔伯[1]的朋友，很想谈他，我们却更想谈布莱。可是关于布莱却没有太多话可谈，他在慕尼黑的文学界由于文学上的伤风败俗而被人轻视[2]，跟他太太离了婚，她是个牙医，来她诊所求诊的病人很多，是她在赡养他。他女儿十六岁，金发碧眼，是慕尼黑最狂野的女孩。在史登海姆[3]的剧作《长裤》里——帕青格和哈尔伯一起上剧院——布莱饰演一个上了年纪的花花公子。隔天，帕青格遇见他，说道："博士先生，您昨天饰演了布莱博士。""哪有，哪有，"布莱尴尬地说，"我饰演的明明是某某人。"要离开房间时，他把被褥掀开，让床铺的温度能完全与室温相符，此外他还交代要把炉火升得更热一点。

《塔木德》里说：一个学者若是去寻找合适的妻子，应该带一个目不识丁的人同行，因为他太沉浸于自己的博学之中，将会注意不到他必须注意的事。

通过贿赂，华沙四周的电话线和电报线被拉成一个完整的圆形，按照《塔木德》的说法，这座城市因此成了一个被限定的区域，在某种程度上形成了一个院子，因此最虔诚的人在周六可以在这个范围之内活动，身上可以带点小东西

---

[1] 哈尔伯（Max Halbe, 1865—1944），德国作家，作品以戏剧及小说为主，是自然主义的代表人物。

[2] 布莱曾编纂过巴洛克时期的情色文学，并且写过探讨色情刊物的文章。

[3] 史登海姆（Karl Sternheim, 1878—1942），德国剧作家，也写小说和诗，其作品经常讽刺德皇威廉时期中产阶级的道德观，《长裤》（*Die Hose*）就是这样一部讽刺喜剧。

（比如手帕）。

哈西迪犹太教的信徒在聚会时愉快地聊着《塔木德》的问题。如果聊不下去或是有一个人没有参与，大家就用歌唱来弥补。旋律被编造出来，如果有一段旋律编得好，就会把家庭成员叫来，和他们一起再唱一次并练习。一个经常产生幻觉的神奇拉比在这样一次聚会中，忽然把脸埋进搁在桌上的手臂里，在众人的沉默中维持着这个姿势三个小时之久。当他醒来的时候，他哭了，并且唱起一首全新的有趣的军队进行曲。死亡天使刚刚以这个旋律护送一位在一座遥远的俄国城市里去世的神奇拉比升天。

根据犹太教的神秘教义，虔诚的教徒会在星期五得到一个新的灵魂，这个灵魂完全属于天上，也更温柔，将留在他们身边，直到周六晚上。

在周五晚上，每一个虔诚的教徒都由两个天使护送回家；一家之主站在餐厅里迎接他们，他们只会停留一会儿。

◇ 女孩的教育

女孩的教育、她们的成长、对世间规范的熟悉，这些事在我眼中一向有着特殊的价值。这样，碰到一个只是有点认识而且想和她们随便聊聊的人，她们就不会再这样令人失望地跑掉，而是会稍作停留，即使不是站在房间里你希望她们在的地方，你也无须再用目光、威胁或是爱情的力量来把她们留住；如果她们转过身，她们也会放慢动作，她们不想因此伤害到别人，于是她们的背影也变宽了。跟她们说过的话一句也不会流失,她们会听完整个问题,你无须匆忙,她们回答时虽然带着玩笑的意味,却精准地针对所提出的问题。是的,她们甚至会仰起脸来发问,一番短暂的交谈不会令她们难以忍受。有人旁观不会打扰她们正在做的事,她们并不那么在意他,但是他也可以盯着她们看久一点。只有在更衣时她们才会回避。只有在这段时间里,你可能会感到没有把握。但除此之外,你无须再穿过街道,在房子门口拦截,一再等候一个幸运的巧合,尽管你已经有过经验,知道你并没有能力强迫巧合发生。

尽管在她们身上发生了这种重大变化,但下面这种情况也并不罕见,在不期而遇时,她们会带着悲伤的表情迎面走来,把手掌放进我们的手里,以缓慢的动作邀请我们进入屋内,就像邀请一个生意上的朋友。她们在隔壁房间里沉重地走来走去,可是当我们也闯进那个房间时,出于渴望和执拗,她们就坐在窗台上看报,看也不看我们一眼。

十一月三十日。整整三天什么都没写。

十二月三日。我现在读了薛佛的《卡尔·施陶弗的人生历程》的一部分,我被那种钻进我内心的强烈印象紧紧攫住，但我又被因胃部不适而感到的饥饿和周日放假所带来的兴奋所驱使，我不得不写作，就像一个人在由外界所强加的兴奋中只能通过挥舞双臂来帮助自己。

◇ 单身汉的不幸

单身汉的不幸是那么容易被他周围的人猜到，无论这是一种表面上的还是实际上的不幸，这使得他若是因为喜欢秘密而成为单身汉的话，他将会诅咒这个决定。他穿着扣紧的外套四处行走，把双手插在外套上方的口袋里，手肘突出，帽子在脸上压得低低的，让一抹天生的虚假笑容来保护他的嘴，一如用夹鼻眼镜来保护他的眼睛；长裤太窄，穿在他瘦削的双腿上并不好看。尽管如此，人人都晓得他的情况，可以向他列举他所受的苦。一股凉风从他内心深处袭来，他用那张双面脸中更为悲伤的那半张脸看进他的内心。他简直是不停地在搬家，但是搬家的规律性在意料之中。他离那些活着的人越远，别人就认为他需要的空间越小，而最讽刺的是，他却必须为这些人工作，像个有意识的奴隶，却不被允许表达他的意识。其他人就算一辈子都躺在病床上，也会被死亡击倒，虽然他们由于本身的衰弱早该自己倒下，他们还是会紧紧抓住他们强壮健康的血亲和姻亲，而他这个单身汉，看似自愿在活着的时候就满足于越来越小的空间，如果他死了，进棺材就适得其所。

177

最近我朗诵莫里克[1]的自传给妹妹听，一开始就读得很好，但是接下去读得更好，而最后，我让双手的指尖相碰，用我始终平静的声音克服内心的障碍，为我的声音创造越来越宽阔的视野，直到整个房间除了我的声音就无法再容纳其他东西。然后爸妈从店里回来，按了门铃。

入睡之前感觉到轻轻的手臂上拳头的重量搁在我身上。

十二月八日，星期五。很久没有写作，只不过这一次差不多是由于心满意足的缘故，因为我自己完成了《理查德与山缪》的第一章，我尤其觉得，开头描述睡在火车车厢里的那一段写得算是成功的。更重要的是，我认为在我身上发生的某种情况和席勒所谓的"把情感转化为性格"十分接近。尽管内心抗拒，我还是必须写下来。

和勒维去总督夏宫散步，我称之为锡安堡。入口大门上的雕花和天空的颜色合为一体。

另一趟散步去了追逐岛[2]。勒维说起齐席克太太的故事，

---

[1] 莫里克（Eduard Mörike，1804—1875），德国浪漫主义时期的诗人与小说家，有许多诗作被谱成歌曲传唱至今。

[2] 追逐岛（捷克语 Ostrov Štvanice），位于流经布拉格的莫尔道河中，在查理大桥北边，数百年来都是市民休闲游憩之地。

说当年在柏林，大家出于同情让她加入了剧团，她起初是个无足轻重的二重唱歌手，衣服和帽子都老旧过时。勒维朗读了一封来自华沙的信，华沙的一个年轻犹太人在信里抱怨犹太剧场的没落。他写道，他宁愿去波兰的"诺沃斯提"（Nowosti）轻歌剧剧场，也不去犹太剧场，因为那里设备差劲、低级下流、有"发了霉的"滑稽歌谣……令人难以忍受。试想一下，一出犹太轻歌剧的戏剧高潮在于女主角带着一队小孩穿过观众席走上舞台，他们个个捧着小卷的《妥拉》，唱着《妥拉》是最好的商品。

成功写完《理查德与山缪》的那几段之后独自去散步，走过城堡区和贝维德雷山丘，心情愉快。内鲁达街上有块招牌：裁缝师安娜·克里佐娃，在法国习得裁缝手艺，由公爵遗孀阿亨贝格公主赞助。——我站在第一座城堡内院的中央，看着城堡守卫演练紧急集合。

马克斯不喜欢我最后写的那几段，肯定是因为他认为这几段和整篇文字不相称，但也可能是他认为这几段文字本身就写得不好。这很有可能，因为他提醒过我不要写这么长的段落，他认为这种写作方式的效果有点像冻胶。

要想和年轻女孩交谈，我需要有年纪较长的人在场。来自他们的轻微干扰能让我的谈话更为活泼，他们对我的要求似乎立刻就减少了；我脱口而出的话语虽然可能不适合那个女孩，但至少对那个比较年长的人来说可能还算得体，如果有必要，我也能从此人身上获得许多协助。

哈斯小姐让我想起布莱太太，只是她鼻子偏长、微微有两道弯曲、相对有些窄，看起来就像是布莱太太的鼻子长坏了。另外，她的脸也带着一层黑，从外部几乎看不出原因，只可能是被一种强烈的性格逼进皮肤里的。背部宽广，即将成为那种肿胀的女性背部；沉重的身躯在剪裁合宜的外套里显得细瘦，就连这件窄窄的外套都显得宽松。她若是自在地抬起头来，就意味着在交谈的尴尬时刻过后找到了一条出路。在这番谈话中我并未被击倒，内心也没有放弃自己，可是假如我对我而言是个旁观者，我也无法用别的方式来解释我的举止。从前我之所以无法和刚认识的人自在地交谈，是因为性欲的存在不自觉地阻碍了我，如今阻碍我的则是这种欲望的缺乏。

在护城河街上遇到齐席克夫妇。她穿着她在《野人》那出戏里穿的荡妇装。如果我把她在护城河街上的模样分解成细节，她就会变得不太真实。（我只匆匆看了她一眼，因为看见她让我吓了一跳，我没有打招呼，他们没有看见我，而我也不敢马上转过头去。）她比平常要矮小许多，把左髋部向前推，不只是短暂地，而是持续地，右腿弯曲，把头颈凑近她丈夫，动作很急促，弯起向侧面伸出的右手臂，试图搀住她丈夫。他戴着那顶夏季小帽，前面的帽檐往下压着。等我转过头去，他们已经走了。我猜想他们是进了"中央咖啡馆"，就在护城河街的另一侧等着，等了好一会儿之后，运气很好，看见她走到窗前。当她在桌旁坐下，我就只看得见她那顶包着蓝丝绒的厚纸板帽子的边缘。

后来我梦见自己在一条有玻璃拱顶的廊道上，廊道很窄，而且也不高，类似于早期意大利绘画上那种无法通行的走廊，从远处看过去，也像是我们在巴黎见过的一条廊道，是小场街（Rue des Petits Champs）的一条岔路。只不过巴黎的那条廊道比较宽，而且商店林立，这一条的两旁却是光秃秃的墙面，看起来几乎容不下两人并排行走。可是如果真的有人走进去，比如我和齐席克太太，就出乎意料地宽敞，但我们并不惊讶。我和齐席克太太走向一端的出口，走向一个可能观察着这一切的人，同时齐席克太太为了某个违法行为（似乎是酗酒）而道歉，并且请求我不要相信那些诽谤她的人，齐席克先生在廊道另一端的尽头鞭打一只毛发蓬乱的金色圣伯纳犬，它以后腿站立，面对着他。不太清楚齐席克是在逗狗玩，因此冷落了他太太，还是说他的确受到那只狗的攻击了，或者他其实是想挡住它，不让它靠近我们。

和勒维在码头上。感到一阵微微的晕眩压迫着我的整个身体，我挺了过去。过后回想起来，就像是回想起某件遗忘已久的事。

即使撇开其他所有的阻碍不谈（身体状况、父母、个性），我也找到了一个很好的借口来解释我何以没有把自己局限在文学上：在我没有写出篇幅较长、完全令我满意的作品之前，我无法放胆为自己去做些什么。这当然是无法驳斥的。

下午时就已经感受到一股极大的渴望，渴望写出我体内整个忐忑不安的状态，写进纸张深处，一如它来自我体内深处，或是使我能把所写的东西全部拉进我体内。这并非艺术家的渴望。今天，当勒维说起他的不满，说他一点也不在乎剧团所做的事时，我把他的情况解释为思乡，但是我虽然说了出来，在某种程度上却并没有把这个解释给他，而是留给了我自己，并且为了自己的悲伤而暂时享受着它。

十二月九日。史陶佛-伯恩[1]："创作的甜蜜掩盖了其纯粹的价值。"

---

[1] 史陶佛-伯恩（Karl Stauffer-Bern，1857—1891），瑞士画家、版画家、雕塑家，他的书信与诗作在他自杀身亡后被结集成书，于一八九二年出版。

一本书信集或回忆录，不管作者是个什么样的人（这一次是卡尔·史陶佛-伯恩），如果我们在阅读时静止不动，不用自身的力量把他拉进自己体内（因为此举已经需要艺术，而艺术能自得其乐），而是献上自己——只要不去抗拒，很快就会发生——让自己被那个陌生人拉走，成为他的亲人，那么，当我们合上书本，重新回归自我，经过这趟神游与休息，重新认识了自己的本质，在自己刚刚被撼动、暂时从远处观察的本质里再度感到更为自在，头脑也更为清楚，这也就不足为奇了。

事后我们才会纳闷，书里对这个陌生人生活情况的描述尽管生动但却忠实，尽管根据我们自己的经验，我们会认为在这世上，与一桩经历（例如哀悼一个朋友之死）相距最远的，莫过于对这桩经历的描述。但是对我们而言正确的事，对另一个人来说未必正确。如果我们写的信件不足以表达我们的感受——当然，在这件事情上有许多等级，从一个极端到另一个极端，中间的界限模糊——当我们即使在最好的情况下也不得不一再使用"难以描述""无法言传"这类词语，或是使用"如此悲伤""如此美好"，后面再加上一个迅速粉碎的"以至于……"时，那么，像是作为补偿，我们就能够冷静而准确地去理解陌生人所写的报道，而这种冷静的准确是我们在面对自己所写的书信时所缺少的，至少在程度上是有所不及的。我们不知道曾经让人把眼前这封信展开或揉皱的那些感受，而正是这种无知变成了理解力，由于我们被迫仰赖眼前这封信，只相信被

◇ 书信集或回忆录

写在这封信里的东西,因此发现这东西以一种完美的方式被表现出来、恰到好处,让我们看见了通往人性深处的道路。举例来说,史陶佛–伯恩的书信就只记述了一位艺术家短暂的一生……

十二月十日,星期日。我得去拜访我妹妹和她的新生儿[1]。前天夜里,当母亲在凌晨一点从妹妹家回来,带来那个男孩诞生的消息时,父亲穿着睡衣走遍了家里,打开每个房间的门,叫醒了我、女佣和两个妹妹,宣布了孩子诞生的消息,仿佛这孩子不仅是出生了,而且已经过了荣耀的一生,连葬礼都举行过了。

十二月十三日。由于疲倦而没有写作,交替躺在温暖房间和寒冷房间里的沙发上,带着生病的双腿,做着恶心的梦。一条狗躺在我身上,一只脚掌靠近我的脸,我惊醒过来,但是有一会儿还害怕睁开眼睛去看它。

《河狸皮》。漏洞百出的剧作,没有高潮就渐趋平淡。官

---

[1] 卡夫卡的大妹艾莉在一九一一年十二月九日生下她的长子菲利克斯·赫尔曼(Felix Hermann,1911—1940)。

吏出场的那几幕戏不真实。莱辛剧院的雷曼[1]表演得细腻，弯腰时把裙子夹在大腿之间。老百姓露出那种深思的目光，举起两只手掌，在左脸前方上下并列，像是主动要减弱她嗓音的力量，不管她的声音是在否认还是在竭力申明。其他人的演出粗糙、未经指导。丑角的鲁莽不利于这出戏（抽出一把军刀，搞混了帽子）。我兴致缺缺。回家去。但是还坐在剧院里时不得不佩服有这么多人甘愿在一个晚上忍受这么多的骚动（戏里有人大叫，有人偷东西，有人被偷，有人被骚扰，有人获得掌声，有人被忽视），而在这出戏里，如果只用眨动的眼睛去看，有那么多混乱的人声和叫喊乱成一团。美丽的少女。一个女孩脸部光滑无瑕，圆脸颊，发际很高，双眼微微凸出，失落在这片光滑里。——在剧作写得好的段落中，沃尔芬太太显露出她既是小偷，也是聪明、进步的民主人士诚实的朋友。听众当中如果有像剧中官吏韦尔汉这样的人，那么他应该会觉得自己的看法得到了证实。——四幕剧，可悲的平行剧情。在第一幕里发生了偷窃，第二幕是法庭，第三幕和第四幕也一样。

犹太演员演出《担任乡议员的裁缝师》。少了齐席克夫妇，但是添了两个新演员，利戈尔德夫妇，糟透了的人。李希特的差劲剧本。开头像莫里哀的作品，那个乡议员喜欢炫

---

[1] 柏林莱辛剧院的女演员艾莎·雷曼（Else Lehmann）当时在布拉格客座演出，饰演霍普特曼（Gerhart Hauptmann）的剧作《河狸皮》（*Der Biberpelz*）中的主角沃尔芬太太。

耀、挂着怀表。——利戈尔德太太不识字,她丈夫得陪她一起研读剧本。这几乎成了惯例,丑角娶了严肃的妻子,严肃的男演员则娶了喜剧女演员,而基本上就只有已婚女性或女性亲戚会被剧团接纳。——有一次在午夜时分,可能是个单身汉的钢琴师带着琴谱溜出门去。

合唱团演唱勃拉姆斯的作品。我缺乏欣赏音乐的能力,根本的问题在于我无法享受音乐的连续性,它只偶尔会在我心中产生一种效果,而这种效果很少是音乐性的。我所听见的音乐很自然地在我周围拉起一圈围墙,而音乐在我身上造成的唯一持久的影响是,这样被禁锢的我并不自由。

大众对音乐怀有一种崇敬,对文学则没有。歌唱的少女。有许多人的嘴巴只被旋律撑开。一个身体笨重的女孩在歌唱时摇头晃脑。

一个包厢里坐着三位神职人员。中间戴着小红帽的那一位平静而庄重地聆听着,无动于衷而且沉重,但是并不僵硬;右边那位缩成一团,尖尖的脸上表情呆板,满是皱纹;左边那位肥胖,用半张开的拳头撑着歪向一边的脸。——演出的曲目是《悲剧序曲》。(我只听见缓慢、庄严的节奏,一会儿在这儿,一会儿在那儿。去观察音乐在各组乐师之间的交替,并且用耳朵去加以检验,这使我获益匪浅。指挥的头发逐渐散乱。)歌德的《铭记在心》(*Berherzigung*)、席勒的《悲歌》(*Nänie*),还有《命运女神之歌》(*Gesang der Parzen*)、

《胜利之歌》(*Triumphlied*)。——那些歌唱的女子站在上方有低矮栏杆的阳台旁,像在早期意大利的建筑里。

可以确定的是,尽管我有很长一段时间站在经常将我吞没的文学里,但这三天以来,除了对幸福的一般渴望之外,我并未感觉到对文学的原始渴望。同样地,上个星期,我认为勒维是我不可或缺的朋友,而这三天,没有他我也轻松地度过了。

当我隔了这么长一段时间之后再开始写作时,我就像是在把一句句话从空气中拽出来。拽出了一句,也只有这么一句,而所有的工作又得从头开始。

十二月十四日。中午时,父亲责怪我不关心工厂的事。我解释说,我之所以入股,是因为期望能够获利,但是只要我还在上班,我就无法参与工厂的经营。父亲继续发牢骚,我站在窗前沉默不语。晚上,我却发现中午那番谈话在我脑中引发了一个念头,亦即我可以十分满足于我目前的情况,只需要注意不要把所有的时间都耗在文学上。我刚要进一步检视这个念头,它就已经不再令人讶异,而是让我觉得习以为常。我不认为自己有能力把所有的时间都用在文学上。这个信念固然只是来自一种瞬间的状况,却比这个瞬间的状况要强烈。我想起马克斯，也像是想起一个陌生人，尽管今天晚上他在柏林有一场令人兴奋的朗诵会和演奏会；此刻我想到，我之所以想起他，就只是因为我在晚上散步时走近了陶席希小姐的住处。

和勒维在河边散步。竖立在伊丽莎白桥上的拱门内部被一盏电灯照亮，在从侧面照射过来的光线中，一根黑压压的立柱看起来像是工厂的烟囱，而在它上方朝着天空伸展的楔形暗影就宛如上升的烟。桥的一侧是界限分明的一块块绿光。

朗诵威廉·薛佛那篇《贝多芬与那对情侣》时，各种和所朗读的故事毫不相干的念头（想到晚餐，想到勒维在等我）十分清晰地从我脑中闪过，却没有妨碍我今天格外纯净的朗诵。

十二月十六日。星期天中午十二点。上午被睡觉和看报给蹉跎了。害怕去完成要给《布拉格日报》写的一篇书评。这种对写作的恐惧一向表现为：我并未坐在书桌前时，偶尔会想出待写文章的开头几句，而这些句子立刻就证明了自己枯燥而不适用，在距离句尾还很远的地方就已经折断了，并且以凸出来的折断的部位指向悲哀的未来。

圣诞市集上的古老把戏。两只凤头鹦鹉在一支横杆上衔出行星。错误：一个少女被预言会有个情妇。——一个男子用押韵的叫卖声兜售人造花：To jest ruže udéland z kuže（捷克语，这是一朵皮制的玫瑰）。

年轻的皮普斯在唱歌。唯一的肢体动作是来回摆动右下臂，把微微张开的手张开得更大一点，然后再合起来。汗水覆盖了他的脸，尤其是上唇，就像布满了玻璃碎片。一条没有扣子的领巾被匆匆塞进外套里的背心底下。

克鲁格太太唱歌时，口腔里柔软的红色中温暖的阴影。

巴黎的犹太人街，蔷薇路，从里沃利路岔出去的一条路。

一种杂乱无章的教育，本身就只有最起码的一致性，仅仅足以过不稳当的生活，如果忽然被要求去做一件有时间限制、因此势必艰难的工作，被要求去发展自我、去发表演说，那么就只会得到苦涩的结果，其中包含了对所获得的成就感到的骄傲（这项成就必须用上未经训练的全部力量才能承受），对那意外散失的知识的一番小小的回顾，而这样的知识并不扎实，因此特别容易动摇，最后还掺杂了对周遭环境的憎恨与钦佩。

昨天入睡前，我想象着一幅图画，想象一群人像一座山一样在空气中分离出来，我觉得这个绘图技巧是全新的，而且一旦发明出来就很容易执行。一群人围聚在一张桌子旁，地面要比那群人延伸得更远一些，而在所有的人当中，我炯炯的目光暂时只看见一个穿着古装的年轻人。他把左手臂撑在桌面上，手松松地悬在脸上，戏谑地抬起脸看着某个人，那人担心或疑惑地俯身在他上方。他以年轻人的随性伸展着身体，尤其是那条右腿，与其说是坐着，不如说是躺着。限制住那双腿的两条清晰的线条互相交叉，很容易就和身体的轮廓相连。染成浅色的衣服在这些线条之间隆起，带点立体感。这幅美丽的素描令我惊讶，在我脑中制造出一股兴奋，我深信那是同一种持续的兴奋，只要我想，它就能带领我手中的铅笔，于是我强迫自己脱离半睡半醒的状态，以便把这幅图画想得更透彻一点。当然，我很快就发现，我所想象的不是别的，就是一组灰白色的瓷器。

在过渡时期，如同过去这一周，至少还有眼前这一刻，经常攫住我的是一种对我的麻木的惊讶，它悲伤但平静。一个空洞的空间把我和所有的事物隔开，而我甚至没有努力挤向这个空间的边界。

此刻在晚上，当我的思绪渐渐自由，或许有能力写出一点东西时,我却必须去国家剧院观赏《希波达弥亚》(*Hippodamie*)的首演,这是弗尔赫利茨基[1]的剧作。

可以确定的是,周日对我来说永远不会比平常的日子更有用,因为周日在时间上特殊的划分打乱了我所有的习惯,因此我需要额外的空闲时间才能勉强适应这个特别的日子。

一旦摆脱了办公室,我就会立刻满足自己想写一部自传的渴望。在开始写作时,我必须把这样一种深刻的改变当成暂时的目标,以便能够驾驭大量的事件。但是这种改变的可能性微乎其微,而除此之外,我看不出会有另一种能够鼓舞我的改变。不过,写作自传会有一种莫大的喜悦,因为书写自传就像书写梦境一样容易,但会有截然不同的结果,一种将永远影响我的重大结果,是所有其他人也能理解和感受的。

十二月十八日。前天观赏了《希波达弥亚》。可悲的剧作。在古希腊神话里乱走一通,毫无意义,也毫无理由。节目单上有克瓦皮尔[2]写的一篇文章,字里行间流露出在整场

---

[1] 弗尔赫利茨基(Jaroslav Vrchlický, 1853—1912,本名 Emilius Jakob Frida),捷克著名诗人,曾在布拉格查理大学担任欧洲文学教授,也曾将欧洲文学的许多经典作品翻译成捷克文。

[2] 克瓦皮尔(Jaroslav Kvapil, 1868—1950),捷克诗人,自一九〇〇年起就在布拉格的国家戏剧院担任剧场导演。

演出中显而易见的企图，亦即优秀的导演（但是这出戏的导演就只不过是在模仿莱因哈特[1]）能使一部拙劣的文学作品成为一出伟大的戏剧。这一切对一个稍微见过世面的捷克人来说想必很悲哀。——中场休息时，总督走出包厢的小门，到走廊上透透气。——阿克西奥克[2]的亡灵被召唤出场，她随即又消失，因为她刚去世不久，在目睹人间时太过强烈地感受到她还在世时的痛苦。

我不是个守时的人，因为我感觉不到等待的痛苦。我就像一头牛一样善于等待。如果我感觉到自己此刻的生存有个目的，哪怕是个不确定的目的，那么出于软弱，我会虚荣到乐意为了眼前这个目的而忍受一切。假如我爱上了某人，就更不必说了。多年前，我在广场树荫下等了不知多久，直到M.从那儿经过，尽管她只是和她的情人相偕走过。我曾错过了约好见面的时间，部分是由于粗心，部分是由于不能体会等待的痛苦，但部分也是为了复杂的新目的，为了忐忑地重新去寻找那个和我约好见面的人，亦即获得长时间忐忑等待的机会。小时候我非常害怕等待，由此就可以推断出我原本注定会更有出息，而我预见了我的未来。

---

[1] 莱因哈特（Max Reinhardt，1873—1943），二十世纪初德语戏剧界的重要人物，曾任柏林德意志剧院总监，采用多种创新的舞台设计，并创立了附属剧院的戏剧学校。

[2] 阿克西奥克（Axioche），古希腊神话里的一个宁芙，和珀罗普斯（Pelops）生了一个儿子。

我的良好的情况没有时间和机会去自然地尽情发展；我的恶劣的情况却正好相反，它所拥有的时间和机会超过我所需要的。从日记来计算，如今我忍受这样一种情况已经有九天、将近十天了。昨天我又一次脑袋发烫地上床睡觉，正想要庆幸坏时光已经结束了，却又开始担心自己将会睡得不好。后来我睡得相当好，醒来时却昏昏沉沉。

十二月十九日。昨天观赏了拉泰纳的《大卫的小提琴》。被逐出家门的兄弟，一个有艺术才华的小提琴手致富之后返乡，就如同我刚进中学时常做的梦。但是他首先穿上乞丐的衣服来测试那些从未离开家乡的亲戚，用破布包裹双脚，就像一个铲雪的人。他的女儿诚实而贫穷，他富有的兄弟不愿意让儿子娶这个穷表妹，虽然自己年纪已大，却想娶个年轻妻子。后来他才扯开了长外套，露出一条饰带，上面佩戴着欧洲各国王侯颁发的勋章。他用小提琴演奏和歌唱使所有亲戚及其属下都成为好人，并且改善了他们的情况。

齐席克太太又来演出了。昨天她的身体要比她的脸庞美丽，她的脸显得比平常瘦削，因此她一开口说话就皱起的额头太过显眼。那高大浑圆、中等强壮的身体在昨天不属于她的脸庞，而她让我依稀想起那些混种生物，比如人鱼、海妖、半人马。后来她站在我面前，面孔扭曲，肤质由于化妆品而受损，深蓝色短袖衬衫上有块污渍，我觉得自己就像在一群无情的观众当中对着一尊雕像说话。

克鲁格太太站在她旁边，打量着我。威尔屈小姐从左边打量着我。我说了那么多蠢话，能说的都说了。例如我不停地问齐席克太太为什么去德勒斯登，虽然我明知道她是和其他人闹翻了才搭车离开的，也知道这个话题对她来说很尴尬。到最后，我比她还要尴尬，却又想不出别的话题。齐席克太太在我和克鲁格太太说话时加入了我们，我转身面向齐席克太太，同时对克鲁格太太说了声"抱歉"，仿佛我打算从此和齐席克太太共度一生。等到我和齐席克太太说话时，我察觉到我的爱并未抓住她，而只是忽近忽远地绕着她飞，让她不得安宁。

利戈尔德太太饰演一个年轻男子，她所穿的衣服紧紧绷住她怀孕的身体。由于她不听从她父亲（勒维饰演）的话，他把她的上半身按在一张椅子上，打她的屁股，她的长裤紧紧绷在臀部上。后来勒维说他厌恶去碰她，就像他厌恶去碰一只老鼠一样。但是从正面看她很漂亮，只是从侧面看，她的鼻子太长、太尖，而且凶恶。

我十点钟才去，先去散了步，充分享受那微微的紧张，一方面在剧场里有个座位，而另一方面，在演出之时，亦即在那些独唱者试图用歌声召唤我时，我又跑去散步。我也错过了克鲁格太太的表演，聆听她一向生动的歌唱意味着去检验这个世界的稳固性,而这正是我所需要的。

今天吃早餐时,我碰巧和母亲聊到婚姻和子女的事,只聊了几句,但是我第一次恍然明白,母亲对我的印象是多么不真实而且天真。她认为我是个健康的年轻人,只是自以为有病,并由于这种幻觉而受到了一点折磨。这种幻觉将会随着时间而自行消失,而结婚成家和生儿育女自然会彻底将之消除。到那时候,对文学的兴趣也会减少到对受过良好教育的人来说必要的程度,对我的职业或是那间工厂,或是对其他我刚好经手的事的兴趣会理所当然地燃起。因此,丝毫没有与预感沾得上边的理由对我的未来持续感到绝望;偶尔感到绝望的原因则是,我又一次以为自己吃坏了肠胃,或是我因为花了太多时间写作而无法睡觉,但是这种绝望也不至于太深沉。解决的办法有成百上千种。最可能的一种是我忽然爱上一个女孩,再也不想离开她。届时我就会看出大家对我是一片好意,看出大家都不会阻挠我。不过,如果我像马德里那个舅舅[1]一样成为单身汉,那也没什么不幸,因为以我的聪明才智,我自然会知道该如何适应。

十二月二十三日。星期六。如果有鉴于我的整个生活方

---

[1] 系指卡夫卡母亲的哥哥阿弗瑞德·勒维(Alfred Löwy, 1852—1923),他是西班牙一家铁路公司的主管,住在马德里。

式正朝着所有亲戚故旧都认为错误的方向发展，从而产生了忧虑，而父亲道出了这番忧虑，说我将会成为第二个鲁道夫舅舅[1]，亦即成为家族下一代当中的愚人，一个为了适应不同时代的需要而稍有不同的愚人，那么从现在起，我就能感觉到母亲在心中集结并强化了一切对我有利而对鲁道夫舅舅不利的念头，就像在她对我们两个人的印象之间插进了一块楔子。

◇画家

前天在工厂。晚上在马克斯那儿，画家诺瓦克[2]正在展示他为马克斯画的石版画。在他们面前我无法表达自己，没法说好，也没法说不好。马克斯提出了几个事先就已形成的观点，而我的思绪就围绕着这些观点打转，没有结果。最后我终于习惯了那几张画作，至少卸除了因眼睛不习惯此类作品而感到的惊讶，觉得一个下巴太圆，一张脸被压缩，一个上半身像是穿了甲胄，或者说他看起来像是在西装底下穿了一件特大号的礼服衬衫。那个画家则表达了一些意见，不管是在第一次还是第二次尝试听时我都没能听懂，而他偏偏是在对我们说出这番话，从而减弱了他这番话的意义。如果他内心的想法属实，我们先前所说的就是毫无价值的无稽

---

[1] 系指卡夫卡母亲同父异母的弟弟鲁道夫·勒维（Rudolf Löwy, 1861—1921），他在布拉格一家酿酒厂担任会计，基于信念而改信了天主教，因此被视为家族中的异类。

[2] 诺瓦克（Willi Nowak, 1886—1977），一位捷克画家，在卡夫卡写作这篇日记时，他的作品正在布拉格展出，并且受到好评。

之谈。

他声称，艺术家所感觉到也意识到的任务，在于把他所画的人物融入他自己的艺术形式中。为了实现这一点，他先画了一幅彩色的肖像素描——这幅素描也摆在我们面前，在深色的颜料中呈现出与本人的相似之处，果然过于刺眼、枯燥（直到此刻我才能够承认它过于刺眼），而马克斯声称这是画得最好的一幅肖像，因为它在相似之余，在眼睛和嘴巴周围有着高贵的线条，被深色的颜料适度地烘托出来。如果我被问起，我也无法否认这一点。有了这幅素描之后，画家就在家里制作石版画，他在每一幅石版画上都做了一点改变，致力于逐渐摆脱天然的形象，但同时不仅无损于它本身的艺术形式，而且一笔一笔地更加接近。例如，耳廓失去了人耳的螺纹和明确的边缘，而成了一个逐渐加深的半圆形旋涡，围着一个幽暗的小小开口。马克斯骨骼突出的下巴从耳朵就开始成形，失去了似乎不可或缺的单纯界线。对观察者来说，原本的真实性被去除之后，新的真实性从中产生。头发化为可以理解的明确轮廓，但仍旧是人类的头发，不管画家如何否认。

画家一方面要求我们理解这种转化，另一方面就只粗略但自豪地提及这些石版画上所有的东西都具有意义。在他发挥后产生的效果下，就连偶然的东西也成为必要，影响了后来添加的一切。例如，在一个头像旁边有一道细细淡淡的咖啡污渍，几乎由上而下地经过了整幅画，这道污渍是补进去的，经过考虑，若要移除就会损及整个比例。在另一幅画上，左边角落有个蓝色大斑点，以稀疏的点画法画出，几乎不起眼；这个斑点甚至是故意画上去的，为了让它散发出的小小光亮扩展到整幅图画，而画家就利用这点光亮继续处理这幅画。他的下一个目标则在于处理嘴巴的部分，那里已经做过一些处理，但是还不够，之后要把鼻子也纳入这个转化的过程。当马克斯抱怨，说这种方式使得石版画和那幅杰出的彩色素描相距越来越远时，画家说他也并不排除两者有再度靠近的可能。

无论如何，无法忽视的是，画家在谈话中始终笃信他的灵感是不可预料的，而就是这种信赖使他的艺术创作大有可能成为一种近乎科学的工作。——买下两张石版画，《卖苹果的妇人》和《散步》。

写日记的一个好处在于可以安心地清楚意识到自己不断经历的改变，一般来说，我们当然相信、预料到并且承认这些改变，但当事情涉及从这种承认中汲取希望或平静的时候，却又不自觉地加以否认。在日记里能够找到这样的证明，证明即使在今日看似无法忍受的处境中，我们也仍然生活着。环顾四周，并且写下了观察，证明了这只右手就像今天一样振笔疾书。如今我们虽然有机会综观昔日的处境，变得更为明智，但也因此更应佩服自己昔日在浑然无知的情况下仍旧努力不辍的那种无畏。

读了魏菲尔[1]的诗，我昨天整个上午脑袋里都像是雾气弥漫。有一刻，我担心这样的陶醉将会一路把我拉进荒谬之中。

前天晚上和威尔屈[2]的交谈很折磨人。我受惊的眼神在他的脸孔和脖子上来回游移了一个小时。有一次，我的面孔由于激动、软弱和愕然而扭曲，我不确定自己能否走出这个房间而不会对我们的关系造成长期的伤害。外面下着雨，是适合默默行走的天气，我松了一口气，然后心满意足地在"东方咖啡馆"前面等马克斯，等了一个小时。像这样等待、缓缓看向时钟、满不在乎地走来走去，对我来说几乎就跟躺在沙发上伸长了腿、把双手插在裤袋里一样舒服。（在半睡半醒之际，会以为双手根本不再插在裤袋里，而就像搁在大腿上的一双拳头。）

十二月二十四日。星期日。昨天在鲍姆家很愉快。我和威尔屈在那儿。马克斯在布列斯劳[3]。我感到自在，能够把每

---

1 魏菲尔（Franz Werfel，1890—1945），生于布拉格的犹太裔德语作家，卡夫卡与布罗德的好友，其小说和剧作在当时相当畅销，但他自认为写得最好的是诗。他后来娶了音乐家马勒的遗孀阿尔玛，在纳粹掌权之后流亡，移民美国，卒于加州。

2 威尔屈（Felix Weltsch，1884—1964），生于布拉格的犹太裔作家、哲学家，是"犹太复国运动"的重要成员，和布罗德与卡夫卡均为好友。一九三九年，当德军进驻布拉格时，他和布罗德乘最后一班火车逃离，流亡巴勒斯坦，在以色列复国后任职于耶路撒冷的国家图书馆。

3 布列斯劳（Breslau）在当时属于德国，"二战"之后划归波兰，现名弗罗茨瓦夫（Wrocław），是波兰第四大城市。

个动作都做到底，我回答问题，并且得体地倾听，叫嚷得很大声，偶尔说了句蠢话，也没被当成一回事，而是马上就烟消云散。和威尔屈一起在雨中步行回家的路上也一样；尽管有水洼和寒风，这段路程却结束得那么快，仿佛我们是搭车似的。我们两个在道别时都依依不舍。

小时候，当父亲说起"月底"或是 Ultimo[1] 时，我就感到害怕，至少是感到不舒服，身为生意人，他经常提起这个词。我并不好奇，而就算我问了，由于思考缓慢也无法及时消化那个回答，再加上偶尔浮现的一丝好奇仅仅是通过问答就已经能被满足，不会再要求要有意义，因此"月底"这个词对我来说一直是个尴尬的秘密（在更加仔细地聆听之后又加上了 Ultimo 这个词，尽管后者的重要性向来比不上前者）。糟糕之处在于，这个被担心了很久的"月底"从来无法完全度过，因为它过去时并没有特别的预兆，甚至也没有特别受到注意——很久以后我才察觉它总是在大约三十天之后来临——亦即当月初顺利来临时，大家就又开始说起"月底"，不过并未特别震惊，而我就不加审视地把这件事归入其他无法理解的事情里。

昨天中午我去找威尔屈的时候，听见他妹妹和我打招

---

[1] 这个源自拉丁文的词在德文里是"月底"的意思，是常见的商业用语。

呼，但我却没有看见她，直到她柔弱的身体脱离了我面前那张摇椅。

今天上午，我外甥接受割礼。一个弯腿的矮小男子，很熟练地处理了整个过程，他名叫奥斯特里茨，已经主持过两千八百次割礼。那个男婴不是躺在桌子上，而是躺在他祖父怀里，这使得手术变得困难，再加上动手术的人无法专注，必须喃喃地念诵祷词。男婴首先被重新包裹起来，只露出生殖器，无法移动，接着用一片有洞的金属板准确地隔开要割掉的部位，再用一把几乎很普通的刀去割，就像切鱼的刀。这时会看见鲜血和伤口，割礼师用留着长指甲的颤抖的手指在里面忙了一阵，从某处拉出一块皮肤来遮住伤口，就像拉出手套上的一根指套。一切很快就完成了，婴儿几乎没哭。现在就只需要再做一小段祷告。在祷告时，割礼师喝了葡萄酒，并且用他还沾着血迹的手指拿了点葡萄酒到婴儿嘴边。在场之人祈祷："他已经缔结了圣约，希望他习得《妥拉》的知识，缔结幸福的婚姻，并且行善。"

今天，我听见割礼师的助手在饭后祈祷，在场之人，除了婴儿的祖父和外祖父之外，都听不懂祷词，大家各自做着白日梦或是无聊地消磨着时间。我看得出来，西欧犹太文化正处于一个明显的过渡时期，其结果无法预见。那些首当其冲的人对此并不担心，而是逆来顺受，就像道地的过渡时期

◇ 割礼

的人。这些已经走到尽头的宗教形式，在目前的实践中就已经被公认为只具有历史意义，以至于似乎只需要在这个上午花一小段时间，通过传授割礼及其半唱半念的祈祷这个陈旧的习俗，来使在场之人对历史发生兴趣。

我几乎每天晚上都让勒维等上半个小时，昨天他对我说：这几天我在等待时，总是抬起头来望向您的窗户。我习惯提早抵达，起初看见那儿有灯光，于是假定您还在工作。接着灯熄了，而隔壁房间的灯还亮着，表示您在吃晚餐；然后您房间里的灯又亮了，表示您在刷牙；接着灯熄了，表示您已经走下楼梯，可是灯光随即又再亮起。

◇ 小文学

十二月二十五日。我通过勒维而获得的对华沙当代犹太文学的认识，以及我对当代捷克文学的认识（一部分是通过自己的观察），这些都显示出了文学创作的许多优点——心智的活动。团结外在生活中经常闲置且总是分散的国家意识。在面对具有敌意的环境时，国家为本国的文学感到自豪并借此得到支持，就好像是一个国家在写日记，这和书写历史截然不同，其结果是会有一种更加快速但经过了多方面检验的发展，提升公众生活的精神层面，同化让人不满的因素，并立刻加以利用，而这如果停滞不前就会造成损害。通过发行杂志来凝聚民众。着眼于整体，把国家的注意力集中在自己身上，只在反思里接受外国事物。尊敬文学创作者。暂时但影响深远地唤起成长中的年轻人去追求更崇高的事物。将文学事件纳入政治考量。使父子之间的对立变得高贵，并且有讨论的机会。以一种虽然格外沉痛但自由且值得原谅的方式来指出国家所犯的错误。书市蓬勃发展，因此有了自信和大众对书籍的渴求——所有这些作用都可能通过一种文学带来，这种文学发展的广度其实并没有什么不寻常的，只是由于缺少特别杰出的天才才给人这种印象。这样一种文学甚至比天才济济的文学更有活力，因为此处没有那种才华横溢、让大多数人不敢挑剔的作家，文学上的大规模竞争就会名正言顺。没被天才突破的文学因此也没有能让泛泛之辈出头的缺口。文学因此更有理由得到关注。个别作家将更能够保持独立自主，当然只是在国界之内。由于缺少令人拜服的国内典范，就阻止了完全没有能力的人去从事文学。就算是具有些许能力，也不足以受到目前文坛主流作家不显著之特征的影响，或是引进外国文学的成果，或是模仿已被引介的外国文学，这一点从下面这个例子就能看得出来。例如，在人才辈出的文学界里，像是德国文学，最差劲的作家在模仿时也仅限于国内文学。在上文中提及的几个方向中，一种个别而言差劲的文学格外显现出创造力和妙用，如果大家开始从文学史的角度来关注已逝的作家的话。他们的影响不容否认，不管是在当年还是如今，这些影响如此具体，甚至会取代他们的作品。当我们谈到后者（作品）时，心中所想的是前者（影响），甚至我们在读着后者时，也只看见前者。由于这些影响不容忘却，而作品无法自行影响记忆，也就谈不上遗忘或重新忆起。文学史呈现出不会改变而值得信赖的整体，一时的风尚只会造成些许损害。

小国的记忆力并不小于大国的记忆力，因此小国能把现有的材料处理得更为彻底。虽然研究文学史的专家比较少，但是文学更是整个民族的事，而不仅是文学史的事，因此就算它被保存得不那么纯粹，也很安全。因为小民族的国家意识对个体所提出的要求是，每个人都必须随时准备好去认识、承担、捍卫他该扛起的那一部分文学，就算他并不认识，也没有承担，至少仍然要去捍卫。

古老的文献会得到许多诠释，因为材料有限，诠释的精力只会因为担心这些材料太容易处理完了，以及大家一致感到的敬畏而减弱。一切都以最诚实的方式进行，只是会受到永远不会解除的约束，它不容许疲劳出现，并且这种约束还会通过举起一只巧手而散布开来。但约束不只阻止了远观，也阻止了内省，于是所有这些意见就会被一笔勾销。

由于缺少互有关联的人，也就少了互有关联的文学行动。（贬低个别事件，以便能高高在上地加以观察，或是高高吹捧，让人可以在它旁边沾点光。错了。）即使一件事往往被冷静地彻底地考虑过，我们也还是无法到达将此事与同类事情相连的边界，在面对政治时，最容易到达这个边界，在它出现之前，我们甚至努力想要更早看见它，而且经常到处都能发现这条收拢的边线。空间的狭窄，再加上对单纯与均衡的考虑，以及关于文学内在的独立自主使其与政治表面上的联结无伤大雅的考虑，这些都导致了文学通过紧抓着政治口号而在国内流传。大众普遍喜欢文学对小主题的处理，这些主题要小到只能消耗掉一小部分热情，而且具有引发争论的可能。通过文学思考的谩骂你来我往，在性格比较激烈的人当中则是飞来飞去。这些事在大文学里是暗中发生的，构成了一栋建筑里并非不可或缺的地下室，而在小文学里则是在光天化日下发生的；在大文学里引起少数人来暂时凑热闹的事，在小文学里则引来了所有人，仿佛此事攸关生死。

简略地列出小文学的特征

在任何情况下都有的正面效果。在个别情况下甚至效果更好。

1. 活力

    a）争论

    b）学校

    c）杂志

2. 去除束缚

    a）没有原则论

    b）小主题论

    c）较容易形成象征

d）摆脱能力不足的人

3. 普及性
    a）与政治的关系
    b）文学史
    c）对文学有信心，由文学自行制定其法则

一旦全身上下都感觉到了这种既有用又愉快的生活，就很难再改变心意了。

俄国的割礼。在整个家里，凡是有门的地方，都会挂上巴掌大小、印着犹太神秘教义符号的牌匾，这是为了在分娩到割礼那段时间保护婴儿和母亲免受邪灵的侵扰。在这段时间里，邪灵对母亲和婴儿来说可能特别危险，也许是因为她的身体大大地敞开了，所有邪恶的东西都容易进入，也因为婴儿在尚未接受割礼之前无法抵抗邪恶。因此，会请一个看护妇到家里来，不让婴儿的母亲有片刻是单独待着的。为了防御邪灵，在婴儿出生后七天之内，除了星期五以外，每天都会有十到十五个小孩（每天来的小孩都不同）在傍晚时分由助理教师带领，爬到婴儿母亲的床上，在床上背诵《听啊，以色列》的祈祷文，之后会请他们吃糖果。据说这些五到八岁的纯真孩童，能够特别有效地阻挡在傍晚时分格外活跃的邪灵。星期五会举行一场特别的庆典，而在一整个星期里会接连举办好几场宴席。邪灵在割礼的前一天最为猖獗，因此最后一晚要守夜，大家彻夜不睡，守在婴儿母亲身旁，直到早晨。割礼举行时，往往有上百位亲友在场，由其中最受尊敬的一位来抱婴儿。割礼师执行职务而不收取酬劳，不过通常都好酒贪杯，但由于他很忙碌，无法参加各场宴席，只能灌些烧酒，因此割礼师全都有着红鼻子，嘴里有酒臭。因此他们在动刀之后按照惯例用嘴巴吸掉婴儿生殖器上的血，这样其实不太卫生。之后会用锯木屑覆盖在婴儿的生殖器上，三天之后伤口就大致愈合了。

紧密的家庭生活似乎并不是犹太人共同的特点，对于在俄国的犹太人来说当然更是如此，毕竟基督徒也一样有家庭生活。妨碍了犹太人家庭生活的是，女性被禁止研习《塔木德》，于是当丈夫想要和客人谈论与《塔木德》有关的事物，亦即谈论他生活的重心时，女性就会退避到隔壁房间，或者应该说她必须退避到隔壁房间——因此，犹太人更独特之处在于他们经常利用每一个可能的机会聚在一起，不管是要祈祷、读经，还是要讨论与神有关的事物，或是参加大多具有宗教理由的宴席，而在这些宴席上只会适量地饮酒。他们简直就是逃向彼此。

歌德可能通过他作品的力量阻止了德语的发展。即使散文的风格曾经几度远离他，但最终，就像现在这样，还是带着更强的渴望回归于他，而且学来了一些歌德曾经用过，但除此之外和他并无关联的古老措辞，并为自己无边的依赖而感到高兴。

◇ 母亲的家族

我的希伯来文名字是安舍（Amschel），跟我母亲的外祖父同名。在母亲的记忆中，他是个虔诚而博学的人，留着长长的白胡子。他去世时我母亲六岁。她记得她必须握住遗体的脚趾，为可能冒犯了外祖父而请求宽恕。她也记得外祖父有许多书，摆满了好几面墙壁。他每天都在河里洗澡，冬天也一样，为了洗澡，他会在结冰的河上凿出一个洞。我的外祖母早早死于伤寒，从此，母亲的外祖母就变得郁郁寡欢，拒绝进食，不和任何人说话。在她女儿死后一年，她有一天出去散步后就没有再回来，别人从易北河里打捞出了她的尸体。比母亲的外祖父更博学的是母亲的曾外祖父，他在基督徒和犹太人之中都同样受到尊敬。在一次火灾中，由于他的虔诚而出现了奇迹：大火跳过了他的房子，使他的房子逃过一劫，周围的房屋则都被烧毁。他有四个儿子，其中一个改信基督教，成为医生。除了母亲的外祖父之外，其余几个儿子都早早去世了。母亲的外祖父有一个儿子，母亲记得他是疯舅舅纳坦，还有一个女儿，就是我的外祖母。

冲向窗户，在用尽全力之后感到虚弱，穿过碎裂的木板和玻璃，越过窗台。

十二月二十六日。又睡得很差,已经是第三夜了。就这样,我在无助的状态中度过了这三天的假期,而我原本希望能在这三天里写出可以帮助我度过一整年的东西。圣诞夜和勒维去散步,往星星夏宫的方向走。昨天观赏了《布吕玛或华沙的珍珠》。作者在剧名里用"华沙的珍珠"这个美名来赞扬布吕玛坚定的爱情与忠贞。齐席克太太露出纤细修长的脖子,这才显示了她脸孔的形状。克鲁格太太在唱一段节奏起伏的旋律时,眼中的泪光让听众垂下头来,我觉得这泪光的意义远远超出了这首歌、这出戏、全体观众的忧愁,甚至超出了我的想象。目光穿过后面的门帘看进更衣间,正好看见克鲁格太太穿着白色衬裙和短袖衬衫站在那里。我对观众的感觉没有把握,因此在内心努力激起观众的热情。昨天我和T.小姐及她的同伴说话时,态度圆滑亲切,这和我昨天就感觉到的自由有关,如同星期六时,我出于对世人的迁就和过度的谦虚而使用了一些尴尬的言语和动作,尽管我并不需要这么做。和母亲单独在一起时也感到轻松愉快;坚定地看着每个人。

如今很容易被想象成古老事物的例子:在通往林荫步道和郊游地点的路上乞讨的残疾人,未被灯光照亮的夜空,过桥费。

列出歌德自传《诗与真》里那些由于一种无法确认的特质而使人印象特别鲜明的段落，这印象和原本被描述的东西在本质上并无关联。例如，介绍歌德童年时期的段落，描述他生性好奇，穿戴体面，人见人爱，活泼好动，闯进所有熟人的家里，什么都想看，什么都想听。当我此刻翻阅这本书时，我找不到这些段落，所有的段落在我看来都很鲜明，带有一种无法超越的生动。我必须等待，直到我能够单纯地阅读，然后在适当的段落停下来。

聆听父亲谈他年少时必须忍受的苦难不是件愉快的事，他在叙述中不断暗藏着对当代人幸运处境的批评，尤其是他子女的幸运处境。没有人否认他当年由于缺少御寒的衣物，腿上有着长年无法愈合的伤口，也没有人否认他经常挨饿，十岁时就必须一大早推着一辆小车穿过村庄，在冬天里也一样——只是拿这些事和我不曾遭受过这些苦难这件事来比较，丝毫不能得出我比他幸运这样的结论，丝毫没有理由让他因为当年腿上的伤口而自命不凡，也没有理由让他从一开始就认定我无法体会他当年的辛苦，认为我应该对他怀有无限的感激，只因我不曾遭受过相同的苦难。当他说起他的童年和他的父母时，我本来是多么乐于倾听，可是听他用吹嘘和争吵的口气述说这一切却是种折磨。他总是把双手一拍说："今天还有谁晓得！这些孩子知道些什么！谁也没遭遇过!如今的小孩哪里懂得!"今天茱莉姑姑来拜访我们,父亲又说了类似的话。姑姑也有一张大脸,就跟父亲这一边所有的亲戚一样。眼睛的位置或颜色稍微有一点不对劲。她十岁时就受雇去替人煮饭,在严冬里必须穿着潮湿的短裙步行,腿上的皮肤裂开了,裙子也冻住了,直到晚上在床上才干。

十二月二十七日。一个注定没有子女的不幸之人被禁锢在他的不幸中。不论何处都没有重生的希望,也没有希望得到较好的运势的帮助。他只能让这种不幸牢牢附着在他身上,等他的人生之路走完,就必须认命,无法再延续,无法去尝试看看在更长的路途上、在不同的身体状况和时代状况之下,他所遭受的不幸是否会消失,或者甚至能够带来某件好事。

◇ 两个地洞

我在写作时有的那种不对劲的感觉可以用这个画面来描述:一个人在两个地洞前面等待一个东西出现,它只能从右边那个地洞里出来。可是,当右边的地洞在一个隐约可见的盖子下面没有动静时,左边的地洞里却有东西一个接一个地爬出来,试图把这个人的视线拉到自己身上,最后也毫不费力地达到了目的,因为它们占据的范围越来越大,最后甚至把右边的洞口也遮住了,不管这个人怎么阻挡都没用。而现在，如果这个人不想离开这个地方——他无论如何也不想离开——他就得仰赖这些东西，但由于它们短暂易逝——单是爬出来就已经耗尽了它们的力气——它们无法满足这个人。此人趁着它们因为虚弱而停下来时把它们赶向四面八方，只为了让其他东西出现，因为这持续出现的景象令人难以忍受，也因为还有希望，希望在这些不该出现的东西耗尽之后，真正该出现的东西将会冒出来。

上述这个画面是多么让人无力。在实际的感受和比喻之间像是隔着一块木板，隔着一个没有关联的假设。

十二月二十八日。那间工厂给我带来的痛苦。当别人要我答应每天下午去那里工作时，我为什么任由此事发生？虽然并没有人用暴力强迫我，但是父亲用他的指责、卡尔用他的沉默和我的罪恶感迫使我答应。我对工厂的事一无所知，今天上午委员会来视察时，我毫无用处地站在那里，像是挨了揍一样。我否认我有机会去了解工厂运作的所有细节。就算我能通过问个不休、打扰所有相关人士来了解工厂运作的细节，这又达到了什么目的？这种知识对我没有实际的用处，我只适合做表面功夫，并由我的主管加以润饰，使之看起来像真正的好的表现。另一方面，由于精力被徒然耗费在这间工厂上，我被剥夺了把下午这几个小时用在自己身上的机会，这必然将导致我生存的全然毁灭，而我的生存本来就已经越来越受限了。

今天下午外出时，有几步路之久，我在想象中看见上午令我心生畏惧的那些委员朝我迎面走来或是和我偶遇。

十二月二十九日。歌德自传里那些鲜活的段落。第二百六十五页："因此我拉着我的朋友进了树林。"

歌德，第三百零七页："在这几个小时里，我就只听见有关医学或自然史的谈话，而我的想象力被拉进了一个截然不同的领域。"

通过丰富有力的回忆而增长的力量。一道独立的尾波被转向我们的船，对自身力量的意识和力量本身随着增强的作用而提高。

结束一篇文章，哪怕是一篇短文，其困难之处不在于我们觉得要结束这篇作品需要一把火，而这篇文章的实际内容无法自行产生这把火；困难之处其实在于，就连最短的文章也要求作者有一种自满和忘我，要脱离这种自满和忘我、走进寻常生活，在没有强烈的决心和外在的激励的情况下很难做到，因此在圆满结束、作者可以静静地溜走之前，作者会被不安所驱使，想要逃走。用来完成文章结尾的双手不仅必须工作,还必须抓紧自己。

十二月三十日。我的模仿欲和演员的模仿无关,主要是缺少一致性。我无法全面性地模仿那些醒目的整体特征,类似的尝试总是一再失败,因为这违反我的天性。相反地,我能够本能地去模仿细节,模仿某些人摆弄手杖的方式,模仿他们双手的姿势、手指的动作。我毫不费力就能做到。但正是这种毫不费力、这种对模仿的渴望使我和演员相去甚远。因为毫不费力,所以没有人察觉我在模仿。只有我对自己满意的赞赏(更多时候是不情愿的赞赏)向我显示出我的模仿是成功的。而内心的模仿远远超过表面上的模仿,这种内心的模仿是如此强烈,以至于在我内心根本没有多余的位置来观察并确认这种模仿,只有事后在回忆中它才被意识到。但是这种内心的模仿也十分彻底,顿时就取代了我自己,假如是在舞台上,就会让人无法忍受,当然前提是它能被看出来。我们不能指望观众接受超出表演极限的东西。如果一个演员按照剧情要殴打另一个演员,而在激动之下、在过度奔放的情感中,真的打了下去,使得另一个演员痛得大叫,那么观众就必须恢复一般人的身份出手干预。这种情况很少发生,但比较不严重的类似的情况却发生过无数次。蹩脚演员的问题并不在于他不擅长模仿,而是由于缺少训练、经验和天赋,模仿了错误的对象。但是他最根本的错误还是在于他无法守住表演的界限，模仿得太过头了。他这样做是因为，他对于演员在舞台上应有的表现只有模糊的概念。就算观众之所以认为这个或那个演员演得不好，是因为他呆板地杵在那里，用指尖搓弄着口袋边缘，不得体地双手叉腰，分心去听提词的人提示台词，不管情境如何改变，仍然不计代价地保持着胆怯的严肃，但归根结底，这个在舞台上突然冒出来的演员之所以蹩脚，只是因为他模仿得太过头了，尽管他只是按照他的想法去做。

十二月三十一日。正因为他的能力有限，他才唯恐没有使出浑身解数。就算他的能力并非小到不可分割，他也不想泄露这个事实：如果用上他的意志力，在某些情况下他可以只用到部分本领。

早上我要写作时感觉神清气爽，但此刻想到下午我要朗诵给马克斯听，这个念头就彻底阻碍了我写作。这也显示出我缺少维系友谊的能力，如果友谊在这层意义上是可能的。一份友谊不可能不被日常生活打断，就算友谊的核心没有受损，友谊的表现却常常被抹去。当然，友谊会从并未受损的核心再度形成，但是这需要时间，而且也未必能够成功，即使撇开个人情绪的变化不谈，友谊也永远无法从上一次中断之处再接续起来。因此，如果友谊的基础深厚，在每一次再度相遇之前，势必会产生一种不安，它未必会大到使人察觉，却可能会干扰谈话和举止，使人感到惊讶，尤其是因为不明白其原因，或是无法相信其原因。所以，我要怎么朗诵给马克斯听，甚至在写下下面这段话时想着我将把这段朗诵给他听？

另外，令我心烦的是，今天上午我翻阅着我的日记，想着我可以朗诵什么给马克斯听。而在这番检视中，我既没有觉得我所写的东西特别有价值，也没有觉得它们应该被干脆地扔掉。我的评价介于两者之间，而比较接近前者，但并不是说，根据我所写的东西的价值，我应该认为自己已经枯竭，尽管我有点虚弱。尽管如此，看见我所写的东西的重要性，我还是在接下来这几个小时里从自己写作的泉源分了心，这几乎无法挽回，因为我的注意力在同一个河道的下游消失了。

有时候我以为自己在中学时期和那之前能够十分敏锐地思考，只是由于后来记忆力减弱，如今无法再适当地判断这一点，但有时我又看出自己糟糕的记性只是想要迎合我，而我其实非常懒得思考，至少在那些本身并不重要但后果严重的事情上是这样。我记得，我在中学时经常和贝格曼以类似《塔木德》的风格辩论上帝的存在，这风格若非我自有的，就是从他那里学来的，尽管辩论得不是很彻底，当年我可能就已经很容易疲倦了。那时，我很喜欢延续在一本基督教杂志（我记得名称是"基督教世界"）里找到的主题，在其中，世界被比喻成一个时钟，上帝被比喻成钟表匠，它想用钟表匠的存在来证明上帝的存在。按照我的看法，我可以在贝格曼面前很好地驳斥这个论点，即使这种驳斥在我心中并没有坚实的根据，而我必须像玩拼图一样先把它拼凑起来才能运用。这样的驳斥有一次发生在我们绕着市政厅塔楼行走的时候。我之所以清楚记得这件事，是因为几年前我们曾经一起回想起这件往事。

可是，当我自认为在当中表现不凡时——我会这样做就只是因为想要表现不凡，也喜欢发挥影响力——我却因为考虑不周而容忍自己穿着差劲的衣服到处跑。我的衣服是爸妈轮流请不同的裁缝剪裁的，最早是努斯勒区的一个裁缝。我当然注意到我的着装特别差，要看出这一点很容易，当别人衣冠楚楚的时候我也看得出来，只是在很多年里我都没有能够看出自己模样可悲的原因在于我的服装。由于当时我已经逐渐习惯看轻自己，未必是在现实中，而是在预感中，我深信那些衣服就只是因为穿在我身上才会先是如同木板般僵硬，后来又变得皱巴巴的。我根本不想要新衣服，因为既然我已经模样难看了，我至少想要穿得舒服一点，另外也想避免向已经习惯那些旧衣服的人展示新衣服的丑陋。母亲经常想找人替我做新衣服，因为她以成年人的眼光还是能够看出新衣服和旧衣服之间的差异的。我却总是长时间地抗拒，这种抗拒又反过来影响了我，使我必须在父母的证实下自认为我不在乎自己的外表。

◇ 差劲的衣服

1912 年

Kafka Tagebücher

这一年,在卡夫卡的创作与感情生活中都出现了前所未有的重大事件。

春季,卡夫卡开始写作他的第一部长篇小说《失踪者》的第一稿,但他不是很满意。六月末,经布罗德牵线,他与沃尔夫出版社创办人会面,最终答应出版自己的第一本书,也就是后来的短篇集《沉思》。然而,卡夫卡对于这一出版计划只是勉为其难地答应下来,不甚热心。

八月十三日晚,卡夫卡带着他选编的《沉思》书稿去布罗德家商讨,在那里遇到来自柏林的菲莉丝。约一个月后,卡夫卡给菲莉丝写了第一封信,从此一发不可收拾,在接下来五年间总共写了五百多封信。

九月二十二日,在开始写信给菲莉丝后不久,卡夫卡一夜之间写出了短篇小说《判决》，并题献给菲莉丝。这篇出色的小说是卡夫卡早年经验的总爆发，也可以说是卡夫卡觉得满意的第一篇小说。

《判决》的诞生大大地鼓舞了卡夫卡，也开启了他人生中的第一个创作高峰。他接下来马上开始写《失踪者》的第二稿，到年底为止，至少已完成了六章。而在写作《失踪者》期间，卡夫卡最脍炙人口的小说《变形记》，则作为一个插曲被创作出来。

一月二日。于是，差劲的衣服也影响了我的身体姿势，我驼着背走来走去，歪着肩膀，手臂和双手不知道该往哪儿摆。我害怕去照镜子，因为镜中的我显现出在我看来无法避免的丑陋，而这样的丑陋本来就不可能如实地被映照出来，因为假如我真的这么丑，我想必会更加引人注目。周日出门散步时，我忍受着母亲轻轻拍我的背，忍受着过于抽象的告诫和预言，我看不出这些告诫和预言跟我当时的烦恼有何关联。根本上，我缺少为真正的未来预先做准备的能力，哪怕只是预先做一点点准备。我的思考停留在当下的事物和它们当下的情况中，并非由于认真彻底，也并非由于过分执着，而是由于忧伤和恐惧（如果这并非由于思考上的缺陷）。忧伤是因为，我觉得当下是如此悲哀，我认为我不可能在它化为幸福之前离开它。恐惧是因为，一如我害怕在当下迈出一小步，我认为凭我那让人瞧不起的幼稚行为，我也不配认真地扛起责任去评判身为男性的远大未来，而且大多数时候，我也觉得这个未来不可能存在，以至于每一次小小的前进都让我觉得是假的，而下一步就无法企及。

　　比起真正的进步，我更容易承认奇迹，但是我太冷静了，无法不把奇迹和真正的进步区分开来。因此，我在入睡之前会花很多时间幻想着自己有朝一日将成为一个富有的

◇ 续差劲的衣服

人，驾着四驾马车驶进犹太城，一声令下，解救一个被无理殴打的美丽少女，用我的马车带着她扬长而去。这种胡思乱想也许只是由一种已经不健康的性欲所助长的，但它也不影响我确信自己将无法通过年底的考试，就算通过了，下一年我也无法升级，即使靠着作弊能够升级，最终也肯定无法通过毕业考。终有一刻，我将会由于表现出自己的异常无能，而使父母和其他人大吃一惊，之前他们因我表面上的正常升级而感觉不出我的无能。然而，由于我一向只把自己的无能视为未来的指标——很少把我薄弱的文学创作视为指标——思考未来从不曾给我带来任何好处，它只是为我延长了当下的忧伤。只要我想，我虽然能够抬头挺胸地行走，但是那令我疲倦，而且我看不出自己弯腰驼背的姿势会在未来对我造成损害。如果我有未来，那么一切自然就会步入轨道，这是我的感觉。我之所以选中这个原则，并不是因为它包含着对未来的信赖（我反正并不相信未来的存在），而只是因为它有一个用途，就是使我的生活轻松一点；让我以最不费力气、最不需要勇气的方式行走、穿衣、洗澡、阅读，尤其是把自己关在家里。如果超出这个范围，我就只想得出可笑的办法。

有一次，我似乎不能再没有一件黑色礼服了，尤其是我还要做出决定是否参加一门舞蹈课。努斯勒区的那个裁缝师被唤来商量剪裁的事。在这种情况下，我一向拿不定主意，我不得不担心，如果我作出明确的答复，我不仅会被拉进令人不愉快的下一步，还会被拉进更糟的情况里。起初我不想要黑色礼服，但当家人当着陌生人的面指出我没有节庆日穿的衣服时，我感到丢脸，我容忍了他们提出做一套燕尾服的建议；可是因为我认为燕尾服是一种可怕的大改变，所以大家虽然会谈起，但是一直做不了决定，于是我们一致同意做一套小礼服，它和寻常的西装外套相似，至少让我觉得能够忍受。可是当我听见小礼服的背心必须是低领口的，我还要穿一件浆过的衬衫时，我就打定了拒绝的主意，这种坚决几乎超出了我的力量，因为这件事非制止不可。我不想要这种小礼服，而是想要一件可以高高扣紧的小礼服，如果一定要的话，可以再加上丝绸衬里和边饰。裁缝没见过这种小礼服，但是他说，不管我怎么想象这样一件外套，要穿来跳舞是不可能的。好吧，那么就不把它当成穿来跳舞的衣服，我也根本不想跳舞，上舞蹈课的事也还根本不确定，但我想要裁缝师为我缝制我所描述的那件外套。这下裁缝师更加目瞪口呆了，因为一直以来，碰到要做新衣服时，我总是害羞地匆匆量身和试穿，不曾表示过意见和愿望。因此，在母亲的催促下，尽管尴尬，我也没有别的选择，只好和他一起穿过老城广场，来到一家卖二手衣物的商店门口，橱窗里曾有一件像这样单纯的小礼服，很长一段时间以来我看见它摆在那里，并且认为我用得上它。不巧的是，它已经从橱窗里被移走了，就算费力张望，也看不出它在店里，而我不敢只为了瞧一眼那件小礼服而走进店里。我们又恢复到先前意见相左的状态了。我却觉得,由于白跑了这一趟,这件未来的小礼服已经受到了诅咒,至少我把不愉快的争执当成借口,随便定制了一点小东西,再针对这件小礼服敷衍了几句,把裁缝师打发走了,留下受到母亲责备而疲倦的我,从此永远——发生在我身上的一切都是永远——与女孩、优雅的举止和跳舞娱乐无缘。这件事同时令我感到愉悦和悲哀,此外,我也担心自己在裁缝师面前出了洋相,这在他的顾客中是前所未有的。

一月三日。在《新观察》季刊里读了很多文章。读了小说《赤裸的人》[1]的开头,整体而言不够清楚,细节上无可挑剔。霍普特曼的剧作《盖布里耶·席林的逃亡》。人的教育。在好坏两方面都具有教益。

除夕。我原先打算下午从日记里挑几段朗诵给马克斯听,我期盼这么做,但后来没能实现。我们的感觉不一致,这天下午,我在他身上察觉到一种斤斤计较和匆忙,他几乎不是我的朋友了,但仍然强势地左右了我,使我看见自己用他的眼光在日记本里翻来翻去,总是翻到同样的那几页,而我觉得这样翻来翻去令人厌恶。在这种彼此紧绷的状态中一起写作,当然是不可能的,因此我们在互相的抗拒之下写成

---

1 《赤裸的人》(*Der nackte Mann*)是德国小说家艾弥尔·史特劳斯(Emil Strauß, 1866—1960)的作品,于一九一二年出版。

的那一页《理查德与山缪》,就只是证明了马克斯的干劲,除此之外很差劲。除夕夜在萨达的餐厅聚会。感觉还不错,因为威尔屈和基希都在,还有一个新朋友加入,我最后还是和马克斯言归于好了,不过就只是在那群人当中。在护城河街上拥挤的人潮中,我握了握他的手,但没有看着他,我把三本日记紧紧抱着,记忆中我直接自豪地走路回了家。

在街上一栋新建筑前面,火焰围着一座熔炉以羊齿蕨的形状往上蹿。

在我身上可以清楚地看出对写作的专注。当身体组织明白了写作是我的本质中最有产能的方向时,一切都往那儿涌去,而让其他的能力闲置,例如享受饮食男女、哲学思考,尤其是享受音乐的能力。我在所有这些方面的能力都日渐萎缩。这是必要的,因为我的全部力量是如此微小,集中起来就只能勉强用来写作。这个目标当然不是我自己有意识地发掘的,是它自己发现了自己,而它如今就只受到办公室工作的阻碍,但这却是彻底的阻碍。总之,我不能惋惜于我受不了有个情人,不能惋惜于我对爱情几乎就像对音乐一样一窍不通,只能满足于最肤浅的效果,不能惋惜于我的除夕晚餐是洋牛蒡加菠菜,配一杯果汁,不能惋惜于我无法参加马克斯周日的朗诵会,他要朗诵他的哲学作品;能弥补这一切的东西就摆在眼前。我的发展已经完成,放眼望去,我已经没有别的东西可以贡献,我只需要抛开办公室的工作,以便展开我真正的人生。在我真正的人生里,我的脸将终于能够随着我工作的进展而自然地老去。

一番谈话骤然反转,首先详尽地说起内心最深处的烦忧,接着谈起下一次要在何时何地碰面,要考量哪些情况,这虽然没有打断先前的谈话,但当然也不是接续了这番谈话。如果这番交谈还以握手结束,那么人们分手时就会暂且相信我们的生活有着纯粹而坚固的结构,并且对此怀有敬意。

在一部自传中,免不了会在依据事实应该写"有一次"的地方写了"经常"。因为我们始终意识到,记忆汲取自黑暗,而"有一次"这个词将会把黑暗炸碎。"经常"这个词虽然也无法完全不损及黑暗,但这种黑暗至少在书写者眼中被保存下来,并且带着他经过他的人生中也许根本不曾存在的片段,来代替他在记忆中即使凭直觉也无法再触及的部分。

一月四日。我只是出于虚荣才这么喜欢朗诵给妹妹听(以至于今天太晚才开始写作)。我并非深信在朗读中能够获得重大的成就,而是受到欲望的控制,想努力靠近我所朗诵的优秀作品,使我和它们合而为一。这不是由于我的功劳,而只是由于聆听我朗诵的妹妹被激发的注意力，让我也在虚荣的掩饰之下参与了这篇作品所产生的一切影响。因此，在妹妹面前，我的确朗诵得可圈可点，用极端的精准来加重语气，因为事后我不仅会受到自己的奖赏，也会得到妹妹很大的酬谢。

可是，如果我是在布罗德或是鲍姆或是其他人面前朗诵，大家想必就会受不了听我朗读，这是因为即使他们不知道我平常朗读得多好，我也会要求得到称赞。因为我看出听众清楚地意识到我和所朗诵的作品之间的分隔，我无法做到和所朗诵的作品合而为一，而不至于觉得自己可笑。我的这种感觉无法指望得到听众的支持，我用声音绕着要朗诵的作品飞舞，试着从此处或彼处进入，因为这是听众想要的，但我并没有认真打算这么做，因为别人并没有真心期望我这么做；听众真正想要的是不带虚荣心、冷静且保持距离的朗诵，只在由衷感受到热情时才变得热情，这我做不到；可是，尽管我认为自己勉强接受了我在妹妹之外的人面前朗诵得不好的事实，我的虚荣心仍然会表现出来，亦即如果有人对我所朗诵的作品有所批评，我就会觉得委屈，会涨红了脸，想要赶紧往下念，一如我一旦开始朗读，就想要没完没了地读下去，不自觉地渴望在这漫长的朗诵中，至少在我心里，会产生那种与所朗诵的作品合而为一的感觉，那种既虚荣又虚假的感觉。但我忘了，我在当下将永远不会有足够的力量，用我的感觉去影响听众的全盘感知，也忘了在家里一向是妹妹引发了我所渴望的这种错觉。

一月五日。这两天以来，只要我想，我随时都能在自己身上发现冷淡和漠然。昨天晚上散步时，我觉得街道上每一种小小的声响、每一道投向我的目光、橱窗里的每一张照片都比我更重要。

单调一致。历史。

◇ 出门

晚上你似乎终于下定决心留在家里，换上了居家外套，晚餐后坐在灯火通明的桌旁，打算做点事或玩个游戏，之后按照习惯上床睡觉，外面天气不好，这使得留在家里变得顺理成章，你已在桌旁静坐良久，起身走开不仅会惹得父亲生气，也势必会使家人讶异。此刻，楼梯间已是一片漆黑，楼下的大门已经关闭，你顾不得这一切，由于忽然心神不宁而站起来，换了外套，立刻穿好外出服出现，声称你必须外出，在简短的道别之后随即出门。你关上公寓大门，从而切断了家人对你出门一事的议论。视你关门的速度而定，这引发了或多或少的不悦。等你到了街上，四肢变得格外灵活，以报答你为它们争取到的这意外的自由。通过这一决定，你感觉到心中所有的果断都被激发，以其非比寻常的重要性让你认识到，你具有的力量大于所需要的力量，它能轻易地促成最快速的改变且对此加以承受；独处时，你在理智与平静中成长，并享受着理智与平静。那么，你在这一夜就这么彻底地走出了家庭，再远的旅程也不会带你离开得那么彻底，而你体验到了一种对欧洲人而言极端的寂寞，这只能被称为俄国式的体验。这种体验还会更加强烈，如果你在夜深时去探访一个朋友，去看看他是否安好。

威尔屈受邀来观赏克鲁格太太的募款演出。勒维在街上等我，倚着一片屋墙，右手绝望地搁在额头上，他头痛得厉害，这很可能表示他的头部有严重的毛病。我把他指给威尔屈看，威尔屈从沙发上朝着窗户俯下身子。我想这是我这辈子第一次以这种轻松的方式在窗前观察街道上一件与我密切相关的事。我从福尔摩斯的故事里熟悉了这种观察。

一月六日。 昨天看了范恩曼[1]的剧作《代理国王》(*Vice-könig*)，这些剧作里的犹太特质不再能够打动我，因为它们过于单调，退化成一种哭哭啼啼，而且对于零星的情感爆发感到自豪。看头几出戏时，我自以为遇到了一种蕴含着我们族人起源的犹太文化，它们逐渐朝着我的方向发展，因此将能启发我，带着我前进，但是我听得越多，它们离我就越

---

[1] 范恩曼（Sigmund Feinman，1862—1909），生于今摩尔多瓦（当年属于俄国）的意第绪语演员兼剧作家，曾与知名剧作家戈尔丁合作而活跃于纽约舞台。

远。当然，这些人还留了下来，而我就抓住他们不放。

克鲁格太太举办募款演出，因此唱了几首新曲子，也讲了几个新笑话。但只有她出场时唱的那首歌让我全然沉醉，之后我主要是注意了她外表的每个小细节，她唱歌时伸出的双臂，拧出响声的手指，卷得紧紧的鬓角鬈发，背心底下平坦无邪的薄衬衫，在享受一个笑话的效果时噘起的下唇（"你们瞧，我能说各种语言，但是要用意第绪语来说"），她肥胖的小脚穿着白色厚袜子，脚趾后面的部分被挤在鞋子里。但是她昨天唱的新曲子削弱了她对我的影响，这个影响在于，某个人在此处展现自我，找到了几个笑话和几首歌，以最完美的方式呈现出自己的个性和全部的力量。当这番呈现成功了，一切就随之成功；如果我们喜欢让此人经常对我们产生影响，那我们自然不会由于同样的歌曲一再重复而感到迷惑（在这一点上也许所有的听众都和我看法一致），反而会乐于接受，视之为帮助我们变得专注的手段，就好比在演出时熄掉表演厅里的灯光，并且在这个女子身上看出我们所寻找的那种无畏与自信。当这些新曲子出现时，它们并未呈现出克鲁格太太新的一面，因为从前那些旧歌曲已经完美地呈现出她整个人了，因此，这些歌曲本身要求得到听众的重视，而听众却根本没有理由这么做，于是这些歌曲转移了听众对克鲁格太太的注意，同时又显示出她自己在演唱这些新曲子时也感到不自在，表情和动作有时错误、有时过度夸张，不免令听众感到不悦，唯一的安慰是，她从前完美的演出以其无法撼动的真实在听众的记忆中如此根深蒂固，因此他们不会受到眼前这一幕的干扰。

一月七日。可惜齐席克太太所表演的角色总是只呈现她性格的核心。她总是饰演突然遭受不幸、被人嘲笑、受到侮辱、饱受委屈的女性，但是这些角色却没有足够的时间以自然的顺序来发展。从她饰演那些角色时自然涌现出的力量，就能看出她有多大的潜力，由于她内涵丰富，那些角色只有在被表演时才制造出高潮，而在剧本中则只是一种暗示。——她的一个重要动作是通过颤抖的臀部表现战栗，臀部的姿势略微僵硬。她幼小的女儿有一侧的臀部似乎完全僵硬。——当演员们互相拥抱时，他们按紧了彼此的假发。

不久前，当勒维和我上楼去他房间，打算朗诵他写给波兰作家农贝格[1]的信给我听时，我们在楼梯间遇到齐席克夫妇。他们捧着《晚祷》的戏服上楼，回他们的房间，戏服像无酵饼一样用薄纸包着。我们在楼梯上站了一会儿。我用栏杆支撑双手和话语的重音。她那张大嘴在我面前，离我很近，呈现出令人惊讶却又自然的形状。这番谈话因为我的错，眼看就要结束得一塌糊涂，我急于表达所有的爱意与忠诚，结果就只指出了剧团的生意很差，能演的戏码都演完

---

[1] 农贝格（Hersh David Nomberg，1876—1927），以意第绪语写作的波兰作家，也是波兰"犹太民族党"的共同创建者，是华沙意第绪语文坛的重要人物。

了，所以他们没法再在此地久留，而布拉格的犹太人对他们兴趣缺缺，这实在令人无法理解。她邀请我周一来观赏《逾越节之夜》，尽管这出戏我已经看过了，届时我就能听到她唱《以色列的创造者》这首歌，她记得我曾说过这是我特别喜欢的歌曲。

"耶什华"（Jeschiwes）是研修《塔木德》的高等学校，在波兰和俄国的许多犹太社区里都有。学校的花费不算大，因为大多设置在一栋老旧不堪的建筑里，除了教室和学生的寝室，校长及其助手的宿舍也在其中，而校长平时也要负责社区里的其他工作。学生无须支付学费，由社区成员轮流供给三餐。尽管这些学校是建立在虔诚信仰的基础上，但它们也是叛教者革新思想的摇篮，因为那些年轻人远道而来在此聚集，尤其是那些出身贫穷、精力旺盛、离家出走的年轻人。由于这些学校对学生的监督并不十分严格，这些年轻人完全仰赖彼此，而研修最主要的部分就在于一起读经，并且向彼此解释艰深的段落。这些学生各自的家乡对于信仰都一样虔诚，并不需要特别加以叙述，但是受到压抑的进步思想却以形形色色的方式在各地增加或减少，因此总是有很多故事可说。再加上，那些被禁的前卫文章总是只零星地握在个别人手中，而在研修学校里，这些文章从四面八方汇聚在一起，格外能产生作用，因为每个持有文章的人不仅传递了文章，也一并传递了自己的热情。基于这种种原因及其后果，近年来，所有怀着进步思想的诗人、政治人物、记者和学者都是这些学校培养出来的。因此，这些学校一方面在那些特别虔诚的人眼中名声日趋败坏，另一方面却又吸引了更多怀有进步思想的年轻人。

一所有名的"耶什华"学校位于奥斯特罗（Ostro）这个小村庄，从华沙搭乘火车前往那里需要八小时。整个村庄其实只是围着一小段公路的一块地方，勒维声称那段公路就只有他的手杖那么长。有一次，一个伯爵乘坐四驾马车旅行，停在奥斯特罗，最前面两匹马和后半截车身就已经在村庄外了。

勒维大约十四岁时，觉得家中生活的束缚难以忍受，决心搭车前往奥斯特罗。他在傍晚时分离开读书室时，父亲拍了拍他的肩膀，顺便要他待会儿去找他，说他有话要对他讲。因为除了挨骂显然不会有别的事，勒维就直接从读书室前往火车站。他没带行李，只穿着一件比较好的长袍，那天是星期六，他带着他所有的钱（他一向随身携带），搭晚上十点的火车前往奥斯特罗，并在早晨七点抵达。他直接到"耶什华"学校去，并未引起骚动，因为人人都可以入学，并不需要特别的条件。引人注意之处在于他偏偏想在夏季入学，这不太寻常，也在于他穿着一件质料好的长袍。但是大家也很快就接受了，因为年轻人很容易混熟，他们因为对犹太教的信仰而关系紧密，这种紧密的程度是我们不熟悉的。他在学习时表现优异，因为他在家里就已经懂得很多知识。他喜欢和那些陌生的少年聊天,当他们得知他有钱时,就都来向他兜售东西。有一个少年想要卖"天数"给他,他感到格外讶异。所谓"天数",指的是可免费用餐的餐桌座位,之所以可以出售,是因为社区成员免费供餐只是为了取悦上帝,并不在意坐在桌旁用餐的人是谁。如果有个学生特别机灵,他就可能在一天里能在两个地方免费用餐。由于餐点不是很丰盛,重复用餐不是问题,在吃了一顿之后,还可以再欣然享用第二顿,偶尔也会发生一天里虽然有双份餐点可吃,但另外几天却没得吃的情况。尽管如此,如果有机会以好价钱出售这种额外的免费用餐座位,每个人都很高兴。如果有人像勒维这样在夏天入学,这时免费用餐的座位早已分配完毕,就只能通过购买来获得,因为在一开始时多出来的免费用餐座位早就被投机分子占了。

在"耶什华"学校里过夜很难受。虽然窗户全都开着,因为夜里很暖和,但是弥漫在房间里的臭味和热气却不肯散去,学生由于没有床,就在他们先前所坐的地方席地而睡,没有换衣服,就穿着原本汗湿的衣物。所有的东西都满是跳蚤。到了早上,每个人都只把手和脸匆匆用水蘸一蘸,就又开始研读经书。大家多半一起学习,通常是两个人共读一本书。讨论经书往往让好几个人联结在一个小圈子里。校长只偶尔讲解最困难的段落。勒维在奥斯特罗待了十天,但是吃住都在旅馆里,虽然他后来找到了两个意气相投的朋友(要找到朋友并不容易,首先得小心地检验对方的思想观点以及能否信赖），但他还是很乐意再次回到家里，因为他习惯了有秩序的生活，也忍不住想家。

大房间里先是传出玩牌的喧闹，后来父亲聊天的声音大了起来，尽管只是东拉西扯，在他身体健康的时候这是常态，一如今天。那些话语只在没有形状的噪声里构成小小的张力。妹妹的房间里睡着小菲利克斯，房门整个地敞开着。在另外一侧，我在我的房间里睡着。考虑到我的年纪，我房间的门是关着的。此外，打开的房间也暗示着家人还想吸引菲利克斯加入，而我则已经被排除在外。

昨天去鲍姆家。斯特罗布尔[1]原本要来，但是去了剧院。鲍姆朗诵了副刊上的一篇文章《谈民谣》，后来又朗诵了《命运的游戏与严肃》里的一章，写得很好。我态度冷淡，心情不好，没有获得清晰的完整印象。在雨中回家的路上，马克斯向我谈起写作《伊尔玛·波拉克》的计划。我无法坦承我的情况，因为马克斯永远无法真正地表示尊重。因此我无法坦率，而这最终败坏了我对一切的兴致。我是那么自怨自艾，宁可在马克斯的脸庞处于黑暗中时对他说话，尽管这样一来，我的脸就位于光亮中，很容易泄露出我的心情。但是那本小说的神秘结尾还是穿过一切障碍打动了我。道别之

---

[1] 斯特罗布尔（Karl Hans Strobl, 1877—1946），当时在布尔诺（捷克第二大城）担任财政官员的作家，为当地报纸撰写文学和戏剧评论。

后，在回家的路上，我懊悔自己的假装，对不得不假装感到痛苦。我打算用一本专门的笔记本来写我和马克斯的关系。凡是没有写下来的东西都会在眼前闪烁，视觉上的巧合将决定整体的判断。

我躺在沙发上，两边的房间里都有人在大声说话，左边只有女子，右边主要是男子。我觉得他们就像是些无法驯服的野蛮生物，他们不知道自己在说些什么，就只是为了让空气震动而说话。他们在说话时仰起头来，目送着他们说出的话语。

这个阴雨绵绵的安静的周日就这样流逝了，我坐在卧室里，不受打扰，却没有下定决心写作，换作是前天，我会想要倾注全力去写作，此刻我却久久盯着自己的手指发呆。我认为自己这个星期完全受到了歌德的影响，而这种影响的力量已经耗尽，因此我就变得不中用了。

罗森费德一首描述海上暴风的诗里有这两句："魂飞魄散，瑟瑟颤抖。"在背诵时，勒维扭绞着他额头和鼻根的皮肤，我原本以为只有双手才能这样扭绞。朗诵到他认为最可能打动我们的段落时，他会朝我们走近，或者应该说，他会通过使他的模样更加清晰来把自己放大。他只稍微走向前，睁大眼睛，用心不在焉的左手拉扯他的外套，把大大张开的右手伸向我们。我们就算没有被打动,也应该尊重他的感动,并向他解释诗中所描述的灾难何以会发生。

画家阿舍尔[1]要我当他的裸体模特儿,他要画圣赛巴斯蒂安。

由于我没有写出什么令我欣喜的东西,此刻在晚上,如果我要回到亲人之中,在他们面前,我不会比在自己面前显得更陌生、更可鄙、更无用。这一切当然只是我的感觉(再精确的观察也欺骗不了感觉),因为事实上他们全都尊敬我,并且爱我。

一月二十四日。星期三。这么久没有写作的原因如下:我对主管感到生气,好好写了一封信才解决了这件事;去了工厂好几趟;读了皮内那本《犹太德语文学史》[2],有五百页,读得很贪婪,我从不曾如此彻底、着急而欣喜地读过类似的书;现在我在读弗洛默那本《犹太文化的有机结构》[3];最后我花了很多时间在那些犹太演员身上,为他们写信,说动了

---

1 画家阿舍尔(Ernst Ascher),一八八八年生,卒年不详。

2 皮内(Meyer Isses Pinès)的《犹太德语文学史》(*Histoire de la Littérature Judéo-Allemande*)于一九一一年在巴黎出版。

3 弗洛默(Jakob Fromer)的《犹太文化的有机结构》(*Der Organismus des Judentums*)于一九〇九年在柏林出版。

"犹太复国运动组织"去询问波希米亚各地的分支机构，看他们是否愿意邀请这个剧团去客座演出，所需要的通知由我写好并请人誊写了多份；又看了一次《舒拉米丝》，还看了一场李希特（Moses Richter）的剧作《海尔泽勒·梅吉奇》（*Herzele Mejiches*），欣赏了"巴柯巴社团"的民谣之夜，前天去观赏了施密特波恩[1]的剧作《格莱辛伯爵》（*Graf von Gleichen*）。

民谣之夜：由比恩鲍姆博士的演讲揭开序幕。东欧犹太人的习惯是，讲到一半接不下去时，就插进"各位可敬的女士、先生"或只是"可敬的各位"。这在比恩鲍姆演讲的开头重复了好几次，到了可笑的地步。但是，以我对勒维的认识，我认为这种在东欧犹太人平日对话中也经常出现的口头禅，像是"我真难受"或是"没什么"或是"一言难尽"，并非为了掩饰尴尬，而是一再冒出的新鲜泉水，以搅动对东欧犹太人的个性来说仍嫌迟滞的言语流动。但在比恩鲍姆身上却不是这样。

一月二十六日。 威尔屈先生[2]的背部和整个演讲厅里在聆听那些拙劣诗作时的寂静。——比恩鲍姆：略长的头发在

---

1 施密特波恩（Wilhelm Schmidtbonn，1876—1952），德国作家，"一战"之前以剧作作品为主，曾在杜塞尔多夫剧院担任编剧。

2 可能是卡夫卡的朋友菲利克斯·威尔屈的叔叔威尔屈博士（Theodor Weltsch，1861—1922），他是位律师，也是犹太人事务委员会的委员。

颈部骤然剪断，脖子由于这突然的裸露而显得很直，也可能本身就很直。鼻子大而弯曲，并不细长，鼻翼很宽，之所以显得好看，主要是由于它和那把大胡子的比例恰到好处。——歌手戈拉宁。脸上带着安详甜蜜、高高在上的微笑，由于皱起鼻子而稍微噘起嘴巴，脸偏向一侧且向下低垂，这个笑容维持了很久，但这也可能只是他发声技巧的一部分。

一月三十一日。什么都没写。威尔屈带来关于歌德的书，在我心中激起了一股涣散而无处可用的激动情绪。计划写一篇题为"歌德惊人的本性"的文章，害怕晚上两小时的散步，这是我现在每天晚上要自己去做的事。

二月四日。三天前观赏了魏德金[1]的剧作《地灵》(*Erdgeist*)。魏德金和他的妻子提莉也一起演出。他妻子的声音清晰精准，她有一张月牙一般瘦削的脸，小腿在静静站立时拐向一边。剧作在回顾中依然清晰，让人回家时平静而有自信。对全然确定却又仍然陌生的东西的矛盾的印象。走进剧院时我感到舒畅，品尝自己的内心像是品尝蜂蜜。不断畅饮。这种感觉在剧院里随即消失。那是前一次去剧院的夜

---

[1] 魏德金（Frank Wedekind，1864—1918），德国作家、剧作家兼演员，其剧作常带有社会批评的色彩，是当时经常被搬上舞台的作品。

晚：帕林贝格演出奥芬巴哈的轻歌剧《天堂与地狱》。演出太差，站位席上我周围的掌声和笑声太大，我没有别的办法，只好在第二幕结束之后溜走，让一切都沉默下来。

前天为了勒维的一场客座演出写信去特劳特瑙[1]，这封信写得很好，每读一次都令我心情平静，使我更加坚强。信中有许多没有明言的指涉，涉及我身上所有的优点。

我热切地阅读关于歌德的书（歌德的谈话录、歌德的大学生活、与歌德共度的时光、歌德在法兰克福），这股热切使我完全无法写作。

许梅勒[2]，商人，三十二岁，没有宗教信仰，有哲学素养，对于纯文学的兴趣只限于与他的写作有关的部分。圆头颅，黑眼睛，唇上一撇小胡子显得果敢，脸颊的肉很坚实，身材矮小壮实。多年来都利用晚上九点到凌晨一点的时间读书。出生于斯坦尼斯劳[3]，懂得希伯来文和意第绪语。他的妻子只是因为有一张圆脸，给人留下愚鲁的印象。

1　特劳特瑙（Trautenau），捷克北部城市特鲁特诺夫（Trutnov）的德语名称。

2　许梅勒（Salomon Schmerler），布拉格犹太社群里的活跃成员，也参加了演员勒维的晚间朗诵会，因此与卡夫卡相识。

3　斯坦尼斯劳（Stanislau），位于如今的乌克兰，当时属于奥匈帝国。

这两天我对勒维很冷淡。他问我是怎么回事。我否认了。

在《地灵》一剧演出中场休息时，在廊台座位上和陶席希小姐平静而含蓄地交谈。若想好好交谈，就得把手更深、更轻、更慵懒地伸进话题之下，然后再令人惊讶地把话题托起来。否则就会折断手指，能想到的就只有疼痛。

故事：夜间散步。发明了快步行走。漂亮而黑暗的房间导向某处。

陶席希小姐说起她刚写的一篇故事里的一个场景，一个声名狼藉的女孩进入了一所缝纫学校。她给其他女孩留下的印象。我表示，会同情她的人将会是那些清楚意识到自己有能力、也有欲望让自己声名狼藉的女孩，因此她们能够切身地想象这意味着坠入了何等的不幸。

一周前，泰尔哈伯博士（Dr. Theilhaber）在犹太城市政厅的礼堂演讲，谈德国犹太人的没落。没落是阻挡不了的，因为第一，犹太人在城市里聚居，乡村的犹太社群渐渐消失，被追逐利润给吞噬了。缔结婚姻只是着眼于安顿新娘。两个子女的制度。第二，异族联姻。第三，受洗改信基督教。

滑稽的场景，当埃伦费斯[1]教授鼓吹种族融合时，他变得越来越耐看了，他的光头在光线里有着淡淡的轮廓，交叠的双手互相握紧，饱满的声音有如乐器一般可以调控，出于信赖而对着集会中的人微笑。

二月五日。星期一。疲倦，也放弃了阅读《诗与真》。我外表强硬，内心冰冷。今天我去找弗莱许曼[2]博士，虽然我们的会面缓慢而慎重，但感觉上却像是两颗球撞在一起，对方弹了回去，自己也失去控制而迷失了。我问他是否累了。他不累。我为什么这样问？我答道，我累了，然后坐了下来。

昨天和勒维在"咖啡城市"时，我微微感到晕眩，俯身在一张报纸上遮掩。

歌德英俊的全身侧影。我看见这具完美的人体时，也产生了一种憎恶，因为要超越这种完美是无法想象的，而这种完美看起来明明只是偶然的组合。挺直的姿势，垂下的手臂，纤细的脖子，弯曲的膝盖。

---

1 埃伦费斯（Christian Freiherr von Ehrenfels, 1859—1932），当时任教于布拉格的查理大学，是完形理论（Gestalttheorie）的先驱，卡夫卡读大学时曾经听过他的课。

2 弗莱许曼（Siegmund Fleischmann, 1878—1935），卡夫卡在布拉格劳工事故保险局里的资深同事，也是卡夫卡进入该机构前参加研习课程时的老师，卡夫卡很敬重他。

由于虚弱而产生的不耐烦和悲伤在对未来的展望中滋长，这个未来在我的虚弱中逐渐酝酿而成，不曾从我眼前离开过。我还要面对什么样的夜晚、散步、躺在床上和沙发上的绝望（二月七日），这比已经忍受过的还要更糟！

昨天在工厂。女工穿的衣服肮脏松垮，令人难受，头发就像刚起床一样蓬乱，输送带发出噪声，机器虽是自动的，但说不准什么时候就会停下来，这使得她们表情僵硬。她们不被当作人看，别人不会跟她们打招呼，撞到她们不会道歉，如果有人差遣她们去做件小事，她们就会去做，但随即又回到机器旁，别人扭头示意，向她们指出该插手的地方，她们穿着衬裙站在那里——受制于最小的权力，甚至没有足够的冷静和理智——用眼神和鞠躬来认可这种权力，表示乐于接受。可是六点一到，她们就向彼此呼喊要下班了，解开包住脖子和头发的布巾，刷掉身上的灰尘，在厂房里传递刷子，等得不耐烦的女孩喊着要，等她们套上裙子，把双手尽可能弄干净——她们毕竟还是女性。尽管面色苍白、牙齿不好，但她们仍然能够微笑，舒展僵硬的身体，你无法再把她们推开，再盯着她们或是对她们视而不见，你紧靠着肮脏的木箱，给她们让出路来，在她们道晚安时把帽子拿在手里。当一个女孩为你拿好冬季外套、让你穿上时，你不知道该如何接受。

二月八日。歌德：我的创作欲望无边无际。

我变得更焦躁、更虚弱，失去了大部分的平静，多年前我曾为这样的平静感到自豪。今天我收到鲍姆的明信片，他写道他还是无法来为东欧犹太人之夜开场，这让我不得不认为我将要接下这桩任务，这时我控制不住地抽搐，血管的跳动像小小的火花一样沿着身体一路往下跃动；如果我坐着，膝盖就在桌子底下颤抖，我必须让两只手互相握紧。我肯定会做一场精彩的演说，而升到极致的不安将会把我箍紧，以至于不再有不安的余地，那篇演讲将会脱口而出，就像从枪管里射出一样。但是我有可能会在演讲之后倒下，将长时间无法恢复。体力如此有限！就连这几行字也是在虚弱的影响下写出来的。

昨天晚上和勒维在鲍姆家。我很活泼。最近勒维在鲍姆家翻译了一篇拙劣的希伯来文故事《眼睛》。

二月十三日。我开始为勒维的朗诵会写开场的引言。星期天就要举行了，二月十八日。我没有太多的时间准备，却还是像在歌剧里一样在这里唱出了宣叙调，原因只在于有一种持续的兴奋已经纠缠我好几天了。在真正开始之前，我想稍微退回来，只为我自己写几句话，等稍微进入状态之后，再站在公众面前。我身上忽冷忽热，随着句子里交替出现的字词而变化，我梦想着有如旋律般的高低起伏，我读着歌德的句子，仿佛用整具身体走遍那些抑扬顿挫。

二月二十五日。 从今天起抓紧写日记！有规律地写！不要放弃自己！就算得不到解脱，我也想要时时刻刻都有资格得到解脱。这天晚上，我全然冷漠地和家人同坐在桌旁，左手无力地搁在腿上，右手搁在妹妹所坐的椅子扶手上，她坐在我旁边玩牌。我偶尔试图去感受自己的不幸，却几乎办不到。

这么多天以来，我什么都没写，因为在一九一二年二月十八日，我在犹太城市政厅的礼堂为勒维举办了一个朗诵之夜，而我在现场作了一个简短的开场演说，浅谈意第绪语。我足足烦恼了两个星期，因为我无法完成那篇演说，在演讲的前一天才忽然写出来。朗诵会前的准备工作：和"巴柯巴社团"的人开会[1]，确定节目表、入场券、演讲厅、座位编号、钢琴钥匙（"汤恩比厅"）、架高的讲台、钢琴师、舞

◇ 朗诵之夜

---

[1] 卡夫卡请求犹太复国运动大学生社团"巴柯巴"作为这场朗诵会的主办单位，由该社团出面向犹太社区的代表租用犹太城市政厅的礼堂。

台服装、售票事宜、登报宣传、如何通过警方和犹太社区的审查。

为此我跑了许多地方，和许多人洽谈，也给许多人写信，包括马克斯、来找过我的许梅勒、鲍姆。鲍姆起初答应负责开场的那场演说，后来又拒绝了，我特地找了一天晚上说服他，让他回心转意，结果隔天他又写了明信片来拒绝；和胡戈·赫尔曼博士及里欧·赫尔曼在"阿尔科咖啡馆"[1]碰面，经常和罗伯特·威尔屈[2]在他的住处洽谈，为了售票事宜和布洛赫博士商量（白费工夫），还有韩札尔博士、弗莱许曼博士，去拜访过陶席希小姐，在"促进犹太教研究与宗教意识协会"听了演讲（埃亨妥伊博士谈耶利米及其时代，在演讲结束后的社交聚会里简短地谈起勒维，不怎么成功），去找过魏斯老师（后来去了咖啡馆，又去散步，从十二点到一点，他站在我家大门口，活生生像只动物，不肯让我进屋）。为了演讲厅的事去找过卡尔·班丁纳博士，去了利博斯位于霍伊瓦格广场的住处两次，去银行找过奥图·皮克[3]几次，为了钢琴钥匙去听了"汤恩比厅"那场演讲，去找R.先生还有S.老师，再去后者的住处拿钥匙，事后再送还，

---

[1] "阿尔科咖啡馆"（Café Arco），当时布拉格一些年轻文人经常聚会的场所，卡夫卡和他的几个好友也是常客。

[2] 罗伯特·威尔屈（Robert Weltsch, 1891—1982），卡夫卡好友菲利克斯·威尔屈的堂弟，当时是"巴柯巴社团"的会长。

[3] 奥图·皮克（Otto Pick, 1887—1940），犹太裔捷克作家，属于卡夫卡和布罗德的朋友圈，在当时的正职还是银行职员，"一战"后在《布拉格新闻报》担任副刊编辑。

为了讲台的事去找过市政厅的门房和工友，为了付款去了市政厅办公室（两次），为了售票事宜去"摆设好的餐桌"展览会场找过弗洛因特太太[1]。写过信给陶席希小姐，还写给一个名叫奥图·克莱的人（没用），替《布拉格日报》写了活动短讯（没用），写信给勒维（"我没办法作那场演说，救救我吧！"）。

兴奋：为了那场演说而整夜辗转反侧，发热，失眠，憎恨布洛赫博士，害怕威尔屈一张门票都卖不出去，在报上刊登的活动短讯不符合期望，在办公室里心不在焉，讲台没有送来，售出的票不多，门票的颜色惹我生气，朗诵会不得不中断，因为钢琴师把琴谱忘在家里了，他住在科什尔区，对待勒维经常态度冷淡，几近厌恶。

收获：勒维带来的喜悦和我对他的信赖，演说时那种得意超凡的自信（对观众冷淡，由于缺乏练习，我无法自由地做出热情的动作），声音洪亮，记讲稿毫不费力，获得肯定，尤其是我鼓起力量，镇住了市政厅那三个无耻的工友，靠这种力量，我目光炯炯、大声明确、坚定无误、势不可当，几乎是不经意地镇住了他们，他们要索取十二克朗，但我只给了他们六克朗，还摆出一副大爷的架势。我乐意把自己交付给这种力量，如果它们愿意留下来。（我的父母不在场。）

1　弗洛因特太太（Ida Freund, 1868—1931），德国女性艺术家俱乐部的共同创办人，"摆设好的餐桌"是该俱乐部举办的一场展览。

此外还参加了"赫尔德学会"[1]在索非恩岛[2]上举办的活动。奥斯卡·毕[3]在开始演讲时把手插进长裤口袋里。这些能够随心所欲地工作的人脸上流露出遮掩不住的满足。霍夫曼斯塔尔[4]用带有假声的声音朗诵他的诗作。集中的身形从紧贴着头部的耳朵开始。威森塔尔[5]舞蹈中美妙的段落，例如在倒向地板的动作中显露出身体自然的重量。

对"汤恩比厅"的印象。

犹太复国运动的集会。布鲁门费德[6]。"世界犹太复国主义组织"的秘书长。

在我对自己的看法中最近出现了一股得到巩固的新力量，此刻我才看出这种力量，因为上个星期我简直溶化在悲

---

[1] "赫尔德学会"（Herdervereinigung），由布拉格一群年轻人组成，以促进人文精神的发展为宗旨，奉德国古典时期的文学家与哲学家赫尔德（Johann Gottfried Herder，1744—1803）为宗师。

[2] 索非恩岛（Sophieninsel），流经布拉格的莫尔道河中的小岛，岛上有绿地和餐厅。

[3] 奥斯卡·毕（Oskar Bie，1864—1938），犹太裔德国音乐史及艺术史学家，一八九四年至一九二二年间担任《新观察》（*Die Neue Rundschau*）杂志主编，使该杂志成为德国重要的文化月刊。

[4] 霍夫曼斯塔尔（Hugo von Hofmannsthal，1874—1929），奥地利诗人、作家，是维也纳现代派的代表人物，也和作曲家理查·史特劳斯长期合作，为其歌剧写作歌词。

[5] 威森塔尔（Grete Wiesenthal，1885—1970），奥地利舞蹈家、编舞家与舞蹈教育家，舞风融合了古典芭蕾与现代舞。

[6] 布鲁门费德（Kurt Blumenfeld，1884—1963），生于德国，大学时期就参与犹太复国运动，纳粹掌权后逃往巴勒斯坦，也曾客居纽约，为哲学家汉娜·阿伦特的亲近友人。

伤和无用的感觉里了。

在"阿尔科咖啡馆"那群年轻人中，我百感交集。

二月二十六日。自信增强了。心跳更加如愿。上方的煤气灯沙沙作响。

我打开屋子大门，看看天气能否吸引我出去散步。蓝天不容否认，但透出蓝光的大片灰云在低空飘浮，边缘折起如瓣膜，从附近长满树林的山丘可以看出其高度。尽管如此，街上到处都是出门散步的人。母亲的手牢牢掌控着婴儿车的方向。偶尔有一辆马车停在人群中，等待行人在焦躁不安的马匹前面散开。车夫冷静地握着抖动的缰绳，看着前方，把大小事情都看在眼里，再把一切都检查个几遍，然后在适当的时机驱动马车。即使空间很小，孩童也能奔跑。女孩穿着轻盈的衣裳，戴着色彩有如邮票一般醒目的帽子，挽着年轻男子的手臂行走，一支忍在喉咙里没有唱出来的旋律从他们双腿的舞步中流露出来。家人们聚在一起，就算偶尔在拉得长长的队伍里分散了，只要手臂微微向后伸展，挥动双手，呼唤小名，就能把走散的人再聚集起来。踽踽独行的男子把双手插进裤袋，试图借此使自己与众人更加隔绝。这是小家子气的愚蠢。我起初站在大门里，后来倚着门，以便更平静地观看。行人的衣裳从我身上掠过，有一次我抓住一条裙子背后的饰带，让那个渐行渐远的女孩把它从我手中拉走；有一次我伸手抚摸一个女孩的肩膀，只是为了表示恭维，走在她后面的行人就在我手指上敲了一记。于是我把他拉到一扇门后，我用举起的双手、睥睨的眼神、朝他走进一步再后退一步来表达责备之意。当我推了他一把、让他离开时，他很高兴。从这时起，我自然就更常把人叫到我这儿来，只需要弯一下手指，或是毫不犹豫地瞥上一眼就够了。

在轻飘飘的昏昏欲睡中，我写下了这段没有用处、未完成的文字。

今天写信给勒维。我在这里抄下我写给他的信，因为我希望通过这些信做到一些事：
亲爱的朋友——

二月二十七日。我没有时间把信再写一次。

昨天晚上十点，我迈着悲伤的步子沿着采特纳街往下走。在"黑斯帽子店"那一带，一个年轻人在我斜前方三步远的地方停下脚步，这使得我也停了下来，接着他摘下帽子，朝我跑过来。我吓了一跳，倒退一步，起初以为对方是想问路，可是为什么以这种方式？——由于他熟稔地朝我走近，并抬起头来看着我的脸，因为我个子比较高，我又想，也许他是想要讨钱，或者有什么更糟的企图。我慌乱的聆听和他慌乱的话语交织在一起。"您是学法律的，对吧？是位博士？可以请您给我一个建议吗？我有件事需要一位律师。"出于谨慎和怀疑，也担心自己可能会出洋相，我否认自己是学法律的，但是愿意给他建议。是什么事呢？他开始述说，引起了我的兴趣；为了增加信任，我请他边走边说，他想要陪我走一段路，我却宁可陪他走一段，反正我并没有一定要去哪里。

他擅长朗诵，从前他远远没有像现在朗诵得这么好，如今他能够模仿知名演员凯因兹，谁也分辨不出来。别人会说他只是在模仿，但他也加进了许多自己的东西。他虽然个子矮，但是表情、记忆力和台风样样不缺。当兵的时候，在米洛维采的军营里，他朗诵，一个同伴唱歌，其乐融融。那是一段美好时光。他最喜欢朗诵德梅尔[1]那些热情而淫秽的诗作，例如写新娘子想象洞房花烛夜的那一首；每当他朗诵这首诗，都会给那些女孩留下特别深刻的印象。嗯，这不在话下。他拥有的德梅尔诗集是漂亮的精装书，有红色皮面。（他用往下移动的双手加以描绘。）不过封面并不重要。此

---

[1] 德梅尔（Richard Dehmel，1863—1920），当时德国最知名的诗人，受到托马斯·曼和黑塞的推崇，作品常以爱与性为主题。

外，他也很喜欢朗诵里迪亚莫斯[1]的作品。不，这一点也不冲突，他会设法串场，在中间想到什么就说什么，把观众当傻瓜耍。在他的节目单上还有歌德的长诗《普罗米修斯》。他谁也不怕，就算是莫伊希[2]也不怕，莫伊希爱喝酒，他不会。最后他很喜欢阅读斯威特·马登[3]的作品，这是北方的一位新作家，写得非常好，都是些短短的箴言和警句。关于拿破仑的几段写得尤其精彩，而有关其他伟人的段落也一样精彩。不，他还无法朗诵这些，他还没有钻研过，甚至还没有全部读完，不过他的阿姨最近朗诵给他听过，他真的很喜欢。

这就是他想要公开登台演出的节目内容，于是他向"妇女福利与教育促进协会"提议举办一个朗诵之夜。本来他打算先朗诵女作家拉格洛芙[4]的《庄园故事》，也把这篇故事借给了该协会的会长杜瑞吉-沃南斯基（Durége-Wodnanski）太太审阅。她说这是篇好故事，但是太长了，不适合朗诵。他能理解，这篇故事的确太长了，尤其是他弟弟也打算在这计划的朗诵之夜演奏钢琴。这位弟弟二十一岁，是个很可爱的

---

[1] 里迪亚莫斯（Rideamus 这个拉丁文笔名的意思是"让我们笑一笑吧"，本名为 Fritz Oliven，1874—1956），犹太裔德国律师兼作家，写诗，也写歌词，主要因其幽默作品而广受欢迎。

[2] 莫伊希（Alexander Moissi，1879—1935），奥地利演员，是当时德语世界里最知名的演员，由于巡回各地演出而扬名国际。

[3] 斯威特·马登（Orison Swett Marden，1848—1924），美国励志作家，《成功》杂志创办人，被视为美国成功学运动的先驱。

[4] 拉格洛芙（Selma Lagerlöf，1858—1940），瑞典作家，一九〇九年诺贝尔文学奖得主，是第一位获此殊荣的女性。

年轻人，也是个演奏奇才，曾在柏林音乐高等学校研修了两年（这已经是四年前的事了）。但是他回来时完全地堕落了。其实不是堕落，而是提供他膳宿的那个太太爱上了他。后来他说，他常常累到无法弹琴，因为他老是要满足这个婆娘。

由于这篇《庄园故事》不合适，双方同意改为另外一组节目：德梅尔、里迪亚莫斯、《普罗米修斯》和斯威特·马登。不过，为了让杜瑞吉太太事先了解他是个什么样的人，他带了一篇题为"生命的喜悦"的文章给她，这是他今年夏天写的。他在一个避暑胜地写了这篇文章，白天用速记的方式写下，晚上誊好清稿，再加以润饰修改，但其实并没有费太大的工夫，因为他写得很好。如果我想读，他可以借给我，虽然他故意写得很通俗，但是文章里有一些好的想法，而且"讨喜"。（他发出尖锐的笑声，抬起了下巴。）我可以在这里翻阅一下，在路灯底下。（文章内容是呼吁年轻人不要悲伤，毕竟这世上有大自然、自由、歌德、席勒、莎士比亚、花草树木、虫鱼鸟兽……）杜瑞吉太太说她现在没有时间读，但是他可以借给她，过几天她再还他。当时他就起了疑心，不想把文章留在那里，于是想要婉拒，说些像是"听我说，杜瑞吉太太，何必要我把文章留在这里呢，就只是些生活琐事罢了，文章的确写得很好，但是——"的话，但全都没有用，他不得不把文章留在那里。那天是星期五。

二月二十八日。星期天上午在洗衣服时，他想起他还没有读当天的《布拉格日报》。他打开报纸，正好就是画报增刊的第一页。第一篇文章的标题"孩子作为创造者"引起了他的注意，他读了头几行——开始喜极而泣。那是他的文章，一字一句都是他的文章。这是他第一次有作品被印成铅字，他跑去告诉他母亲。那种喜悦啊！老太太患有糖尿病，和他父亲离了婚，顺带一提，他和她离婚是有道理的。她是多么自豪。一个儿子是演奏奇才，现在另一个儿子成了作家！在最初的兴奋过后，他开始思索这件事。这篇文章是怎么登上报纸的？没有经过他的同意？没有作者姓名？没有给他稿酬？这其实是一种对信任的滥用，是一种欺骗。这个杜瑞吉太太分明是个魔鬼。穆罕默德说过，女人没有灵魂（经常被重述）。不难想象这桩剽窃是怎么发生的：这么好的一篇文章打哪儿去找！于是杜瑞吉太太到《布拉格日报》去，和一个编辑一起坐下，两个人都欣喜若狂，接着就着手修改。修改是必要的，因为第一，不能让别人一眼就看出这是剽窃的文章；第二，那篇三十二页的文章对报纸来说太长了。

我问他能否指出一样的段落，因为我对此特别感兴趣，也因为我要看过之后才能给他建议，他就开始阅读他的文章，但翻来翻去都没找到，最后说那全都是抄的。例如，报上写着：儿童的心灵是一张白纸，而"白纸"在他的文章里也曾出现过。还有"命名"这个词也是抄来的，不然怎么会想到这个词。但是他无法逐个比对个别的段落。整篇文章虽然都是抄的，但是经过遮掩，更改了顺序，缩短了篇幅，而且增加了一些陌生的内容。

我大声地读出报上那篇文章里比较引人注目的几段。这在他那篇文章里也有吗？没有。这一段呢？没有。嗯，这些刚好就是那些增加进去的段落。核心内容全都是抄来的。我说要证明这一点恐怕会很困难。他会证明的，靠一位能干的律师的帮助，律师就是做这个的。（他把这个证明看成一项全新的任务，跟这件事完全分离，并且自豪地相信自己能够解决。）

另外，这篇文章在两天内就刊登出来，由此就能看出这是他的文章。平常一篇被采用的文章至少要六个星期以后才会刊登。但是这篇当然要特别快，为了防止他来干预，所以两天就够了。

再说，报上那篇文章的题目是"孩子作为创造者"。这明显和他有关，而且是种挖苦。因为"孩子"指的就是他，过去，人们认为他是个"傻孩子"（其实就只是在当兵期间，他在军中服役一年半），现在人们使用这个标题，是想要表示他这个孩子写出了这样一篇好文章，证明了自己是个创造者，却仍然是个傻孩子，所以才会这样受骗上当。文章第一段里提到的那个孩子，指的是他乡下的一个表妹，这个表妹目前和他母亲同住。

不过，另外有一件事尤其能够证实这种剽窃行为，这是他思考了很久才想到的:《孩子作为创造者》刊登在画报增刊的第一页,而在第三页则有一篇小故事,是某个名叫"费德史坦"的女士写的。这显然是个笔名。不需要读完整个故事,只要浏览一下头几行,就能立刻看出这篇故事是无耻地在模仿拉格洛芙。如果读完整篇故事,那就更明显了。这意味着什么呢?这意味着这个叫费德史坦或是另有其名的人是杜瑞吉太太的手下,在杜瑞吉太太那儿读到了他带去的那篇故事,用读到的东西写了这篇故事,也就是说,这两个女人都利用了他,一个是在画报增刊的第一页,另一个是在第三页。当然,每个人都能自行阅读拉格洛芙的作品并加以模仿,但是就这篇故事来说,他的影响是显而易见的。(他把那一页报纸翻来翻去好几次。)

星期一中午,银行一打烊,他自然就去找杜瑞吉太太了。她只把公寓的门打开了一条缝,十分惊慌地说:"哎呀,莱希曼先生[1],您怎么在中午时间来呢?我先生在睡觉。现在我不能让您进来。""杜瑞吉太太,事关紧要,您非让我进去不可。"她看出我是认真的,就让我进去了。她丈夫肯定不在家。我看见我的手稿被摆在隔壁房间的桌上,立刻揣度起来。"杜瑞吉太太,您对我的手稿做了些什么?您没有征得我的同意就把文章交给了《布拉格日报》。您拿到了多少稿酬?"她发起抖来,说她什么都不知道,不知道那篇文章怎

---

[1] 有学者考证出,这位莱希曼先生(Oskar Reichmann, 1886—1934)是当时布拉格联合银行(Prager Union Bank)的一名职员。

么会上了报。"我要控诉,杜瑞吉太太。"我半开玩笑地说,但仍然让她察觉到了我真实的感受。在她家里的那一整段时间里,我一再重复这一句"我要控诉,杜瑞吉太太",为了让她记住,在门口告辞时还又说了好几次。我很了解她的恐慌。假如我把事情公开,或是去控告她,她就完了,就要退出"妇女福利促进会"……

离开她家,我就直接前往《布拉格日报》的编辑部,请人把编辑勒夫叫出来。他出来时自然是脸色苍白,几乎走不稳。尽管如此,我并不想马上提起我的事,也想先测试他一下。于是我问:"勒夫先生,您支持犹太复国运动吗?"(因为我知道他是支持犹太复国运动的。)"不。"他说。我这就明白了,他在我面前不得不伪装。接着我问起那篇文章。他又搪塞了一番。他什么都不知道,他和画报增刊没有关系,如果我想,他可以把负责的编辑找来。"威特曼先生,请过来一下。"他喊道,并且很高兴他可以走了。威特曼来了,脸色一样苍白。我问:"您是画报增刊的编辑吗?"他说:"对。"我就只说了"我要控诉",然后就走了。

回到银行,我立刻打电话给《波希米亚日报》,想把这个故事交给他们发表,但是电话打不通。您晓得是为什么吗?《布拉格日报》就在邮政总局附近,所以报社的人很容易就能控制电话线路,可以任意阻拦线路接通。事实上,我也一直在电话里听见模糊的低语,说话的显然是《布拉格日报》的编辑。不让我打通这通电话对他们大有好处。我听见

（当然听得并不清楚）有人在说服接线小姐不要接通我的电话，另一些人则已经和《波希米亚日报》的人接上线了，想阻止他们采用我的故事。我对着电话大吼："小姐，您要是不马上帮我把电话接通，我就去向邮局管理部门申诉。"我周围的银行同事听见我这样激烈地对接线员说话，都笑了。最后我总算打通了。"请叫编辑基希来听电话。我有一则对《波希米亚日报》非常重要的消息。如果你们不采用，我就马上交给另一家报社。时间紧迫。"可是因为基希不在，我就挂了电话，没有透露什么。

晚上我去了《波希米亚日报》，请人叫编辑基希出来。我把这件事告诉了他，但是他不想刊登。"《波希米亚日报》不能做这种事，"他说，"这会是一桩丑闻，我们不能冒这个风险，因为报社并非自给自足。您最好把这件事交给一位律师来处理。"

我从《波希米亚日报》出来就遇见了您，所以就向您请教。

"我建议您和解。"

"我也认为这样比较好。她是个女人嘛。女人没有灵魂，穆罕默德说得没错。原谅也比较合乎人情，比较像歌德的作风。"

"没错。而且这样一来，您也不必放弃那个朗诵之夜，否则朗诵之夜就办不成了。"

"可是现在我该怎么做？"

"明天您去找他们,说这一次您还假定对方是不自觉地受到了影响。"

"这话说得很好。我就这么做。"

"您也并不需要因此而放弃报复。您就干脆在别的地方刊登这篇文章,然后寄给杜瑞吉太太,再加上一段漂亮的献词。"

"这会是最好的惩罚。我让《德意志晚报》刊登。他们会采用我这篇文章的,这我不担心。我不索取酬劳就行了。"

接着我们谈起他的表演天分。我认为他应该去接受训练。"对,您说的没错。但是在哪里呢?也许您知道在哪里可以学习当个演员?"我说:"这有点难。我也不清楚。"他说:"没关系。我会去问基希。他是记者,人脉很多,会给我一个好建议。我会直接打个电话给他,帮他和我省下一趟路,也能得知一切消息。"

"那么,杜瑞吉太太那边,您会按照我的建议去做吗?"我把我的建议又说了一次。

"好,就这么做。"他走进"柯尔索咖啡馆",我走路回家,体验到和一个彻头彻尾的愚人交谈是多么令人神清气爽。我几乎没有笑出来,而只是十分清醒。

那个只用在公司招牌上的忧伤字眼,"前身"[1]。

---

[1] 例如,招牌上写着"XX公司,前身为YY公司"。

三月二日。有谁来向我证实这件事的真实或可能性，亦即我只是由于我的文学使命而对其他的事都不感兴趣，因此而冷淡无情？

◇朗诵会

三月三日。二月二十八日去听了莫伊希的朗诵会。那一幕违反自然。他看似平静地坐着，交叠的双手可能搁在双膝之间，眼睛盯着摆在他面前的书，传向我们的声音带着一种跑步的人的喘息。

演讲厅的音响效果很好。每一个字都听得清清楚楚，也没有一丝回音，一切都在逐渐增强，仿佛早已忙着去做别的事的声音还在继续发挥作用，一切都随着他那天赋的才能而增强，包围了我们。——他让我们看到自己声音的潜力。如同演讲厅使莫伊希的声音发挥得更加淋漓尽致，他的声音也使我们更能发挥自己声音的长处。他大胆的技巧和惊人的举动使我们不得不垂下目光，那是我们自己在朗诵时绝对不会使用的。例如在一开始他就吟唱几句诗，"睡吧，米丽安，我的孩子"，声音随着旋律漫游；又快速吐出了五月之歌，似乎只有舌尖插在字与字之间；切割"十一月的风"这个短句，让"风"这个字先往下，再往上呼啸。——如果看向演讲厅的天花板，就会随着那些诗句被拉向高处。

歌德的诗是这个朗诵者无法企及的，但即便如此，他的朗诵也无懈可击，因为每一首诗都达到了目的。——朗诵莎士比亚的《雨之歌》作为返场节目时，他站得直挺挺的，并没有看着书，用双手把手帕拉开再揉成一团，两眼发光，制造出很大的效果。——脸颊是圆的，但面孔仍然轮廓分明。发丝柔软，一再轻轻地用手去摸头发。报章上对他热烈的好评只在人们首次聆听之前对他有利，之后他就与这些好评难分难解，无法再给人纯粹的印象。

把书摆在面前、坐着朗诵的这种方式有点像表演腹语。表演者看上去置身事外，跟观众一样坐着，在他低垂的脸上几乎看不出嘴巴的动作，仿佛他没有念出那些诗句，而是让那些诗句在他脑袋上方发出声音。——虽然有那么多旋律可听，但那声音宛如水上的一叶轻舟被驾驭着，听不出诗句的旋律。——有些词被声音化解了，被轻轻碰触，弹跳起来，和人类的声音不再有任何关系，直到那声音不得不念出某个尖锐的子音，把那个词拉回地面，然后结束。

散场后和欧特拉、陶席希小姐、鲍姆夫妇、皮克一起散步，一路经过伊丽莎白桥、河岸码头、小城、拉德茨基咖啡馆、石桥和卡尔街。我对好心情还怀着展望，因此在我身上并没有太多可挑剔的地方。

三月五日。这些可恶的医生！态度果决，在医疗上却如此无知，一旦失去了那种果决，就像学童一样站在病床前不知所措。真希望我有力气去成立一个自然疗法协会。克拉尔医生在我妹妹的耳朵里刮来刮去，把鼓膜炎弄成了中耳炎；家里的女佣在生火时晕倒了，医生替女佣诊断时一向很快，说她是吃坏了肠胃导致充血，结果隔天她又躺下了，发起高烧，医生把她翻过来翻过去，声称那是心绞痛，随即匆匆离开，以免在下一刻被证明他的诊断是错误的。居然还敢说什么"这个女孩粗野的强烈反应"，这句话倒有几分真实，因为他习惯了那些身体状况配得上他医术的人，以及那些身体状况乃是由他的医术所造成的人，而他觉得这个乡下女孩天生的强壮体质侮辱了他，尽管他并不自知。[1]

昨天去鲍姆家。朗诵了他的剧作《恶魔》。整体印象不太友善。上楼去鲍姆家时情绪很好，到了楼上就立刻低落，在他的小孩面前感到尴尬。

星期天：在"大陆咖啡馆"，在玩纸牌的人那一桌。先前去看了克拉默演出的《记者》[2]，看了一幕半。主要人物波尔兹的兴高采烈在许多时候明显不自然，不过也有一丝真实

---

[1] 据布罗德所说，卡夫卡对于医生和药物抱持着怀疑的态度，而对强调日光浴、身体劳动和生鲜饮食的自然疗法深感兴趣。

[2] 《记者》，德国作家弗赖塔格（Gustav Freytag, 1816—1895）的喜剧作品，一八五二年首演，直到二十世纪仍经常被搬上舞台。

的快活从中产生。在第二幕结束后的休息时间,在剧院前面碰到陶席希小姐。我跑去衣帽间,大衣飘扬地飞奔回来,陪她走路回家。

三月八日。前天为了工厂的事而受到责备。之后在沙发上考虑着从窗户跳出去,想了一个钟头。

昨天去听了哈登[1]的演讲,谈的是"剧场"。显然完全是即兴演说,但由于我的情绪很好,所以不像其他人那样觉得他很空洞。开头很精彩:"在此时此刻,当我们在这里齐聚一堂,讨论剧场这个主题时,在欧洲和世界各地的所有剧院里,帷幕正要拉开,将舞台场景揭露在观众面前。"在他面前的一个架子上,装着一个可以移动的灯泡,在他胸口的高度,他用这个灯泡照亮了他的衬衫前襟,就像在服饰店的橱窗里,而在演讲当中,他也通过移动灯泡来变化光线。为了使自己显得高一点,也为了展现他即兴表演的能力,他踮起脚尖跳舞。长裤绷得很紧,就连鼠蹊部也一样紧。有如钉在木偶上的短燕尾服。表情严肃,几近紧绷,一会儿像个老太太,一会儿又像拿破仑。额头苍白的颜色像是戴了一顶假发。可能穿着紧身衣。

---

[1] 哈登(Maximilian Harden,1861—1927),当时颇具影响力的记者兼演员、评论家及《未来》(*Die Zukunft*)周刊的发行人。

把以前写的东西读了一遍。需要用尽全力才能忍受。被迫中断一件必须一气呵成的工作时不得不忍受的不幸——这种不幸一再地发生在我身上，而在重读时又得重新经历一次，虽然不像当时那么强烈，但却更为集中。

今天在洗澡时，我自以为感受到了昔日的力量，仿佛它们在这段长长的时间里原封未动。

◇ 小茱莉

三月十日，星期日。他在伊泽拉山中的一个小村庄引诱了一个少女。为了让他染病的肺康复，他在该地休养了一个夏天。肺病患者的行为有时令人无法理解。那个女孩是房东的女儿，晚上忙完之后喜欢跟他一起去散步，他在短暂地试图说服她之后，把她推倒在河边的草地上，占有了她，她受到惊吓，躺在那里，失去了知觉。事后他不得不用双手掬了河水，泼在女孩脸上，使她恢复生气。"小茱莉，小茱莉啊。"他俯身在她脸上，喊了无数次。他愿意为他的过失承担一切责任，只是努力想弄清楚他的处境有多严峻。如果不去思索，他就无法看清自己的处境。躺在他面前的这个单纯的女孩已经恢复了规律的呼吸，只是由于恐惧和窘迫，仍然闭着眼睛。她不会让他为难。他高大强壮，用一个脚尖就能把这个女孩推到一旁。她既软弱又不起眼，发生在她身上的事到了明天还会有意义吗？如果把他们两个拿来比较，不是每个人都会这样认为吗？那条河安详地从草地和田野之间流过，一直延伸到远处的山岭。只在对岸的斜坡上还有夕阳的余晖。最后的云朵在纯净的夜空下飘向远方。

都是空。我以这种方式创造出鬼魅。写得用心的就只有"事后他必须……"，尤其是"泼"，尽管只是略微用心。在对风景的描述中，有一瞬间我认为看见了一点像样的东西。

被自己遗弃了，被一切遗弃了。隔壁房间里的嘈杂声。

三月十一日。昨天令人难受。为什么大家没有都来共享晚餐？本来是那么美好。

莱希曼，那个朗诵者，在我们交谈之后，当天就进了疯人院。

今天烧掉了很多令人望之生厌的旧稿子。

三月十二日。在疾驰而过的电车上，一个年轻人坐在角落里，脸颊贴着窗玻璃，左手臂伸直了搁在扶手上，敞开的大衣蓬松地裹在身上，用观察的目光顺着空空的长椅望过去。他今天订了婚，心里只想着这件事。身为未婚夫令他感到心中踏实，他在这种感觉中偶尔瞥向车顶的天花板。当售票员拿车票给他时，在叮当作响的铜板声里，他轻易就找到了该给的硬币，一扬手，搁在售票员手里，两根手指像剪刀一样张开，夹住了车票。在他和电车之间并没有真正的关联，假如不使用上下车的平台和阶梯，他就会出现在街上，带着同样的目光徒步走完这段路，那也不会令人感到惊奇。

只有那件蓬松的大衣还在，其余的一切都是编出来的。

三月十六日，星期六。又打起精神。我又一次接住了自己，就像接住一颗坠落中的球。明天，今天将动手写一篇比较长的作品，让它按照我的能力自然成形。我将不会停笔，能写多久算多久。宁可失眠，也不要这样生活下去。

卢森娜歌舞剧院。几个年轻人每人唱一首歌。如果你精神好，竖着耳朵倾听，那么和老练的歌手的演出相比，这样一场表演更会使人想起我们从歌词中得出的自己人生的结论。因为歌手没有使诗句的力量变得更大，保持自主的诗句和歌手一起折磨着我们，那个歌手甚至没有穿上漆皮靴，手一直搁在膝盖上不愿离开，非离开不可时还表现得很不情愿。他尽快坐回长椅上,以免让人看见他那许多笨拙的小动作。

风景明信片上的那种春日爱情场景。忠实的呈现令观众既感动又羞耻。——来自维也纳的女歌手法蒂尼查。甜美而意味深长的笑。让我想起韩喜[1]。面部的细节无关紧要,大多过于尖锐,但被她的笑容凝聚起来,又变得比较柔和。当她站在舞台前沿,对着无动于衷的观众大笑时,人们不得不承认她有凌驾于观众之上的优势。——狄根表演的愚蠢舞蹈,鬼火、树枝、蝴蝶、纸火、骷髅头在舞台上飞舞。——四个来自英国的歌舞女郎。其中一个长得很美。节目单上没有写她的名字。从观众席看过去,她站在最右边。看她忙着扬起手臂,看她细长的双腿和纤细的脚踝安静得出奇的动作,看她跟不上速度,但是处变不惊,她的微笑多么温柔,和另外几个女郎扭曲的笑容形成对比,和她瘦削的身体相比,她的脸庞和头发几乎显得丰满,听她向那些乐师喊道"慢一点",为了她自己,也为了她的同团伙伴。她们的舞蹈老师站在乐师后面,是个衣着显眼、身材瘦削的年轻人,他一只手随着节奏摆动,乐师和舞者都没有理会他,他自己则看着观众席。瓦纳伯德展现出一个壮汉热情如火的神经质。动作中有时带点诙谐,使人精神一振。看着他在宣布曲目之后急急地迈开步伐走向钢琴。

---

[1] 韩喜(Hansi),卡夫卡在一九〇八年交往过的一个女子的小名,她本名 Juliane Szokoll,来自维也纳,在布拉格一家酒馆里做过服务生,这段关系只维持了几个月。

读了《战地画家的人生故事》[1]。满意地朗诵了福楼拜的作品。

谈到舞伶时必须加上感叹号。因为这样才能模仿她们的动作，才能保持节奏，而思考也不会妨碍你欣赏，因为动态始终留在句尾，更能够延长其作用。

三月十七日。这几天读了史托瑟[2]的小说《朝霞》。

星期天去听马克斯的音乐会[3]。我几乎是无意识地在聆听。从现在起，我听音乐时不能再觉得无聊。随着音乐在我周围形成的这个圆圈，我不再像从前一样徒劳无功地试图去穿透它，也提防自己跳过去（我大概是有能力跳过去的），而是平静地任由思绪在这个被缩限的空间里发展、流动，不让扰人的自我观察在这种缓慢的挤压中出现。——那首美妙的《魔力圈》（马克斯的作品），在某些段落似乎敞开了歌者

---

1 这是德国画家阿尔布瑞希特·亚当（Albrecht Adam，1786—1862）的回忆录，他曾随拿破仑的军队远征俄罗斯，用画作为围攻莫斯科一役留下了历史记录。

2 史托瑟（Otto Stoessl，1875—1936），卡夫卡所欣赏的犹太裔奥地利作家，也是法学博士，任职于铁路公司，除了小说与剧作，也为报纸杂志撰写剧评和理论性的文章。《朝霞》（*Morgenrot*）出版于一九一二年。

3 布罗德的钢琴弹得很好，也能作曲，这场音乐会是和一名女歌手及一名小提琴手合作，演出由歌德、莎士比亚、李白等文豪的诗作所谱成的歌曲。

的胸膛。

歌德，痛苦中的安慰。永恒的众神赐予其宠儿的一切都完整无缺：所有的无尽喜悦，所有的无尽痛苦，都完整无缺。——之后在"大陆咖啡馆"和街道上，我没有能力面对母亲、陶席希小姐和所有的人。

星期一观赏了《别碰我小姐》[1]。一句法语在一场悲哀的德语表演中发挥了良好的效果。——在一道铁栅栏后面，寄宿学校的女孩穿着色彩鲜艳的衣裳在庭园里张开双臂奔跑。——夜里的骑兵军营。军官在军营后面走上几级台阶即可抵达的一座大厅里举行一场送别晚会。别碰我小姐来了，由于爱情和轻率，她参加了这场晚会。什么样的事都可能发生在女孩身上！上午在修道院的女子学校，晚上代替一个无法上场的轻歌剧女歌手登台演出，夜里则去了骑兵军营。

今天下午在沙发上度过，带着痛苦的疲惫。

三月十八日。要说我是个智者也可以，因为我随时准备好死去，但并非因为我已处理好了我该承担的一切，而是因

---

[1] 《别碰我小姐》(*Mam'zelle Nitouche*)，法国作曲家埃尔维（Hervé，1825—1892）创作的一部轻松歌舞剧。

为我什么都没做，也无法指望何时能够去做。

三月二十二日。（我把前几天的日期写错了。）鲍姆在图书室[1]的朗诵会。葛蕾特·费雪，十九岁，下星期就要结婚。深肤色的脸瘦削无瑕。鼻翼鼓起。一向穿戴有如猎装的衣帽。脸上有深绿色的反光。垂在脸颊上的头发似乎和顺着脸颊生长的头发连成一气，像是那整张脸上都布满了淡淡的汗毛。她的脸在黑暗中低垂，手肘轻轻搁在椅子扶手上。后来在温塞斯拉斯广场上，她轻盈地鞠躬，只用一点点力气就完美地完成了。她转动衣着寒酸的瘦削身体，而后挺直。我看着她的次数，远不如我想要的那么频繁。

三月二十四日。星期日。昨天。观赏了埃伦费斯的剧作《星辰新娘》(*Die Sternenbraut*)。——看得一头雾水；结构粗糙，不够分明。——剧中那个生病的军官。生病的身体穿着笔挺的制服，而这套制服所要求的是健康与果敢。

上午一时兴起，在马克斯那里待了半小时。

---

1 系指布拉格大学生协会"德语学生阅读和演讲会堂"(Lese-und Redehalle der deutschen Studenten)所属的图书室兼演讲厅，卡夫卡在读大学时就是这个协会文艺组的活跃成员，这个演讲厅也是他结识布罗德的地方。

母亲在隔壁房间里和L.夫妇聊天，聊着害虫和鸡眼。（L.先生的每一根手指上都长了六个鸡眼。）这种交谈不会有真正的进展，这一点显而易见。这种消息将会被双方遗忘，此刻就已经不负责任地在自我遗忘中进行着。可是正因为这种谈话若非心不在焉就无法想象，它们揭露出空虚的空间，如果想继续交谈，就只能用思考来填满，或者用白日梦更好。

三月二十五日。隔壁房间里清扫地毯的扫帚，听起来就像是曳地长裙在断断续续地移动。

三月二十六日。千万别高估自己所写的东西，那会使我写不出我想写的东西。

三月二十七日。星期一在街上，一个男孩和另外几个男孩用球去扔一个走在他们前面的女佣，当那颗球朝着她的臀部飞过去时，她毫无防备。我抓住那个男孩的脖子，怒气冲冲地掐住他，把他推到一边，把他骂了一顿。接着就往前走了，没有去看那个女佣一眼。因为心中充满了怒气，我完全忘了自己在世间的存在，因此我可以相信，如果碰到机会，我心中也能被更加美好的感受充满。

三月二十八日。芳塔夫人[1]在《柏林印象》这场演讲中提到，格里帕策[2]有一次不想去参加一场聚会，因为他知道他的朋友黑贝尔也会去。"他又会追问我对上帝的看法，如果我不知道该怎么回答，他就会变得无礼。"——我别扭的行为。

三月二十九日。浴室带来的喜悦。——逐渐看清。花在头发上的下午。

四月一日。一周以来头一次几乎完全写不成任何东西。为什么？上个星期我也经历了各种不同的心情，而能够让写作不受到影响；但我害怕把这件事写下来。

---

1 芳塔夫人（Berta Fanta，1865—1918），女权运动的先驱，曾在大学攻读哲学，也是布拉格知名的文艺沙龙女主人，卡夫卡和布罗德都曾定期去参加聚会。

2 格里帕策（Franz Grillparzer，1791—1872），奥地利作家，尤以剧作知名，他也是卡夫卡欣赏的作家。

四月三日。一天就这样过去——上午在办公室,下午在工厂,此刻是晚上,屋里左边右边都在喧哗,晚一点要去接妹妹,她要去剧院看《哈姆雷特》——而我没有能够利用任何一刻。

四月八日。复活节前的星期六。彻底认识自己。能够掌握自己全部的能力,就像握住一颗小球。把最大的衰退当成熟悉的事物来接受,在其中仍保持着韧性。

渴望使人更加放松的深沉的睡眠。形而上的需求就只是对死亡的需求。

今天哈斯[1]称赞了我和马克斯所写的那篇旅行报道,这使得我在他面前装腔作势,为了让我至少配得上他对那篇文章的谬赞,或是借此延续那篇旅行报道的蒙骗效果,或是在哈斯好心的谎言里持续下去,我试图让他这个谎说得更轻松一点。

五月六日,十一点。好一段时间以来头一次完全写不成

---

1 哈斯(Willy Haas,1891—1973),前文中提及的赫尔德学会的共同发起人,在该学会发行的刊物中刊载了卡夫卡和布罗德合写的《理查德与山缪》的第一章,亦即此处所说的旅行报道。哈斯在"一战"之后移居柏林,后来成为知名的电影编剧。

任何东西。感觉自己受到了考验。

◇ 梦：和父亲乘电车

不久前做的梦：

我和父亲乘电车穿越柏林。大城市的特征表现为无数扇直立的栅门，漆成双色，末端磨钝了。除此之外几乎空无一物，但是这些栅门很密集。我们来到一扇大门前面，不知不觉地下了车，进了那扇大门。门后有一面陡直向上的墙，父亲爬上去，一双腿动得飞快，简直像在跳舞，那对他来说是这么容易。他根本没有帮我，这肯定也显示出他的不知体谅，因为我得费很大的劲才能手脚并用地爬上去，而且经常会往下滑，仿佛那面墙在我的脚下变得更加陡峭了。

难堪的是那面墙上还沾满了粪便，有好几块黏在我身上，尤其是在胸前。

我低头去看，用手去抹掉。等我终于到了上面，父亲已经从一栋建筑里面走出来，立刻朝我飞奔过来，一把搂住我，亲吻我，抱紧我。他穿着一件旧式的短礼服外套，是我记忆中熟悉的，里面像沙发一样加了衬垫。"这个冯·莱登医生实在了不起！"他一再喊道。但他肯定不是去看医生的，而只是把对方当成一个值得认识的人去拜访。我有点担心我也得进去看他，但是我没有被要求这么做。我看见在我左后方有一个人坐在一个完全被玻璃围绕的房间里，背对着我。后来发现此人是那位教授的秘书，发现父亲其实是和这个人说了话，而不是和教授本人，但是通过这位秘书，父亲不知怎的看出了那位教授的优点,因此他有理由在各方面针对这位教授作出评价,就好比他亲自跟教授交谈过一样。

莱辛剧场演出《老鼠》[1]。

写信给皮克,因为我还没有写信给他。写邮简给马克斯,为他的《阿尔诺·贝尔》[2]感到高兴。

五月九日。 昨天晚上和皮克在咖啡馆碰面。尽管心神不宁,我还是固守着我的小说[3],它就像一座雕像,望向远方,同时固守在基座上。

今天在家里度过凄惨的一夜。妹夫为了那间工厂而需要钱,父亲为了妹妹、为了生意、为了他的心脏而烦恼,闷闷不乐的二妹,为了所有人而闷闷不乐的母亲,我则因为我写的东西而闷闷不乐。

五月二十二日。 昨天和马克斯一起度过美好的一晚。如果说我爱自己,那么我更爱他。"卢森娜歌舞剧院"。拉歇尔

---

1 《老鼠》(*Die Ratten*),德国作家霍普特曼的一部剧作,一九一一年一月在柏林的莱辛剧院首演,一九一二年五月在布拉格客座演出。

2 《阿尔诺·贝尔》(*Arnold Beer*),布罗德写的一部小说,一九一二年出版,在卡夫卡写这则日记之前不久。

3 这段时间卡夫卡在写《失踪者》。

德[1]的剧作《拉莫特夫人》《春晨之梦》[2]。包厢座位里那个兴高采烈的胖女人。那个野性的女人,有一只粗野的鼻子、沾了灰的脸,肩膀从并非低胸的衣裳里挤出来,背部扭来扭去,穿着一件样式简单的白点蓝衬衫,始终能看见她手上戴的击剑者手套,因为她通常把右手搁在她旁边兴高采烈的母亲的右腿上,用整只手掌,或是只用指尖。辫子在耳朵上盘起,后脑勺上的浅蓝色丝带不是很干净,前面的头发一绺绺围着前额,发绺细而浓密,突出于前额很多。当她在售票窗口交涉时,她那有皱褶的轻薄但暖和的大衣由于柔软而随意下垂。

五月二十三日。昨天:在我们后面有个男子无聊到从椅子上摔了下来。——拉歇尔德作的比喻:为阳光感到欣喜并且要求其他人也感到欣喜,就像夜里有人在一场婚礼上喝醉后走出来,强迫迎面而来的路人为了不认识的新娘而举杯祝贺。

写信给威尔屈,向他提议我们以昵称相称。昨天为了工厂的事写信给阿弗瑞德舅舅,信写得很好。前天写信给勒维。

---

[1] 拉歇尔德(Rachilde,1860—1953),法国女作家 Marguerite Vallette 的笔名,是十九世纪末法国文坛颓废主义的代表人物。《拉莫特夫人》(*Madame la Mort*),剧名如果意译则是"死亡夫人"之意。

[2] 《春晨之梦》,意大利作家邓南遮(Gabriele D'Annunzio,1863—1938)的一部剧作。

此刻是晚上，由于百无聊赖而在浴室里接连洗了三次手。

那个小孩绑着两根小辫子，没戴帽子，穿着一件宽松的白点红洋装，光着腿也光着脚，一只手提着一个小篮子，另一只手拿着一个小箱子，在剧院附近踌躇地过了马路。

《拉莫特夫人》开场时的背部表演根据的原则：在相同的情况下，一个业余演员的背部就跟一个好演员的背部一样美。那些人多么认真！

前几天听了特里屈[1]的精彩演说，谈殖民巴勒斯坦。

五月二十五日。无力的速度，血气不足。

五月二十七日。昨天是圣灵降临节，天气很冷，和马克斯及威尔屈去郊游，不甚愉快，晚上去咖啡馆，魏菲尔给了

---

1 特里屈（Davis Trietsch，1870—1935），犹太裔德国作家，柏林犹太出版社的共同创办人，也是犹太复国运动的政治经济学家，很早就提出殖民巴勒斯坦的构想。

我那本《来自极乐世界的访客》[1]。

尼可拉斯路的一部分居民和整座桥上的行人都感动地转身，看着一条狗，它大声吠叫，追着一辆救护车跑。最终那条狗忽然停下，掉头折回，这显示出它就只是一只陌生而寻常的狗，先前追逐那辆救护车并没有什么特别的意思。

六月一日。什么也没写。

六月二日。几乎什么也没写。

昨天在市民会馆听了苏库普博士[2]演讲。（内布拉斯加州的捷克人，美国所有的公职人员都是选举出来的，每个人都必须属于三个政党之一——共和党、民主党、社会党。罗斯福[3]的选举会议，一个农民提出异议，罗斯福用玻璃杯威胁他；在街头演讲的人，随身携带一个小木箱当作讲台。）之后去参加春季节庆活动[4]，遇到保罗·基希，他谈起他的博士

---

1 《来自极乐世界的访客》(*Der Besuch aus dem Elysium*)，魏菲尔所写的一部独幕剧，一九一一年出版。

2 苏库普博士（Dr. František Soukup, 1871—1940），捷克社会民主党议员，也是律师兼记者，于一九一一年受邀前往美国，回国后写了一本书记录他对美国的印象，这场演讲也是讲他在美国的见闻。

3 系指老罗斯福总统（Theodore Roosevelt, 1858—1919）。

4 这是布拉格德语市民一年一度的大型慈善活动，也是社交生活的一场盛事，卡夫卡在日记中提及的亲朋好友都会参加。

论文《黑贝尔与捷克人》。

六月六日，星期四。耶稣圣体节。两匹马在奔跑，其中一匹停下来，低下头，用力摇动马鬃，再抬起头来，看似比较健康了，这时才重新展开它其实并未中断的奔跑。

此刻我在读福楼拜的书信："我的小说就是我悬吊其上的峭壁，对于世上发生的事我一无所悉。"——与我五月九日在日记里所写的相似。

没有重量，没有骨头，没有身体，我在街道上走了两个小时，思索着下午写作时我所克服的事。

六月七日。今天什么也没写。明天没有空。

七月六日。星期一。稍微开始写一点东西。有点昏昏欲睡。在这群完全陌生的人当中也感到孤单。[1]

---

1 在这之前，卡夫卡和布罗德前往莱比锡和魏玛旅行。七月七日至七月二十七日，卡夫卡在哈茨山区的容波恩（Jungborn）自然疗养院休养了一段时间。

七月九日。这么久什么都没写。明天动笔。否则我又会陷入一种持续延长而无法阻挡的不满；其实我已经在这种情绪里了。开始心神不宁。可是如果我有能力做些什么，那么不需要迷信的预防措施也能去做。

◇ 魔鬼的发明

魔鬼的发明。如果我们被魔鬼附身，那么附身在我们身上的魔鬼不可能只有一个，否则我们就能平静地生活，至少在这尘世上是平静的，就像和上帝同在，一心一德，没有矛盾，无须思索，永远知道身后的人是谁。魔鬼的容颜不会吓着我们，因为身为被魔鬼附身的人，我们只要够敏感，就会够聪明，宁可牺牲一只手，去遮住他的脸。如果掌控我们的只有一个魔鬼，冷静而不受打扰地俯瞰我们的全部天性，随时都能随心所欲地处置我们，那么他就会有足够的力量，让我们一辈子都待在自身神性的上方，甚至把我们摇来摇去，让我们看不见一丝上帝的光芒，因此也不会良心不安。只有一大群魔鬼才会造成我们在世间的不幸。为什么他们不互相消灭，直到剩下一个？或是为什么他们不臣服于一个大魔鬼？这两者都会符合魔鬼想要彻底欺骗我们的原则。在缺乏一致性的情况下，所有那些魔鬼小心翼翼地对待我们有什么用？当然，魔鬼会比上帝更在乎人类一根头发的脱落，因为对魔鬼来说那根头发是真的掉了，对上帝来说却不是，但只要还有这么多魔鬼在我们身上，我们就仍旧不得安宁。

八月七日。苦恼多时。终于写信给马克斯,说我还无法把其余几篇写成清稿,说我不想勉强自己,因此将不会交出这本书[1]。

八月八日。《揭穿拙劣的骗子》[2]差强人意地完成了。用尽了正常精神状态下最后的力气。十二点了,我怎么还睡得着?

八月九日。不安的夜晚。——昨天女佣对楼梯上那个小男孩说:"抓住我的裙子!"

我受到启发,流畅地朗诵了《可怜的乐师》[3]。——在这篇故事里可以看出格里帕策的男性特质。他能够冒险去做一切,但什么都没做,因为在他身上只有真实,即使当下的印象与此矛盾,到了关键时刻,这种真实也还是会证明自己是真的。

---

1 六月在莱比锡时,布罗德安排卡夫卡与出版商罗沃尔特(Ernst Rowohlt)碰面,对方愿意为卡夫卡出版一本书。从疗养院回来之后,卡夫卡就着手整理文稿,这本书后来在这一年的十二月出版,亦即《沉思》(*Betrachtung*)这本短篇故事集。

2 《揭穿拙劣的骗子》(*Entlarvung eines Bauernfängers*)是后来收录在《沉思》里的一篇故事。

3 《可怜的乐师》(*Der arme Spielmann*),奥地利作家格里帕策的一篇中篇小说,出版于一八四八年。

冷静地掌控自己。步履缓慢，什么也不错过。在必要时立刻做好准备，而不是提早准备，因为他早就预见了一切。

八月十日。什么都没写。去了工厂，在机房里吸了两小时煤气。工头和司炉在引擎前面耗费精力，由于查不出原因，引擎始终无法发动。可悲的工厂。

八月十一日。一事无成。出版这本小书花了我多少时间，在即将发表而阅读旧作之时，产生了多少可笑而有害的自信。就是这些妨碍了我写作。事实上我什么也没有达成，这种扰乱就是最好的证明。总之，在这本书出版之后，我要更加避免去读杂志和书评，如果我不想自满于只用指尖触及真实。我变得多么不灵活！从前，只要我说出一个与目前的方向相反的字，我就同时飞向了另一边，现在我只是看着自己，留在原地。

◇ 写信给罗沃尔特

八月十四日。写信给罗沃尔特。

敬爱的罗沃尔特先生！

　　谨附上您表示想看的几篇短文，体量大概已足可印成一本小书。当我为此而把这些文章整理出来的时候，有时我不得不做出选择，一方面想要心安理得，另一方面又渴望能在您出版的美好书籍当中也占有一席之地。我确实并非总能做出干净利落的决定。如果这些文章能够博得您的青睐，您愿意出版，我当然会很高兴。毕竟，即使拥有再多的经验和理解力，也无法一眼就看出这些文章的缺点。作家所共有的特质正是在于，每个人都以独特的方式来藏拙。

您忠诚的

八月十五日。白白浪费了一天。睡掉了，躺掉了。老城广场上在庆祝圣母升天节。那人的声音宛如来自地洞。花了很多时间去想——要写出名字是多么尴尬——菲莉丝·鲍尔[1]。昨天去观赏了《波兰经济》[2]。——此刻欧特拉在背诵歌德的诗给我听。她用心挑选了那几首诗。《泪中的慰藉》《致绿蒂》《致维特》《致月亮》。

我重读了旧日记，虽然我不该去读。我竭尽所能地活得如此不理性。而这都要归咎于即将出版的那三十一页的小

---

[1] 菲莉丝·鲍尔（Felice Bauer，1887—1960）后来成为卡夫卡的未婚妻，她来自柏林，是布罗德的远亲，于八月十三日在布罗德家中和卡夫卡首次相见。

[2] 《波兰经济》(*Polnische Wirtschaft*)，犹太裔德国作曲家吉伯特（Jean Gilbert，1879—1942，本名 Max Winterfeld）所创作的一部轻歌剧，一九一〇年于柏林首演。

书，更要归咎于我的软弱，任凭自己受到这种事的影响。我应该摇醒自己，却坐在这里思考该如何尽可能侮辱人地表达这一切。但是我可怕的冷静妨碍了我的想象力。我好奇自己将如何脱离这个处境。我不让别人来推我一把，也不确定什么是正确的道路，那么未来将会如何？在这条窄路上，庞然的我是否终于进退不得？——那么我至少还可以转动头部。——我也这么做了。

八月十六日。毫无音讯，不管是在办公室还是在家里。写了几页在魏玛的旅行日记。

晚上，可怜的母亲因为我不吃东西而啜泣。

八月二十日。两个小男孩，都穿着蓝色上衣，一个是浅蓝色，比较矮小的那一个是深蓝色。两人都抱着一大束干草，走过我窗前大学预定的建筑工地，那里有些地方长满了野草。他们吃力地爬上一个斜坡。这一幕赏心悦目。

今天早晨，看见窗前那辆空的运货马车和那匹高瘦的马。看着两者使出最后的力气爬上一道斜坡，身形异样地拉长了，在旁观者眼中是歪斜的。那匹马微微抬起前腿，往旁边和上方伸长了颈子。车夫的马鞭扬在空中。

假如罗沃尔特把稿子寄回来,而我能把东西全部锁起来,挽回一切,那么我顶多就只是跟从前一样不快乐。

菲莉丝·鲍尔小姐。八月十三日去布罗德家时,她坐在桌边,看起来却像个女佣。我一点儿也不好奇她是谁,马上就接受了她的存在。颧骨明显,表情空洞,并把空洞明显地摆在脸上。交领的衬衫,露出脖子。一副家庭妇女的装扮,虽然后来知道她并不是。(由于我这样仔细观察她,我跟她之间产生了距离。我是怎么回事?疏远了整体中所有好的一面,却还不相信。如果今天在马克斯那儿听到的文学消息不会太让我分心,我将再尝试去写布廉克特[1]那个故事。这个故事不必很长,但是必须打动我。)几乎碎裂的鼻梁。金发,发质粗硬而缺乏魅力,方硬的下巴。我坐下来时,第一次仔细打量她,而一坐下来,我就已经作出了坚定不移的判断。如何……

◇ 菲莉丝·鲍尔小姐

---

[1] 古斯塔夫·布廉克特(Gustav Blenkelt)是卡夫卡一篇故事残稿里的主角,这篇故事在九月二十三日的日记里还会出现。

八月二十一日。不停地阅读伦茨[1]，并且从他身上——我的情况是如此——得到了启示。

"不满"的意象，表现为一条路，每个人都在他所站的地方抬起了脚，准备离开。

八月三十日。这些日子什么也没做。舅舅从西班牙来访。上周六魏菲尔在"阿尔科咖啡馆"朗诵他的诗作《生命之歌》(*Ein Lebenslied*)和《献祭》(*Das Opfer*)。真是个怪物！但是我直视着他的双眼，一整个晚上都没有退缩。

要撼动我很难，但我还是心神不宁。今天下午当我躺在床上的时候，有人在锁里迅速转动钥匙，顿时我感觉身上到处都是锁，就像在一场化装舞会上，以短短的间隔，一会儿在这儿，一会儿在那儿，接连被打开或锁上。

《镜》杂志[2]做了个问卷调查，针对的是当代的爱情，以及爱情从我们祖父母的时代至今的改变。一个女演员回答：

---

[1] 伦茨（Jakob Michael Reinhold Lenz，1751—1792），德国狂飙突进运动时期的作家，生前潦倒，身后成为许多文学作品中的人物，例如毕希纳（Georg Büchner，1813—1837）的小说《伦茨》。

[2] 《镜》(*Le Miroir*)杂志原是法国《小巴黎人报》(*Le Petit Parisien*)的周末增刊，一九一二年起成为独立周刊，以刊登新闻照片为主。

世人从不曾像如今这么擅长去爱。

听了魏菲尔的朗诵之后,我是多么深受震撼而又感到振奋!后来我在母亲娘家亲戚的聚会上简直是举止狂野,而且没有犯错。

这个月主管不在,我本来可以好好利用一下,却把这段时间蹉跎掉了,并没有太多理由为自己辩解(把书稿寄给罗沃尔德,脓疮,舅舅来访)。就连今天下午,我也以幻想出的借口在床上躺了三个小时。

九月四日。西班牙来的舅舅。他外套的剪裁。他在我身边产生的影响。他性格的细节。——他轻盈地穿过前厅走进厕所,途中有人跟他说话他也不回答。——一天比一天更温和,如果不是从逐渐的改变来判断,而是从引人注目的瞬间来判断。

九月五日。我问他:这两个方面要如何调解,一方面你感到不满,如同你最近所说的,另一方面你又能适应所有的情况,如同我们一再所见的(而这种适应也总是显出一种特有的生硬,我心想)。我记得他这样回答:"我对个别的事情不满,但这种不满没有扩及整体。我经常在一家法式小宾馆享用晚餐,那个地方很高级,价格也很昂贵。比如说,一间包含膳宿的双人房每天要五十法郎。在那里,我的邻座可能是一位法国大使馆的秘书和一位西班牙炮兵部队的将军,坐在我对面的也许是海军部的高级官员和某位伯爵。我和他们全都熟识,就座时向前后左右的人打声招呼,除此之外一句话也不说,因为我有自己的情绪,等到要离开的时候我就再打一声招呼。之后我独自走在街上,实在看不出这个夜晚究竟有什么意义。我走路回家,遗憾自己没有结婚。当然这种心情也会过去,也许是因为我想通了,也许是因为这个念头消散了。但它偶尔会再度浮现。"

九月八日,星期日上午。昨天写信给席勒博士[1]。

下午。母亲在隔壁房间一群妇人间跟孩子们玩耍,声音奇大无比,这让我在家里待不下去。别哭!别哭!这是他的!这是他的!两个大人!他不想要!……可是!可是!……朵菲,你喜欢维也纳吗?那里漂亮吗?……拜托,看看他的手。

---

[1] 这位席勒博士是卡夫卡夏天在容波恩自然疗养院里认识的人,是布列斯劳(Breslau)的一位地方官员。

九月十一日。大前天晚上和乌提兹在一起。

一场梦：我置身在一个远远伸进海中的地岬上，这个地岬由切割成方形的石头构成。有一个人和我在一起，也可能是好几个人，但是我的自我意识太过强烈，只知道我在对他们说话，除此之外对他们几乎一无所知。我只记得坐在我旁边的那个人抬高的膝盖。起初我并不知道自己身在何处，直到我碰巧站起来，在我的左边和右后方看见轮廓清晰的辽阔的大海，海上有许多排成一列一列的战船，牢牢地下了锚。右边看得见纽约，我们是在纽约港里。天空是灰色的，但是亮度很均匀。我在我的位置上转来转去，顶着四面八方的风，想把一切都看进眼里。看向纽约时，目光稍微往下移，看向大海时，目光稍微往上抬。这时我察觉身旁的海水掀起了高高的波浪，而海上的国际交通十分频繁。我只记得有长长的树干被绑成巨大的一捆，取代了我们的木筏，在航行时，视海浪的高度而定，这捆树干的横断面一再浮出水面，同时还在水中翻滚。我坐下来，缩起双脚，高兴得颤抖，愉快得简直要钻进地里，说道：这比巴黎林荫大道上的交通还要有趣。

◇ 梦：纽约港

九月十二日。晚上，勒夫博士到我们家来。又是个要移民巴勒斯坦的人。他在律师实习结束前一年参加了律师考试,将带着一千两百克朗(在十四天后)前往巴勒斯坦,打算在巴勒斯坦的犹太事务局找份工作。所有这些要移民巴勒斯坦的人(贝格曼、凯尔纳博士)都习惯于垂下目光,他们觉得听众挡住了他们的视线,伸长手指在桌上摸来摸去,嗓音会忽然颤抖,无力地微笑着,带着些许讽刺在脸上保持着这个笑容。——凯尔纳博士说起他的学生是沙文主义者时,老是把马加比家族[1]挂在嘴边,想要效法他们。

我发现我之所以喜欢写信给席勒博士,是因为鲍尔小姐曾在布列斯劳停留,而我一直想着要通过席勒博士送花给她。当然,那已经是十四天前的事了,但空气中还留有一丝气味。

九月十五日。我妹妹瓦莉订婚了。

我们带着新的力量
爬出疲惫的深渊
黑衣男子等待着
等待孩童耗尽力气

---

1 马加比家族是犹太教世袭祭司长的家族,公元前二世纪曾率领犹太人夺回耶路撒冷。

兄妹之间的爱——重现了父母之间的爱。

唯一的传记作者的预感。

这部天才之作在我们周围烧出的空穴，正好可以放进它小小的光亮。因此，天才之作带来的是广泛的激励，而不是只会引起模仿。

九月十八日。H.昨天在办公室里说的故事。在马路上，一个凿石工人向他讨了一只青蛙，然后抓住它的脚，三口就把它吞进了肚子里，先咬蛙头，再咬蛙身，最后是蛙脚。——猫的生命很顽强，杀死一只猫最好的办法：把它的脖子用一扇关上的门夹住，再去拉它的尾巴。——他讨厌害虫。在军中时，一天夜里他鼻子下面痒，他在睡眠中伸手去抓，捏扁了某个东西。那东西是只臭虫，于是他身上好几天都带着那股臭味。

四个人一起吃了一块烹调得很美味的烤猫肉，但是只有三个人知道自己吃的是什么。饭后，这三个人开始学猫叫，第四个人不愿意相信，直到别人把那张血淋淋的猫皮拿给他看，他才相信，立刻冲出去把吃进去的东西全都吐出来了，之后生了两个星期的重病。

这个凿石工人就只吃面包，再加上碰巧得到的水果或活物，另外只喝烧酒，睡在一间砖瓦厂堆放砖瓦的棚子里。有一次在黄昏时分，H.在田野上遇见他。"站住，"那人说，"否则——"H.为了好玩就站住了。"给我一根香烟。"那人又说。H.给了他。"再给我一根！""哦，你还想要一根？"H.问他，把手杖拿在左手以防万一，用右手朝那人脸上打了一拳，这使得香烟从他嘴里掉落下来。那人既怯懦又软弱，也就立刻溜走了，嗜饮烧酒的人都这样。

昨天和勒夫博士在贝格曼那里。关于"大卫先生"的那首歌[1]。歌词大意是：来自瓦西科的大卫先生今天要搭车前往塔利诺耶。他一路唱着歌，在瓦西科哭着唱，在瓦西科和塔利诺耶之间的一座城市不动感情地唱，在塔利诺耶开心地唱。

九月十九日。我们机构里的监察员P.说起他十三岁时的一趟旅行。当时他口袋里有七十个铜板，有一个同学同行。晚上他们来到一家客店，店里有一群人正在狂喝痛饮，庆祝市长从军中退伍。地板上摆着五十多个空啤酒瓶。烟雾和酒臭弥漫。这两个男孩贴着墙壁站着。市长喝醉了，对军中生活的回忆使他走到哪里都想建立秩序，因此认为他们两

---

[1] 系指《大卫先生》(*Reb Dovidl*)，一首意第绪语歌谣。

个是逃家的小孩，恐吓着要把他们押解回家，不管他们怎么解释也没用。两个男孩吓得发抖，掏出文理中学的学生证，背出了Mensa这个拉丁词的格位变化，一个喝得半醉的老师冷眼旁观，没有伸出援手。市长没有明确地决定要如何处置他们，而是强迫他们一起喝酒，他们也乐得能免费喝到这么多好啤酒，这些都是囊中羞涩的他们根本喝不起的。等他们喝饱了，到了深夜，当最后一批客人离开之后，他们就在这个没有开窗通风的房间里躺下，睡在一层薄薄的干草上，睡得像大爷一样。只不过清晨四点，来了一个高大的女佣，拿着扫帚，说她没有时间，如果他们不自己离开，她就会用扫帚把他们扫进户外的晨雾里。等到屋里稍微清扫干净，她在桌上为他们摆了满满两钵的咖啡。可是当他们用汤匙在咖啡里搅拌的时候，不时有个又大又黑又圆的东西浮上来。他们心想待会儿就能弄清楚这是什么东西，于是畅饮了一番，直到喝掉了半钵，看见那黑黑的东西，他们心里还是有点发毛，就去问那个女佣。这才发现那是隔夜的鹅血，是昨天准备宴席时留在这些钵里的，女佣一大清早迷迷糊糊的就把咖啡直接倒了进去。这两个男孩一听，立刻跑出去把所有的咖啡都吐了出来，一滴也不剩。后来他们被一个神父叫去，神父简短地检验了一下他们的宗教知识，确认了他们是好孩子，请厨娘端了汤给他们喝，赐福给他们之后送他们上路。作为一所教会中学的学生，如果他们路上经过的地方有神父，他们几乎都会去神父那儿接受赐福并喝汤。

九月二十日。昨天写信给勒维和陶席希小姐，今天写信给鲍尔小姐和马克斯。

九月二十三日。我在二十二日夜里至二十三日，从晚上十点到清晨六点一口气写完了《判决》这篇故事。双腿由于久坐而僵硬，我几乎无法从书桌底下把它们抽出来。那种辛苦和喜悦。看着这个故事在我面前逐渐成形，看着我涉水前进。这一夜，我几度把自身的重量扛在背上。一切都可以说出来，为一切，包括最奇怪的念头，备妥了一堆熊熊烈火，它们在这堆火中死去又重生。看着窗前的天空渐渐变蓝。一辆车子经过。两个男子徒步过桥。凌晨两点，我头一次看向时钟。当女佣第一次从前厅走过时，我写下了最后一个句子。熄了灯，天亮了。微微地觉得心痛。在半夜里消失的疲倦。颤抖着走进妹妹们的房间。大声朗诵。先前在女佣面前伸了个懒腰，说："我一直写到现在。"我没去碰的床铺看起来就像是此刻才被搬进来的。我的信念得到了证实，即我的小说创作在写作的等级中位于可耻的底层。写作就得这样，要在身体和灵魂都全然开放的情况下一气呵成。上午躺在床上。眼睛始终清醒地看着。在写作中连带着产生了许多

◇《判决》

感受，例如，欣喜于我将能够有篇好作品可以放进马克斯那本《乐土》[1]里，当然也想到了弗洛伊德，有一个段落让我想到马克斯的小说《阿尔诺·贝尔》，另有一段让我想到瓦瑟曼[2]，还有一段让我想到魏菲尔那篇《女巨人》，当然也让我想到自己那篇《城市的世界》。

◇ 古斯塔夫·布廉克特

古斯塔夫·布廉克特个性单纯，生活规律。他不喜欢不必要的挥霍，对于做这种挥霍的人有着坚定不移的成见。虽然他是个单身汉，但他觉得自己完全有理由对熟人的婚姻提出意见，如果有人质疑他这样做的合理性，就会和他闹得不愉快。他习惯于有话直说，也绝对不会挽留那些听不进去他意见的听众。到处都有人钦佩他、敬重他、容忍他，也有人完全不想跟他打交道。只要好好观察，就会看出每个人（哪怕是最微不足道的人）都构成了某个紧密的圈子的中心，古斯塔夫·布廉克特这个基本上善于交际的人又怎么会例外？

在他三十五岁那一年，他人生的最后一年，他和一对姓斯特朗的年轻夫妇来往得特别频繁。斯特朗先生用妻子的钱开了一间家具店，对他来说，和布廉克特交往无疑有种种好处，因为布廉克特的熟人当中大多是正值嫁娶年纪的年轻

---

1 即《乐土，1913：文学艺术年刊》(*Arkadia, 1913: Ein Jahrbuch für Dichtkunst*)，布罗德所编纂的一本合集，卡夫卡这篇《判决》后来就是在这本年刊里首次发表。

2 瓦瑟曼（Jakob Wassermann，1873—1934），犹太裔德国作家，作品颇丰，是他那个时代的知名小说家，曾多次在布拉格举办朗诵会。

人，迟早会想要购置新家具，单是出于习惯，他们就不会不参考布廉克特的建议。"我牢牢地驾驭着他们。"布廉克特常常这么说。

九月二十五日。使劲阻止自己去写作。在床上辗转反侧。血液涌进脑袋，无用地流过去。多么可耻！——昨天在鲍姆家朗诵作品，听众包括鲍姆一家人、我两个妹妹、玛塔、布洛赫博士的太太和两个儿子（一个是服一年志愿役的军人）。接近结尾时，我的手真的不害臊地在我脸前比画。我眼中有泪。这证实了这篇故事的真实性。——今天晚上把自己从写作中拉开。去国家剧院看电影[1]。包厢。O. 小姐，曾经有个神职人员跟踪她。她吓出了一身冷汗，汗涔涔地回家。但泽[2]。

克尔纳[3]的生平。马匹。白马。火药烟尘。《吕佐夫志愿军团的猛烈追击》[4]。

---

1 电影在当时还是新兴艺术，播放的是一些互不相关的短片，下文中从"但泽"开始到《吕佐夫志愿军团的猛烈追击》都是在讲这些短片的内容。

2 但泽（Danzig），临波罗的海的一座港口城市，历史上曾经属于普鲁士，"二战"后划归波兰，现名格但斯克（Gdańsk）。

3 克尔纳（Theodor Körner, 1791—1813），德国作家，在对抗拿破仑的战争中英年早逝，因其所写的爱国诗作而被视为国家英雄。

4 《吕佐夫志愿军团的猛烈追击》（Lützows wilde Jagd），克尔纳广为传诵的一首诗，舒伯特曾将之谱成歌曲。

1913年

Kafka Tagebücher

经历了前一年的创作高峰之后，这一年年初，卡夫卡的创作能量逐渐衰退。但前一年出版的处女作《沉思》，以及文学圈内的若干好评，毕竟还是让卡夫卡有些振奋。卡夫卡在一月向公司提出升职加薪的要求，并顺利通过。五月，《失踪者》的第一章《司炉》作为一个独立的短篇，由沃尔夫出版社出版，这也是卡夫卡自己颇为满意的一部作品。总体来说，这一年卡夫卡的创作较少，写的大部分是日记与书信。

本年度卡夫卡生活中的大事，莫过于与菲莉丝之间痛苦的拉锯战。在经历了半年频繁的异地通信之后，这年三月，卡夫卡在柏林与菲莉丝见面。这次约会打破了卡夫卡原本的幻想，他们一起度过了痛苦的几个小时。

然而从六月开始，卡夫卡仍开始写信向菲莉丝求婚，但同时又纠结地自曝其短，列举自己不适合结婚的诸多理由。日记里呈现了不少这样的纠结。在结婚事宜上，两人也展开了漫长而胶着的讨论。值得一提的是，卡夫卡在八月首次向父亲宣布自己打算结婚的事，这对他而言无疑具有重大的意义。

二月十一日。在校对《判决》时，我写下了我在这个故事里明白了的所有关联，就我目前所记得的。这是必要的，因为这篇故事从我体内诞生，就像真正的分娩一样覆盖着秽物和黏液，而只有我能把手伸进体内，也只有我有兴趣这样做：

那个朋友是父亲和儿子之间的连结，是他们最大的共同点。格奥尔格独自坐在窗前，兴致盎然地在这个共同点里翻找，他认为父亲就在他身上，认为一切都很祥和，除了一些转瞬即逝的愁绪。接着，这个故事的发展是，父亲如何从他们的共同点、从那个朋友身上走了出来，和格奥尔格相对，形成对比。其他比较小的共同点也使得父亲更为强势，亦即对母亲的爱与依恋、对她的忠诚回忆，还有父亲最初为生意争取到的顾客。格奥尔格一无所有；他的未婚妻在故事里就只存在于他和那个朋友的关系里，亦即存在于他和父亲之间的共同点里。

由于婚礼尚未举行，她无法踏进这个维系着父亲与儿子的血缘的圈子，很容易就会被父亲赶走。共同点是围绕着父亲而叠起来的一切，在格奥尔格的感觉里，那只是一种陌生的东西，一种变得独立的东西，从来不曾被他好好保护过，它受到俄国革命的威胁，只是因为他所拥有的只是投向父亲

◇ 校对《判决》

的目光，所以那个把他完全阻绝于父亲之外的判决才会对他产生这么强烈的作用。

格奥尔格（Georg）有五个字母，和弗兰茨（Franz）一样。本德曼（Bendermann）中的 Mann 只是为了强调 Bende，为了这个故事所有尚且未知的可能性，而 Bende 和 Kafka 的字母数目相同，而且两个名字当中的元音都在同一个位置重复出现。

弗丽达（Frieda）和菲莉丝（Felice）的字母数目相同，第一个字母也相同，勃兰登菲尔德（Brandenfeld）和鲍尔（Bauer）的第一个字母相同[1]，而 Feld 一词意为"田野"，和意为"农人"的 Bauer 一词在意义上也有所相关。大约甚至对柏林的想法也有点影响，而对勃兰登堡的回忆或许也起了作用。

二月十二日。 在描述那个朋友时，我常想起史托耶[2]。写完这篇故事大约三个月后，我碰巧遇到他，他告诉我他在大约三个月前订婚了。

昨天我在威尔屈家里朗诵了这篇故事之后，他父亲出门去了，等他回来，他特别称赞了故事里的生动描述。他伸直

---

[1] 卡夫卡将《判决》中的人物格奥尔格·本德曼及其未婚妻弗丽达·勃兰登菲尔德的名字与他和女友菲莉丝·鲍尔的名字做了比较与说明。

[2] 史托耶（Otto Steuer），卡夫卡的中学同学。

了手说："这个父亲在我眼前栩栩如生。"同时看着刚才听我朗诵时所坐的椅子。

妹妹说："那是我们住的公寓。"我讶异于她误解了故事的背景，说道："假如是这样，父亲岂不是得住在厕所里了？"

◇ 恩斯特·李曼

二月二十八日。 一个下雨的秋日早晨，恩斯特·李曼[1]在一趟出差旅行时抵达君士坦丁堡，按照他的习惯——这已经是他第十次到此地出差——他没有先去处理别的事，而是先搭车前往他一向住得很满意的那家旅店，一路上穿过空荡荡的街道。天气偏凉，蒙蒙细雨飘进车里，他气恼他这一年出差旅行全都碰到坏天气，把车窗拉高，倚在角落里，打算在大约十五分钟的车程里睡一觉。可是由于车子刚好经过商业区，他不得安宁，街上小贩的吆喝、货车的隆隆声，还有那些如果不去深究就不会明白其意义的噪声，例如一群人的拍手声，都干扰了他原本安稳的睡眠。

在他到达这趟车程的目的地时，一件令人扫兴而又意外的事情等待着他。君士坦丁堡不久前发生过一场大火，李曼在旅途中也读到了相关报道，而他习惯住的那

---

[1] 《恩斯特·李曼》(*Ernst Liman*)，卡夫卡一篇未完成的故事。

家"金斯顿旅店"几乎被这场大火夷为平地,车夫当然晓得,但是他对乘客漠不关心,照样按嘱咐驾车前往,一声不吭地把他载到被烧毁的旅店。这时,车夫冷静地从驾驶座上下来,如果不是李曼抓住了他的肩膀,摇了摇他,他原本还打算卸下李曼的行李。于是车夫自然没去动行李,但是动作慢吞吞的,仿佛不是李曼不让他这么做,而是他自己改变了主意。旅店的一楼尚有一部分保存下来,上方和四面搭了木棚,勉强还能住人。有一张告示用土耳其文和法文写着,这家旅店不久之后就会重建得更加新颖美观。然而,重建的唯一迹象是有三个按日计酬的工人在工作,他们用铁锹和锄头把瓦砾堆在一边,再装到一部小型手推车上。

后来发现,在这个废墟里住着旅店的部分员工,他们由于这场大火而失去了工作。当李曼的车子停下来时,一位身穿黑色礼服外套、系着鲜红领带的先生立刻跑了出来,向李曼述说失火的事。李曼闷闷不乐地听着,那位先生一边述说,一边把细长胡子的末梢缠在手指上,只有当他要指出起火的地点,说明火势如何蔓延、一切最后如何崩塌时才抽开手指。在听这整个故事时,李曼的目光几乎不曾从地面上移开过,手也始终握着车门的把手不放。他正打算向车夫喊出另一家旅店的名称,要车夫载他前往,这时那个身穿礼服的男子举起了手臂,请求他不要去别家旅店,继续当这家旅店忠实的顾客,既然他在这里一向都住得很满意。虽然这多半只是空泛的客套话,不可能有谁记得李曼,而李曼也几乎没有认出他在门窗里瞥见的任何一个男性或女性员工,但是身为喜欢旧习惯的人,他还是问了一声,眼前他要如何继续当这家被烧毁的旅店的忠实顾客。这时他得知——听到这个过分的要求他忍不住笑了——旅店特别为老主顾在私人住宅里准备了舒适的房间,李曼只需要吩咐一声,马上就会有人带他过去,那地方就在附近,不会耽误他的时间,房价也特别低廉,一方面是出于旅店的好意,另一方面也是一种补偿,比起从前那家在某些方面其实有所不足的"金斯顿旅店",那地方所提供的维也纳风味餐可能更为可口,服务也更加周到。

"谢了。"李曼说着就上了车,"我在君士坦丁堡只停留五天,这么短的时间,我才不要去适应一所私人住宅,不,我要去住一家旅店。不过,等明年我再来的时候,如果你们的旅店已经重建好了,我一定来你们这里投宿。请谅解!"李曼想把车门拉上,此时那位旅店代表却握住了门把手。"先生!"此人出声央求道,并抬起头望着李曼。

"放手!"李曼喊道,摇着车门,向车夫下达命令,"到皇家旅店。"可是车夫不知道是没有听懂,还是在等待车门关上,总之他端坐在车夫座上,像一尊雕像。旅店代表却无论如何不松开车门,甚至拼命向一个同事使眼色,要他过来帮忙。他尤其对某个女孩抱着很大的期望,一再喊道:"芬妮!芬妮啊!芬妮究竟在哪里?"门窗旁边那些人朝着屋子内部转过身去,七嘴八舌地喊着,只见他们从窗边跑过去,大家都在找芬妮。

此人之所以有勇气阻止他搭车离开,显然就是因为饥饿,李曼本来大可以把他从车门边推开——对方也明白这一点,所以根本不敢看着李曼——但是李曼在旅途中已经有过很多次不愉快的经验了,他不会不知道人在异乡一定要避免引发骚动,哪怕自己再怎么有理,因此他冷静地再度下车,暂时不去理会那个死命拉着车门的人,而是走向车夫,重复了他交代的事情,明确地下令迅速驶离此地,然后走到车门旁边那个男子身旁,看似寻常地抓住对方的手,但暗中使劲捏紧其手腕,使得那人大喊一声"芬妮",几乎跳了起来,松开了握住车门把手的手指,那一声叫喊既是命令,也是疼痛的爆发。

"她就要来了!她就要来了!"所有在窗边的人齐声喊道,同时有一个笑着的女孩半偏着头从屋里跑出来,跑向这辆马车,双手还搁在刚刚整理好的头发上。"赶快上车!要下大雨了。"她一边喊道,一边抓住李曼的肩膀,把她的脸凑近他的脸。"我是芬妮。"她小声地说,双手抚摸着他的肩膀。

"这些人对我倒是并没有恶意,"李曼心想,笑着看着那个女孩,"可惜我不再是年轻小伙子了,不尝试没把握的冒险。""这想必是弄错了,小姐,"他说,转身面向他的马车,"我既没有叫你来,也不打算和你一起搭车离开。"从车子里他又加了一句:"你别再白费力气了。"

可是芬妮已经一脚踩在踏板上,双臂交叉在胸前,说道:"为什么你不愿意让我给你介绍一个住处?"李曼厌倦了自己在这里受到的纠缠,从车里探出身子对她说:"请不要再用多余的问话来耽搁我的时间!我要搭车到旅店去,事情到此为止。把你的脚从踏板上放下来,否则你会有危险。车夫!前进!""停!"女孩喊道,这会儿认真地想要跳上车。李曼摇摇头站起来,用他矮小壮实的身体挡住了整扇车门。女孩试图把他推开,也用上了头部和膝盖,车子在可怜的弹簧上开始摇晃,李曼缺少真正的支撑。"为什么你不想带我一起走?为什么你不想带我一起走?"女孩再三说道。

虽然这女孩力气很大,李曼本来还是能够把她推开,无须特别对她施加蛮力,可是那个身穿礼服的男子一个箭步赶过来,从后面托住了芬妮。相对于李曼客气的抵抗,此人使出了全力,试图把女孩推上车,而先前他却像是把事情交给了芬妮,表现得很冷静,直到他看见芬妮在摇晃。感觉到背后有了助力,她也果真挤进了车里,拉上了车门,同时车门也从外面被人推上。她像是自言自语地说:"这下好了吧。"她先是匆匆整理了一下上衣,再好好整理了一下头发。"这太过分了。"李曼跌回他的座位,向坐在他对面的女孩说。

五月二日。重新开始写日记是必要的。我不安的脑袋、菲莉丝、办公室里的崩溃、身体的情况,这些都不允许我写作,但内心却有写作的渴望。

瓦莉跟在我妹夫后面出了家门,他明天将前往乔尔特基夫[1]接受军事训练。这次跟随表现出她承认自己彻底接受了婚姻这个机制,这令人玩味。

园丁女儿说的故事前天打断了我的工作[2]。我想通过劳动来疗愈我的神经衰弱,却听她说起了她哥哥的故事。他名叫杨,是原来的园丁,预定要接替年迈的德沃斯基,甚至已经拥有了那座花园,但他在两个月前因忧郁而服毒自尽了,享年二十八岁。夏天时,他的情况还不错,他虽然生性孤僻,但至少还会和顾客打交道,可是到了冬天,他就完全不跟人来往。他的情人是个公务员,是个和他一样忧郁的女孩。他

---

[1] 乔尔特基夫(Tschortkov),位于现在的乌克兰,当时属于奥匈帝国。

[2] 卡夫卡从一九一三年四月初开始在园丁德沃斯基(Dvorský)的园圃里工作,想通过体力劳动来促进身心健康。

们经常一起到墓园去。

意第绪语剧团演出时,身形巨大的玛拿西,他和着音乐的动作中具有一种魔力,使我入迷。我忘了那是什么。

今天当我告诉母亲我将在圣灵降临节前往柏林[1]时,我发出了傻笑。"你为什么笑?"母亲说。(她还说了些别的,像是"互许终身前要慎重",但我全都闪躲了,回以"没这回事"之类的话。)"出于尴尬。"我说,并庆幸自己在这件事情上总算说了一句真话。

昨天和贝利小姐[2]碰面。她平静、满足、自在、明朗,尽管在这几年里她已经迈入老年,当年就已经显得累赘的丰满不久之后就达到了因不育而肥胖的极限。她走路时把肚子往前推,或者应该说是往前搬,下巴上——匆匆一瞥就到了下巴上——从前的汗毛长成了鬈曲的胡髭。

五月三日。我的内在生命不稳定得令人害怕。

---

[1] 卡夫卡此行是去拜访菲莉丝·鲍尔。
[2] 曾在卡夫卡家里担任家庭女教师的路易丝·贝利。

我解开背心的纽扣，让 B. 先生看我身上的疹子。我使了个眼色，请他到隔壁房间。

丈夫被一根木桩——没有人知道它是从哪儿来的——从背后击中，被击倒，被刺穿。他倒在地上，抬起头，张开双臂，发出哀号。后来他勉强摇摇晃晃地站了起来，没有别的话说，就只知道说他如何被击中，指着那根木桩飞过来的大致方向。这番一再重复的叙述已经令妻子厌烦，尤其是此人每次都指着不同的方向。

五月四日。一直想象着一把切熏肉的刀子，以机器的规律从侧面迅速切进我的身体，切出薄薄的横断面，由于刀法快速，一片片几乎卷起来飞了出去。

一天清晨，街道上放眼望去空无一人，一个男子打开了大街上一栋出租楼房的大门，他光着脚，只穿着睡衣和长裤。他紧紧抓住左右两扇门扇，深深吸了一口气。"不幸啊，该死的不幸。"他说，看似平静地先沿着街道看去，再望向几栋屋子。

此处也一样绝望。无处容身。

五月二十四日。和皮克一起散步。

得意忘形，因为我认为那篇《司炉》[1]写得真好。晚上我朗诵给爸妈听，父亲十分不情愿地听着，最好的批评家莫过于在他面前朗诵的我。在许多平浅的段落之后是不可测的深渊。

◇《司炉》

六月五日。平庸的文学作品所取得的内在优势来自于，作者仍然在世，并且在它们后面亦步亦趋。过时的真实含义。

勒维，穿越边界的故事。

六月二十一日。我在各方面所承受的焦虑。在医生那里接受检查，他立刻就咄咄逼人，我简直是把自己掏空，让他在我体内夸夸其谈，轻蔑而且不容辩驳。

---

1 卡夫卡的短篇故事《司炉》(*Der Heizer*)于五月底在库特·沃尔夫出版社出版，他在二十四日这一天收到首印的几册。这篇故事同时也构成卡夫卡未完成的长篇小说《失踪者》的第一章。

我脑中的惊人世界。可是要如何使我自由，也使我脑中的世界自由，而不至于撕裂？但我宁愿千次万次地撕裂，也不要把它留在我脑中或是将之埋葬。我就是为此而生的，这一点我非常清楚。

在一个寒冷的春天的早晨，时间将近五点，一个高大的男子身穿长及脚踝的大衣，用拳头去敲一间小屋的门，小屋坐落在一片光秃秃的丘陵地上。每敲一声，他就竖耳倾听，小屋里始终静悄悄的。

七月一日。 渴望着全然的孤独。就只面对我自己。也许我在里瓦[1]将能拥有。

大前天和《桨帆船》的作者魏斯[2]在一起。他是犹太裔医生，是最接近西欧犹太人的那种犹太人，因此立刻就让我感到亲切。基督徒就拥有这种惊人的优势，在一般的人际往来中始终享有这种亲切感，例如信奉基督教的捷克人在信奉基督教的捷克人之中。

1　里瓦（Riva），位于意大利北方加尔达湖畔，卡夫卡计划在九月前往该地度假。
2　魏斯（Ernst Weiß, 1882—1940），奥地利医生兼作家，《桨帆船》(*Galeere*)是他的第一本小说，于一九一三年出版。

度蜜月的新婚夫妻从"萨克斯饭店"走出来。时间是下午。把卡片投进邮箱。揉皱的衣服，慵懒的步伐，不冷不热的阴沉下午。乍看之下没有什么特色的面孔。

电影画面。在伏尔加河畔的雅罗斯拉夫尔庆祝罗曼诺夫王朝三百周年。沙皇和公主们闷闷不乐地站在阳光下，只有一个看着前方，她上了年纪，柔弱无力，拄着阳伞。皇储由一个没戴帽子的高大的哥萨克骑兵牵着。——在另一个画面里，一群早已从旁经过的男子在远处行军礼。

电影《黄金的奴隶》画面中的百万富翁。想牢牢记住他。平静，动作缓慢而目标明确，必要时加快脚步。手臂的抽搐。富有、骄奢、麻木，但是眼看他像个仆人一样一跃而起，去检查森林酒馆里他被关进去的那个房间。

七月二日。 那篇法庭报道使我落泪，那是关于一个名叫玛莉·亚伯拉罕的二十三岁女子，由于贫苦和饥饿，她解下了充当袜带的一条男士领带，勒死了她将近九个月大的孩子芭芭拉。屡见不鲜的故事。

我在浴室里热情地表演电影中的一个滑稽场面给妹妹看。为什么在陌生人面前我永远做不到？

我绝对不会娶一个和我住在同一座城市里一年之久的女孩。

七月三日。通过结婚来扩展生命并提升生命。讲道辞令。但是我几乎感觉到了。

如果我说了些什么,说过的话马上就彻底失去了重要性,如果我把它写下来,它也一样会失去重要性,但偶尔会得到新的重要性。

一串金色珠子系在晒黑的脖子上。

七月十九日。四个手持武器的男子从一栋房子里走出来。每个人都拿着一把长柄斧竖在前方。偶尔有一个人转过头,看看那个人是否来了,他们就是为了他而站在这里。时间是清晨,街道上空无一人。

你们想怎么样?来吧!——我们不想。别管我们!

内心为此所耗费的力气!因此从咖啡馆里传出来的音乐

才会这样声声入耳。艾莎·B.[1]所叙述的投掷石头变得肉眼可见。

一个女子坐在纺纱用的卷线杆旁边。一个男子用一把未出鞘的剑推开了门(他把剑拿在手里)。

男子：他来过这里！

女子：谁？你们想做什么？

男子：那个偷马贼。他就藏在这里。不要否认！(他挥动那把剑。)

女子：(把卷线杆举起来自卫)没有人来过。别烦我！

七月二十日。几艘小船停泊在下方的河上。渔夫扔出钓竿，天气阴沉。几个小伙子双腿交叉，倚着码头的栏杆。

当众人为了欢送他们启程而站起来，并举起了香槟酒杯时，已经是黄昏了。双亲和几个前来参加婚礼的宾客送他们上车。

七月二十一日。不要绝望，也不要因为你不感到绝望而

---

[1] 艾莎·B.，指布罗德的新婚妻子，亦即前文中多次提及的陶席希小姐，两人在一九一三年二月二日结婚。

绝望。即使一切似乎都到了尽头,也还是会有新的力量源源而来,这就表示你还活着。如果新的力量没有来,那么一切就彻底到了尽头。

我无法睡觉。只做梦,无眠。今天我在梦里为一座陡峭的公园发明了一种新型的交通工具。拿一根树枝,不需要特别结实,把它斜撑在地上,一端握在手中,尽可能轻地坐上去,就像斜坐上女士用的马鞍那样,这根树枝自然就会滑下斜坡,你坐在树枝上,就会被一起带着走,在全速滑行中、在那富有弹性的树枝上惬意地摆荡。之后也能找到利用这根树枝在上坡行驶的方式。除了简单,这个装置的主要优点还在于树枝细而灵活,可以视需要压低或抬高,因此能通往任何地方,包括一个人只靠自己难以通行的地方。

被一条套住脖子的绳索拉着,从一栋房屋一楼的窗户被拉进去,毫不体恤,像是被一个粗心大意的人拉着,穿过所有的天花板、家具、围墙和阁楼,血肉模糊,直到那个空绳圈在屋顶出现,它在冲破屋瓦时把我的残骸弄丢了。

特别的思考方式。被感觉渗透。一切感觉都化为思想,即使是在最不确定的事情上。(陀思妥耶夫斯基)

内心这个辘轳。一个小钩子往前挪,隐藏在某处,在最初那一瞬间几乎难以察觉，而整组装置却已经动了起来。听命于一种无法理解的力量，就像时钟听命于时间，咔嚓声此起彼伏，所有的链条一条接一条叮叮当当地按照既定的路线往下移动。

总结关于结婚一事的所有利弊：

1. 无力独自忍受生活，倒不是没有能力生活，而是我可能完全无法懂得如何和别人一起生活，但是我又没有能力独自承受生活带给我的冲击、我个人的一些要求、时间与年龄的刺激、隐隐涌现的写作欲望、失眠、濒临疯狂——我无法独自承受这一切。当然，我会加上一句"这只是也许"。和菲莉丝[1]结合能让我的生存获得更多的抵抗力。

2. 一切都能让我立刻陷入思考，笑话版面上的每一个笑话，对福楼拜和格里帕策的回忆，在爸妈就寝前铺好的床上看见的睡衣，马克斯的婚姻。昨天我妹妹说："所有已婚的人（在我们认识的人当中）都很幸福，我真不懂。"她这句话也让我沉思，我又开始感到害怕。

3. 我必须花很多时间独处。我的成就全来自独处。

4. 所有与文学无关的东西我都厌恶，与人交谈让我觉得无聊（即使谈的是文学），去拜访别人也让我觉得无聊，亲戚的烦恼和喜悦让我觉得无聊透顶。交谈使我所想的一切失

◇ 结婚的利弊

---

[1] 卡夫卡在日记中提到菲莉丝·鲍尔时常常只用 F. 来表示，为求清楚，在译文中就直述其名。

去了重要性、严肃性和真实性。

5.害怕结合，害怕跨越，因为那样我就再也无法独处了。

6.我在妹妹们面前和在其他人面前往往判若两人，尤其是从前。无所畏惧、袒露自我、坚强、出人意料、容易激动，除此之外我只有在写作时才是这个样子。假使有妻子作为媒介，我能在所有人面前都是这个样子！可是这会不会将我抽离了写作？这可不行，这可不行！

7.如果是只身一人，也许有一天我真能放弃我的工作。结了婚就永远不可能了。

在我们班上——阿玛里恩文理中学五年级，有一个男孩名叫弗里德里希·古斯，大家都很讨厌他。当我们早上来到班上，看见他坐在火炉旁他的座位上时，我们简直无法理解他怎么能够打起精神再到学校来。但是我这样说并不准确。我们讨厌的不只是他，而是所有的人。我们是可怕的一群。有一次，地区督学来旁听我们的一堂课——那是堂地理课，老师描述摩里亚半岛，眼睛看向黑板或窗户，就跟我们所有的老师一样——

那是开学第一天，已经接近傍晚。高中部的老师还坐在会议室里，熟悉学生名册，编制新的点名簿，聊他们假期中的旅行。

我这个可悲的人!

只要好好鞭策那匹马!将马刺慢慢扎进去,再猛地抽出来,接着用尽全力把它刺进肉里。

何等的困境!

我们当时疯了吗?我们在夜里奔跑着穿过公园,一路挥动着树枝。

我乘着一艘小船驶进一个小小的天然海湾。

读中学时,我偶尔会去拜访一个名叫约瑟夫·马克的人,他是我已逝父亲的朋友。在我中学毕业之后——

胡戈·赛弗特在读中学时偶尔会去拜访一个名叫约瑟夫·基曼的人,那是个上了年纪的单身汉,是他已逝父亲的朋友。后来胡戈意外地获得了一个去国外工作的机会,必须马上赴任,因而离开家乡多年,这些拜访就戛然而止。他再度返乡时,虽然有意去探望这位老人,却找不到机会,也可能是因为这种拜访已经不再合乎他改变了的看法,尽管他常常走过基曼所住的那条街,甚至有好几次看见老人倚在窗前,老人说不定也瞧见了他,他也没去拜访。

一事无成。虚弱,自我毁灭,地狱之火的火舌穿透了地面。

七月二十三日。和菲利克斯一起去罗斯托克。女人胀裂的性欲。她们天生的不纯洁性。和小蕾娜的戏耍对我而言没有意义。看见一个胖妇人,她坐在藤椅上缩成一团,一只脚引人注目地往后缩,一边缝制着什么,一边和一个老妇人聊天,那个老妇人大概是个老小姐,嘴巴一侧露出来的牙齿显得特别大。孕妇的活力和精明。她的臀部均匀地分成两片,简直像是磨出的光面。在那座小露台上的生活。我冷冷地把那个女孩抱在怀里,一点也没有因为自己的冷漠而觉得不快。"寂静谷"的上坡路。

透过店铺敞开的门看见一个锡匠坐着工作,他一直用铁锤敲敲打打,多么孩子气。

罗斯科夫[1]《魔鬼的历史》:如今的加勒比人把"在夜里工作的人"视为这个世界的创造者。

---

1 罗斯科夫(Gustav Roskoff,1814—1889),奥地利神学家,《魔鬼的历史》(*Die Geschichte des Teufels*)为其主要著作,描述了人类文化史上对魔鬼的想象。

八月十三日。也许一切都到了尽头，而我昨天写的那封信就是最后一封。这样肯定最好。我将受的折磨，她将受的折磨——都无法和我们将一起受到的折磨相提并论。我将会慢慢恢复，她将会结婚，这是活着的人唯一的出路。我们俩无法为自己在山壁里凿出一条路来，花了一年的时间为此哭泣而折磨自己，这已经够了。从我最后那几封信里，她将能够明白这一点。如果她不明白，那么我肯定会和她结婚，因为我太软弱，无法抗拒她关于我们共同创建幸福生活的想法，也无法不尽我所能地去实现她认为可能的事。

昨晚在贝维德雷山丘的星空下。

八月十四日。相反的情况发生了。来了三封信。最后一封我抗拒不了。我爱她，就我能力所及，但是爱情被埋在恐惧和自责之下，即将窒息。

我从《判决》这篇故事得出的结论。间接多亏了她，我才能写出这篇故事。格奥尔格却因为他的未婚妻而走向毁灭。

性交是对幸福厮守的惩罚。尽可能过禁欲的生活，比单

◇ 我爱她

身汉更加禁欲,这对我来说是忍受婚姻的唯一办法。可是对她来说呢?

撇开这一切不谈,假如我和菲莉丝完全平等,假如我们拥有相同的前景和机会,我将不会结婚。可是我把她的命运缓缓推进了这个死巷子,使得此事成了我无法逃避的义务,尽管这份义务并非一目了然。人际关系的某种神秘法则在此起了作用。

写给她父母的信很难下笔,尤其是因为在格外不巧的情况下拟成的一份草稿,我久久不想改动。不过,今天我大致成功了,至少信中没有不实之处,而且是她父母能够阅读并理解的。

八月十五日。拂晓时分,在床上苦恼不已。认为纵身跳出窗外是唯一的解决办法。母亲来到床边,问我那封信是否已经寄出[1],是不是我原先写的内容。我说是原先的内容,只是更加尖锐。她说她不了解我。我答道她当然不了解我,而且不只是在这件事情上。后来她问我是否会给阿弗瑞德舅舅写信,说我应该要写信给他。我问我为什么应该写信给

---

1 指的是卡夫卡写给菲莉丝爸妈的信。

他。母亲说他拍了电报给你，写了信给你，他对你一片好意。"这些都只是表面，"我说，"他对我全然陌生，彻底误解了我，他不知道我想要什么、需要什么，我跟他没有任何关系。""所以说，没有人了解你。"母亲说，"我对你来说大概也是陌生的，你父亲也一样。我们全都只想要害你。""没错，你们对我来说都是陌生的，就只有血缘关系，但是这种血缘关系没有显现出来。你们肯定并没有想要害我。"

通过这个和另外几个自我观察，我开始相信在我内心日益增强的坚决和信念里有着机会，也许能使我经得起婚姻的考验，甚至能把这桩婚姻导向有利于我天职的方向发展。当然，这几乎可说是我爬上窗台时所抓住的信念。

我将把自己和所有人隔绝，直到全然麻木。和所有人为敌，不和任何人说话。

那个黑眼睛、眼神严肃的男子把一叠旧大衣扛在肩上。

里欧波德·S.，一个高大强壮的男子，动作笨拙，黑白格纹的衣服松垮起皱，急急地从右边的门走进一个大房间，把双手一拍，喊道：菲莉丝！菲莉丝！

他没有稍等片刻，等待他的呼唤产生效果，就急急地走到中间那扇门，打开门，又喊着"菲莉丝"。

菲莉丝·S.，从左边的门走进来，停在门边，一个四十岁的妇人，穿着烹饪时的围裙：我已经在这儿了，里欧。最近你变得紧张兮兮的！你想要什么？

里欧波德猛地转身，然后站住不动，咬着嘴唇：嗯，到这儿来！他走向沙发。

菲莉丝没有移动：快点说！你想要什么？我还得回厨房去。

里欧波德在沙发上说：别管厨房了！到这儿来！我有重要的事要跟你说。这是值得的。快过来！

菲莉丝缓缓走过去，边走边把围裙的吊带往上拉：到底什么事这么重要？如果你是在耍我，我就要生气了，我是说真的。她停在他面前。

里欧波德：你坐下来吧！

菲莉丝：如果我不想呢？

里欧波德：那我就不能告诉你。你得要靠我很近才行。

菲莉丝：好吧，我这就坐下了。

八月二十一日。今天我拿到了《克尔凯郭尔日记》(*Buch des Richters*)。如我所预感到的，他的情况和我非常相似，尽管有根本上的差异，但至少他和我处于世界的同一边。他像个朋友一样支持了我的想法。我草拟了下面这封信给她父亲，如果我能鼓起力量，我就会在明天寄出。

您犹豫着没有回复我的请求,这完全合情合理,每一个父亲面对女儿的追求者都会这么做,因此,这并非我写这封信的原因,顶多是增加了我的希望,我希望这封信能得到冷静的评估。我写这封信是由于害怕,怕您的犹豫或考量主要是基于一般的理由,而非基于我第一封信里可能泄露出真情的那一段,亦即谈到我的职务令我难以忍受的地方,而唯有这个理由才是必要的。

也许您会忽略这句话,但是您不该忽略,而应该仔细加以询问,那么我就应该用下面这段话简明扼要地回答。我的职务之所以令我难以忍受,是因为它不符合我唯一的渴望和天职,亦即文学。由于我就只是文学,不是别的,也不可能、不想是别的,所以我的职务永远无法占有我,但却可能把我彻底毁掉。我距离这一步也不远了。神经过敏的情况极糟,不断控制着我,而这一年来,我为和令爱的未来而担忧、苦恼,这彻底证明了我毫无抵抗能力。您或许会问,我为什么不放弃这个职务,为什么——我没有财产——不试图靠文学创作为生。对此我只能可悲地回答,我没有力量这样做,而以我对自身处境的了解,我将被这个职务毁掉,而且很快。

现在把我拿来和令爱——这个健康、快活、自然、强壮的女孩相比。就算我在大约五百封信里一再向她重申，而她一再用一句缺少说服力的"不会"来安慰我——事实仍然是，我能够预见她和我在一起不会幸福。我是个封闭、沉默、不合群、不满足的人，这不只是因为我的外在环境，而主要是由于我的本性，但是就我本身而言，我并不认为这是种不幸，因为这只反映出了我的目标。至少从我在家里的生活方式里就能够得出这些结论。在我的家人中间，我比一个陌生人还要陌生，而他们是最亲切、最好不过的人。过去这几年里，我和母亲每天的交谈平均不超过二十句话，我和父亲几乎除了打招呼就不曾交谈。我根本不和我已婚的妹妹还有妹夫说话，尽管我对他们并没有什么不满。原因仅仅在于我跟他们完全无话可说。凡是文学以外的事都令我感到无聊。我厌恶这些事，因为它们打扰了我，或是耽误了我的时间，就算只是我主观上这么认为。我对家庭生活完全无感，除了当个旁观者，这是在最好的情况下。对于亲戚我也一样无感，在访客身上我只看见针对我而发的恶意。婚姻无法改变我，一如我的职务也无法改变我。

八月三十日。我从哪里能得到拯救？有多少我根本不再记得的谎言又一起被冲刷上来？如果真正的结合就像真正的告别一样充满了这些谎言，那么我肯定做对了。在我自己身上，没有人际关系就没有明显可见的谎言。人数有限的小圈子是纯净的。

十月十四日[1]。这条小街的一端始于教堂墓园的围墙，另一端则始于一栋有阳台的低矮房屋。在那栋屋子里住着退休的公务员弗里德里希·孟赫和他的妹妹伊丽莎白。

一群马从栅栏里冲出来。

两个朋友在早晨出去骑马。

"魔鬼，把我从精神错乱中拯救出来！"一个年老的商人喊道。晚上，他疲倦地躺在沙发上，此刻在夜里，必须鼓起全部的力气才勉强从沙发上起来。依稀有人在敲门。"进来，进来，在门外的通通进来！"他喊道。

十月十五日。也许我又一次接住了自己，也许又偷偷走了一条捷径，再一次撑住了在独处中已然绝望的我。可是这

---

1 在上一则日记和这一则日记之间的时间里，卡夫卡曾前往里瓦旅行。

种头痛，这种失眠！唉，挣扎是值得的，或者应该说我别无选择。

在里瓦停留的那段时间对我意义重大。我头一次了解了一个信奉基督教的女孩[1]，并且几乎完全生活在她的影响之中。我没有能力写下我想留在记忆里的关键事物，我的软弱宁可使我昏沉的脑袋清楚而空洞，这只是为了保护自己，尽可能把那种混乱挤到边缘。但我几乎更喜欢这种状态，比起那模糊不清的压力，要从中解脱需要用一把铁锤先把我敲碎，而能否解脱却仍未可知。

尝试写信给魏斯未果。而昨天躺在床上时，那封信就在我脑中沸腾。

坐在电车一角，用大衣裹住自己。

前往里瓦途中遇见的G.教授。德裔波希米亚的鼻子肿胀泛红，让人想到死神，脸上长着面疱，面容瘦削，缺乏血色，金色的络腮胡。着了魔似的贪吃好饮。大口喝下热汤，咬下烟熏香肠的最后一截，没有剥掉外皮，还去舔一舔，一本正经地狂饮已经微温的啤酒，鼻子周围冒出汗水。即使再

---

[1] 卡夫卡在里瓦时爱上了同住在一间疗养院里的一个十八岁瑞士女孩，在之后的日记里他称她为W.或是G.W.。

贪婪地去看、去闻，也无法尝尽他令人作呕之处。

那栋屋子的大门已经关上。三楼有两扇窗户亮着灯，五楼也有一扇窗户亮着灯。一辆车停在屋前。一个年轻人走到五楼那扇亮着的窗前，开窗俯视下方的街道。在月光里。

夜已经深了。那个大学生再也无心继续用功。也根本没有必要，这几个星期以来他真的进步很多，现在大可以稍微休息一下，减少在夜里苦读的时间。他合上书本和笔记，整理一下那张小桌子上所有的东西，打算脱了衣服上床睡觉。他碰巧看向窗户，看见那轮明亮的满月，顿时起了个念头，想在这个美好的秋夜里再去散散步，也许在哪里喝杯黑咖啡提神。他熄了灯，拿起帽子，打开通往厨房的门。平常他并不在乎自己要出门时总是得穿过厨房，况且这一点不便也使得他的房间租金便宜许多，可是偶尔，当厨房里特别嘈杂，或是当他像今天这样在深夜里还想出门时，这件事还是有点讨厌。

万念俱灰。今天下午在半睡半醒之中：这种痛苦终究会胀破我的脑袋，而且是从太阳穴处。在这番想象中，我看见的其实是个枪伤，只是伤口边缘有着卷起的锯齿，就像一个被胡乱撬开的铁罐。

◇ 大学生

不要忘了克鲁泡特金[1]！

十月二十日。早晨悲伤得无以复加。晚上读了雅各布松[2]的《雅各布松事件》。书中展现了一股力量，去生活、作出决定、兴致勃勃地在合适的地方落脚。他稳坐在自己之中，就像一个优秀的划船手坐在船上，不管是他自己的船还是任何一艘船。我想写信给他。

但我没有写信，而是出去散步，遇见了哈斯，在交谈中抹去了先前所吸收的一切感受。女人令我兴奋，此刻我在家里读《变形记》[3]，我觉得写得很差。也许我真的迷失了，今天早晨的悲伤将会再度袭来，我抗拒不了多久，它夺走了我所有的希望。我甚至提不起兴致写日记，也许是因为已经缺了太多，也许是因为我始终都只能描述一半的行为举止，显然也不得不只描述一半，也许是因为就连写作也增添了我的悲伤。

我很想写 W. 会喜欢的童话（为什么我这么讨厌这个

---

1 克鲁泡特金（Peter Kropotkin，1842—1921），出身贵族的俄国革命家，也是博学的学者与哲学家，致力于提倡无政府共产主义。他写的《革命者回忆录》是卡夫卡喜爱的读物。

2 雅各布松（Siegfried Jacobsohn，1881—1926），犹太裔德国记者，十五岁就立志成为剧评家，也是魏玛共和国时期著名政论杂志《世界舞台》(*Die Weltbühne*) 的发行人。《雅各布松事件》记述了他二十一岁到二十四岁的那段人生。

3 卡夫卡的《变形记》写于一九一二年十一月、十二月。

词?),她能在吃饭时偷偷地将童话书拿在桌子底下,趁休息时间阅读,当她发现疗养院的医生已经在她背后站立多时并且观察着她时,她羞红了脸。她在述说时偶尔流露出兴奋,其实她在述说时总是兴奋的。

(我发现我害怕回忆时那种几乎是生理上的吃力,害怕那种痛苦,在这种痛苦之下,脑中那个了无思绪的空间的底部缓缓打开,或者只是先稍稍隆起。)一切都抗拒着被写下来。假如我知道原因在于她曾命令我不准提起她(我严格地遵守了这个命令,几乎不费吹灰之力),那么我就能心安理得,但是原因就只在于我的无能。此外,今天晚上我花了很长时间去思索,认识 W. 使我损失了那个俄国女子可能带给我的欢愉,本来她也许会在夜里让我进她的房间,这并非不可能,我的房间就在她房间的斜对面。我该对这个念头有什么想法?晚上,我和 W. 的沟通方式是这样的:以一种我们一直没有彻底讨论过的敲击语言。我敲击我房间的天花板(我的房间就在她房间底下),得到她的回答后,从窗户探出身去,跟楼上的她打招呼。有一次,我让她祈求上帝赐福于我。有一次,我伸手去抓一条垂下来的丝带,在窗台上静坐几个小时,聆听她在楼上的每一个脚步声,把每一次偶然的敲击都误以为是一种沟通的信号,听见她咳嗽,听见她在入睡前歌唱。

十月二十一日。失去了一天。去林霍费尔工厂[1]探视。埃伦费斯教授的讨论课,去威尔屈那儿,吃晚餐,散步,此刻是晚上十点。我一直想着那只黑色甲虫[2],但是我不会去写。

在一个小渔港里,一艘平底小船在为出航做准备。一个穿着灯笼裤的年轻人在监督,两个老水手把麻袋和木箱扛到泊船栈桥上,一个高大的男子叉开双腿在栈桥上接过这些东西,再交给从船身昏暗的内部伸出来的一双手,这双手的主人不知道是谁。在环绕码头一角的大块方石上,五个男子半坐半躺,抽着烟斗,把烟吐向四面八方。穿灯笼裤的年轻人偶尔会朝他们走过来,和他们交谈,拍拍他们的膝盖。通常会有人从一块石头后面拿出一壶放在阴凉处保存的葡萄酒,一杯浓浊的红酒在这几个男子之间传递。

十月二十二日。太迟了。爱情与悲伤的甜蜜。在小船上,她对我微笑。那是最美好的事。一心只渴望死去,却还在苦苦撑着,这才是爱。

---

1 林霍费尔工厂(Ringhoffer Werke)位于布拉格近郊,生产轨道列车车厢及各种工厂机具,是当时奥匈帝国的大型企业,卡夫卡是由于工作所需前去访视。

2 系指他的《变形记》。

昨天的观察。对我而言最合适的情况：聆听两个人的谈话，他们在谈一件与他们切身相关的事，而这件事跟我只有一点点关系，我对这件事的兴趣完全没有私心。

十月二十六日。家人坐下来用晚餐。透过没拉上窗帘的窗户，看进热带的夜晚。

"我究竟是谁？"我质问自己，从沙发上坐直了，先前我抬高了膝盖躺在沙发上。从楼梯间直接通到我房间的那扇门打开了，一个年轻人走进来，他沉着脸，带着审视的目光。在这个窄仄的房间里，他尽可能绕过沙发，停在窗边阴暗处的一个角落里。我想弄清楚这是个什么幻象，便走过去，抓住他的手臂。这是个活生生的人。他比我矮一点，微笑着仰头看着我，轻松自在地点点头，说："您尽管检查我吧。"这种轻松自在本来应该足以使我确信他是真人，但我还是用一只手从前面抓住他的背心，另一只手从后面抓住他的外套，摇晃着他。他那条美丽的金色表链引起我的注意，我抓住它，扯了下来，把原本固定表链的纽扣孔给扯破了。他容忍我这样做，只是低头看着受损的地方，徒劳地试图把背心纽扣固定在被扯破的扣眼里。"你做了什么好事？"最后他说，把背心指给我看。"安静点！"我恐吓他。

我开始在房间里走来走去，从步行变成小跑，从小跑变

◇ 我究竟是谁？

成疾驰,每次我从他身边经过,就朝他举起拳头。他根本没有看着我,而在弄他的背心。我觉得自由自在,单是我的呼吸就以非比寻常的方式在进行,我的胸膛感觉就要像个巨人般鼓胀起来了,只是被衣服阻碍了。

◇ 威廉·曼兹

好几个月以来,年轻的会计威廉·曼兹一直想和一个女孩攀谈,他早上在上班途中经常在一条很长的街上遇见她,有时在这个地点,有时在那个地点。他已经认命般地接受他不会采取行动,因为在女性面前他很难下定决心,而早晨也不是和一个匆忙赶路的女孩攀谈的好时机。碰巧在一天晚上(那是圣诞节期间),他看见这个女孩走在他前面。"小姐。"他说。她转过头,认出了她每天早晨都会遇见的这个男子。她的目光在他身上稍作停留,但并未停下脚步,由于曼兹没有再说什么,她就又转过头面向前方。那是在一条灯火通明的街上,在拥挤的人群之中,因此曼兹可以走得离她很近,而不至于引人注意。在这个关键时刻,曼兹偏偏想不出什么合适的话说,但是他也不想继续在这个女孩眼中当个陌生人。因为如此认真展开的行动,无论如何也要继续下去,于是他大胆地去拉女孩外套的下摆。女孩容忍了他这么做,仿佛什么事也没发生。

十一月六日。这样突如其来的信心从何而来?但愿它能留下！假如我能像个还算正直的人那样从每一扇门里走进走出。只是我不知道这是不是我想要的。

我们不想让父母知道，每天晚上九点过后，我和两个表兄弟就聚在一起，在墓园栅栏边的一个地方，那里有个小小的土丘，视野很好。

墓园的铁栅栏在左边，有一大片长满青草的空地。

十一月十七日。梦境：在一条上坡路上，有一堆垃圾或是变硬的泥土，大约位于坡道中央，而且主要是在行车道上，从下面往上看始于左侧，右边由于剥落而渐渐低矮，左边则高高耸立，就像篱笆的木桩。我走在右边——那里几乎畅通无阻——看见一个男子骑着三轮车从下面驶来，似乎笔直地朝着那堆障碍物驶去。那个人好像没有眼睛，至少他的眼睛看起来像两个模糊的洞。那辆三轮车摇摇晃晃，虽然行驶得不太稳，却没有发出声响，简直是过于安静、轻松了。我在最后一刻抓住那个人，就好像把他当成一个工具的把手，把他转向我刚才通过的缺口。这时他倒向我，而我虽然像巨人一般高大，却只能勉强扶住他，而且那辆三轮车仿佛没有了主人，开始倒退，尽管速度缓慢，却把我一起拉走了。我们从一辆运货马车旁边经过，有几个人挤着站在车上，全都穿着深色衣服，当中有一个童子军，戴着帽檐向外

◇ 梦：上坡路

翻的浅灰色帽子。我在一段距离之外就认出了这个男孩，期望得到他的协助，但是他转过身去，躲进那些人之中。那辆三轮车继续往下滑，我也只能跟着往下滑，深深弯着腰，又开双腿，这时从那辆运货马车后面有人朝我走来，给我带来了帮助，但我不记得是什么样的帮助了。我只知道对方值得信赖，此刻他仿佛藏在一块张开的黑布后面，而我应该尊重他的隐藏。

十一月十八日。我将再次写作，可是如今我对自己的写作怀有这么多的疑虑。基本上我就是个无能又无知的人，假如不是被迫去上学（本身没有半点功劳，也几乎没有察觉自己受到强迫），也许就只能蹲在一间狗屋里，在食物送来时跳出去，吞食之后再跳回来。

两只狗在一个阳光灿烂的院子里从相反的方向朝彼此跑过去。

写给布洛赫小姐[1]的一封信的开头让我伤透脑筋。

十一月十九日。阅读日记使我心情激动。难道是因为此

---

1 布洛赫小姐（Grete Bloch，1892—1944），菲莉丝的朋友，受菲莉丝之托来调解菲莉丝和卡夫卡之间的关系。

刻的我不再有一点自信？一切在我看来都是刻意建构出来的。别人说的每一句话，每一道偶然的目光，都翻搅着我心中的一切，就算是已经遗忘的事，根本不重要的事。我比任何时候都更加没有把握，只感觉到生活的威力。我麻木、空洞。我真的就像一只夜里在山间迷路的羊，或是像跟在这只羊后面的羊。如此迷失，而且没有力气悲叹。

我故意穿过有妓女的街道。从她们旁边走过令我兴奋，带着其中一个离开的可能性虽然渺茫，但毕竟存在。这是种卑鄙的行径吗？我却想不出更好的办法，而且在我看来，这样做基本上是无辜的，我几乎不会懊悔。我只想要那些肥胖而且年纪大的，她们穿着旧衣服，但是由于各式各样的装饰而显得多少有些华丽。其中一个女人可能已经认出我了。今天下午我曾遇见她，那时她还没有换上职业服装，头发还是塌的，没有戴帽子，穿着一件像厨娘工作时穿的上衣，提着一大包东西，大概是要拿去给洗衣妇。除了我，不会有人觉得她有什么魅力。当时我们匆匆互看了一眼。此刻在晚上，天气变冷了，我看见她在采特纳街一条巷子的另一侧漫步，穿着一件合身的黄褐色大衣。我两度回头看她，她也捕捉到了我的目光，但是我随即逃走了。

这种不确定肯定是因为想到了菲莉丝。

十一月二十日。去看电影。哭了。《罗洛特》。好心的牧师。那部小脚踏车。父母的和解。极具娱乐效果。在这之前是一部悲剧电影《船坞的灾难》，之后是比较欢乐的《终于可以独处》。我完全空虚、麻木。从旁驶过的电车都比我更有活着的感觉。

◇ 梦：法国政府部门

十一月二十一日。梦境：法国政府部门，四个男子围坐在桌旁。正在进行一场讨论。我记得坐在桌子右边较长一侧的那个人，他有一张侧面扁平的脸，肤色泛黄，鼻子很直，非常突出（由于脸被压得很扁，鼻子显得格外突出），一撇浓密的小胡子黑油油的，在嘴巴上方成拱形。

可悲的观察，肯定又来自某种结构，其底端悬在某处的空虚之中：当我把墨水瓶从书桌上拿起来，想拿到客厅去，我感觉到自己心中的某种坚定，就仿佛一栋高大建筑的棱角在雾中浮现，随即又消失。我觉得自己没有迷失，某种东西在我的体内等待着，不受众人影响，包括菲莉丝。假如我逃走了，就像一个人有时会奔向田野，会怎么样呢？

这些预言、这种例行的事、这种特定的恐惧是可笑的。这些结构只存在于想象中，但即使在想象中，也几乎只是勉强来到表面时就不得不被淹没了。谁有那具有魔力的手，能伸进这个机械装置里，而不会被千刀斩碎、四下飞散？

我在追逐结构。我来到一个房间，发现它们在一个角落里乱成一片，泛着白色。

十一月二十四日。前天晚上在马克斯家。他越来越陌生，从前他对我来说就经常如此，现在我对他来说也一样。昨天晚上直接上床睡觉。

◇ 梦：疗养院的庭园

拂晓时分所做的梦：在一所疗养院的庭园里，我坐在一张长桌旁，甚至是坐在上端，以至于我在梦中看见的其实是我的背。那是个阴天，我大概是出去郊游，坐在一辆汽车里，这辆车在不久之前抵达，动力十足地驶上坡道。食物正要被端上桌，这时我看见一个女服务生，一个纤弱的年轻女孩，步伐轻盈，也可能是摇摆不稳，穿着秋叶颜色的衣裳，穿过有许多柱子的大厅（这座大厅是疗养院的前厅），朝这边走来，走下台阶到庭园里。我尽管不知道她为什么来，但还是询问似的指着自己，想知道她是不是来找我的。果然，她带了一封信来给我。我心想这不可能是我在等的那封信，这封信很薄，字迹陌生、单薄且没有把握。但是我拆开信，取出好几张薄薄的信纸，上面写满了字，不过在所有的信纸上都是那陌生的字迹。我读了起来，翻了翻那些信纸，认识到这肯定是一封很重要的信，显然是菲莉丝最小的妹妹写的。我急切地读了起来，这时坐在我右边的人也越过我的手臂去看这封信，我不记得那人是男是女了，也可能是个小孩。我大喊："不！"一整桌神经虚弱的人开始发抖。我可能造成了一场灾难。我试图匆匆讲几句道歉的话，以便能马上再往下读。我再次低头读信，这时我注定要醒过来，就像是被我自己的叫声给吵醒了一样。我在意识清醒的情况下强迫自己回到梦境里，那个情境也确实又浮现了，我又匆匆读了那封信中两三行模糊不清的字，内容我完全没记住，然后在继续睡觉时失去了那个梦。

◇ 商人梅斯纳

那个年老的商人，一个高大的男子，弯着膝盖走上通往他住处的楼梯，手搭在栏杆上，不是扶着，而是压着。在房门前，那是一扇有铁栅的玻璃门，他跟平常一样想从长裤口袋里掏出钥匙串，这时他注意到在一个阴暗的角落里有个年轻人，此人这时鞠了个躬。

"你是谁？想做什么？"商人问，由于爬楼梯很吃力还在呻吟。"你是商人梅斯纳吗？"年轻人问。"是的。"那商人说。

"我有个消息要告诉你。我是谁其实并不重要，因为我跟这件事情无关，就只是带消息来给你。尽管如此，我还是自我介绍一下，我姓科特，是个大学生。"

"哦。"梅斯纳说着,思索了一会儿,"那么,是什么消息呢?"

"我们最好在房间里谈,"大学生说,"这件事无法在楼梯上解决。"

"我不知道我有这种消息。"梅斯纳说,往旁边看着地板。

"有可能。"大学生说。

"再说,"梅斯纳说,"现在已经是晚上十一点多了,不会有人听见我们在这里说话。"

"不行。"大学生回答,"我绝对不能在这里说。"

"而我,"梅斯纳说,"不在夜里接待访客。"然后他用力地把钥匙插进门锁,钥匙串上的其余钥匙还叮叮当当响了好一会儿。

"可是我从八点就在这里等了,等了三个小时。"大学生说。

"这只能证明这个消息对你来说很重要。我却不想收到什么消息,能少听一个消息也好。我并不好奇,你走吧,走吧。"他抓住大学生身上薄薄的大衣,把他推开了一点,再把房门稍微打开,一股热气涌到寒冷的走廊上。"对了,那是和生意有关的消息吗?"他问道,人已经站在打开的门里。

"这我也不能在这里说。"大学生说。

"那我就跟你说晚安了。"梅斯纳说,走进他的房间,用钥匙把门锁上，拧亮了床头的电灯，从一个摆着好几瓶利口酒的小壁柜里倒了一小杯酒，咂着嘴喝光了，然后开始脱衣服。当他倚着叠得高高的枕头，正打算开始读一份报纸时，他觉得似乎有人在轻轻地敲门。他把报纸放回被子上，交叉起双臂，竖耳倾听。敲门声果然又再响起，而且非常小声，简直是从门的下端传来的。"真是个纠缠不休的猴子。"梅斯纳笑了。等敲门声停止，他就又拿起了报纸。可是这会儿敲门声变大了，简直是砰砰作响，就像小孩子玩耍时敲打着整扇门的每一处，一会儿低沉地敲着下方的木板，一会儿响亮地敲着上方的玻璃。"我还是非下床不可。"梅斯纳摇着头心想，"我没办法打电话通知门房，因为电话机在前厅里，我得先把房东太太叫醒才能过去。没别的办法，我只能亲自把那个小伙子给撵下楼去。"他戴上毛毡帽，掀开被子，双手撑在床上把身体移向床沿，再缓缓把双脚搁在地板上，穿上加了软衬的高帮便鞋。"好吧。"他心想，咬着上唇，盯着那扇门。"现在又安静下来了。可是我要彻底得到安宁。"他对自己说，从一个架子上抽出一根有牛角手把的拐杖，抓住手杖的中间，走到门边。

"还有人在外面吗？"他在锁上的门边问。

"有。"有人回答，"麻烦请开门。"

"我要开门了。"梅斯纳说着打开门，拿着那根拐杖，走到门口。

"别打我。"那个大学生警告他，往后退了一步。

"那就快走！"梅斯纳说，伸手指着楼梯的方向。"可是我不能走。"大学生说着就出人意料地冲向梅斯纳——

十一月二十七日。我必须停下来，但不要被甩开。我也没有感觉到自己有迷失的危险，然而我感到无助，觉得自己是个局外人。但即使是最微不足道的写作也使我心里更加坚定、美妙，这一点毫无疑问。昨天散步时我把一切都收进眼底！

门房太太的小孩，裹在一条旧围巾里，面色苍白，肉嘟嘟的小脸面无表情。门房太太打开屋子大门，在夜里抱着小孩出门。

门房太太养的狮子狗，坐在楼下的一级台阶上，听着我从五楼开始的咚咚的脚步声。当我走到它身旁时，它看着我，我继续往前走，它目送着我。有一种令人愉悦的亲切感，因为它没有被我吓到，而是把我纳入了它所住的房屋及其声响中。

画面：船上的年轻人在经过赤道时受洗。晃来晃去的水手。船的四周和高处都有绳梯，他们能随处坐下。高大的水手悬在船梯上，一只脚搁在另一只脚前面，用浑圆有力的肩膀抵着船身，俯视着下方的景象。

◇死去

十二月四日。 成年后，年纪轻轻就死去，甚至自杀身亡，这在外人看来是件可怕的事。在完全的迷惑中离开人世，这种迷惑在日后的发展中也许会有意义，心中绝望，或是怀着唯一的希望，希望自己在人生中的这番出场，在大清算中将被视为不曾发生。这可能就是我此刻的处境。死亡就只是意味着把空无交给空无，但是感觉上这是不可能的，因为要如何有意识地把自己当成空无交给空无，而且不仅是交给一种空虚的空无，而是交给一种呼啸的空无，其空无之处就只在于其不可思议。

一群男子，有主人和仆人，在劳动之后，脸上焕发出朝气蓬勃的光彩。主人坐下来，仆人用托盘为他端来食物。这两人之间的差异并不大，和下面这个例子中两者的差异并无二致：由于无数情况的交互作用，一个是在伦敦生活的英国人，另一个则是同一时间里在暴风中驾着小船航行在海上的拉普兰人。当然，在某些情况下，这个仆人也可以成为主人，但这个问题不管怎么回答，在此都不构成什么妨碍，因为它事关对当下形势的当下评估。

每个人，哪怕是最亲切、最随和的人，偶尔都会怀疑人性的一致，即使只是凭着直觉；另一方面，人性的一致也呈现在每个人面前，或者说似乎呈现在每个人面前，表现为在人类整体和个人的发展中一再找到的全然一致。甚至是在个人最隐秘的感受里也是如此。

对愚行的恐惧。在每一种径自向前、使人忘了其余一切的情感中看见愚行。那什么是"非愚行"呢？"非愚行"是像个乞丐一样站在门槛前面或入口旁边，衰弱地腐烂，然后倒下。而P.和O.却是惹人厌的愚人。想必有比犯下愚行的人更大的愚蠢。小愚人在大愚行中的自我膨胀也许是他们惹人厌的地方。但是在法利赛人眼中的耶稣不也是这样吗？

奇妙的、完全充满矛盾的想象，例如一个人在深夜三点死去，接着，大约在破晓时分，他就进入了一种层次更高的生命。看得见的人性和所有其他的东西是多么难以相容！一个秘密总是又生出一个更大的秘密！这个人类的缔造者在第一个瞬间就停止了呼吸。实际上，人们应该害怕走出屋子。

十二月五日。我是多么生我母亲的气！我一开始和她说话，就已经被激怒，几乎要大叫。

欧特拉也在受苦[1]，而我不相信她在受苦，不相信她会受苦，明明知道却还是不相信，不去相信，以免要去支持她，我没办法支持她，因为我也被她惹恼了。

在外表上，我只看见菲莉丝身上寥寥可数的几个小细节。因此她的影像变得如此清晰、纯粹、天然、轮廓鲜明而又飘逸。

十二月八日。魏斯小说里的结构。要有力量除去它们，也有这样做的义务。我几乎要否认这些经验。我想要平静，一步一步地走，或是用跑的，但不要蚱蜢那种经过计算的跳跃。

十二月九日。魏斯的《桨帆船》。随着故事的展开，效果减弱了。世界被克服了，而我们睁大了眼睛看着。于是我们可以平静地转过身，继续生活。

厌憎试图解释心灵的主动的自我观察，诸如：昨天我是那样，原因在于……今天我是这样，原因在于……事情并非如此，原因不在于此，也不在于彼，所以我也并非这样或那

---

[1] 卡夫卡在日记中有时只用O.来代表他妹妹欧特拉，为了便于理解，译文中就直述其名。欧特拉这时和一个信奉天主教的捷克男子交往，受到父母坚决反对。

样。心平气和地接受自己,不要操之过急,该怎么生活就怎么生活,不要像只狗一样追着自己的尾巴。

我在矮树丛里睡着了。一阵声响吵醒了我。我发现我手里拿着一本书,是我以前读过的。我把书扔开,一跃而起。中午刚过,一大片低地平原在我所站的小山丘前面展开,有着村庄和池塘,还有清一色高高的、类似芦苇的灌木丛在那之间。我双手叉腰,审视这一切,同时仔细聆听那个声响。

十二月十日。各种发现硬要出现在人类的脑子里。

主任监察员大笑的脸,像个男孩,狡黠,放松,我从没有见过他这种表情,今天当我把局长的一份报告读给他听,并且碰巧抬起头来时,才在刹那间注意到他这副表情。他同时耸耸肩膀,把右手插进长裤口袋,仿佛他是另一个人。

我们绝不可能察觉影响了自己瞬间心情的所有情况,并对其加以评估,这些情况甚至还会继续影响这一瞬间的心情,也会影响我们的评估,因此,说昨天我觉得自己很坚定,今天我感到绝望,这样说是不正确的。去作这种区分就只是证明了我们想要影响自己,并且想尽可能把自己和真实的自己隔离开来,躲在成见和幻想后面,暂时表演一种虚矫的生活，就像一个人有时躲在酒馆的一角，躲在小小的一杯烧酒后面即已足够，独自用无从证明的虚假的想象和梦想来娱乐自己。

将近午夜时，一个年轻人走下通往那间歌舞小剧场的楼梯，他穿着暗灰色紧身格纹大衣，微沾着雪。他在售票桌旁付了钱，桌后的小姐从瞌睡中惊醒，睁着大大的黑眼睛愣愣地看着他。接着他伫立片刻，以便把位于他脚下三个台阶处的整个表演厅收进眼底。

几乎每天晚上，我都到火车站去，今天因为下雨，我在车站大厅里走来走去，走了半个小时。有个男孩一直吃着从自动贩卖机里买来的糖果。他伸手到口袋里，掏出一大把零钱，漫不经心地把零钱投进钱孔，一边吃一边读着上面的文字，几颗糖果掉落，他从肮脏的地板上捡起来，直接塞进嘴里。——一个静静咀嚼的男子在窗边亲昵地和一个女子谈话，看来是他的一个亲戚。

十二月十一日。在"汤恩比厅"朗诵了《米歇尔·寇哈斯》的开头[1]。表现得一塌糊涂。挑选的段落欠佳，朗诵也欠

---

[1] "汤恩比厅"是个犹太慈善机构，每周举办免费入场的朗诵晚会，并提供茶点，观众多为穷苦之人，这一晚是由卡夫卡负责朗诵。《米歇尔·寇哈斯》(*Michel Kohlhaas*)是德国作家克莱斯特所写的一部中篇小说，发表于一八一〇年。

佳，到最后麻木地在文字中泅游。听众的表现足以成为典范。几个年纪很小的男孩坐在第一排。其中一个显然感到无聊，但这也不能怪他，他试图排遣这种无聊的方式是小心翼翼地把帽子扔在地上，再小心翼翼地捡起来，乐此不疲。由于太矮小，无法坐在座位上，因此他每次都得稍微从椅子上往下滑一下。我朗诵得乱七八糟、粗心大意、令人费解。而下午时我由于渴望朗诵而全身颤抖，几乎连嘴巴都闭不拢。

真的不需要有人来推我，只要抽回用在我身上的最后一点力气，我就会陷入将我撕裂的绝望中。今天，当我想象着我在朗诵时一定要冷静时，我自问那将会是一种什么样的冷静，将建立在什么基础上，而我只能说，那将只是一种为了自己而存在的冷静，一种难以理解的恩赐，如此而已。

十二月十二日。 早晨起床时还算神清气爽。

昨天在回家的路上，一个裹在灰色衣物里的小男孩跟在一群男孩旁边跑着，他用一只手拍着大腿，另一只手抓住另一个男孩，大声地用捷克文说："今天的朗诵会挺不赖。"[1] 他只是随口说说，这一点我不能忘记。

---

1 根据布罗德的注记，卡夫卡当晚朗诵得很精彩，并不像他在日记里所描述的这么差，只是他挑选的段落太长，最后不得不缩短。

今天我稍微改变了时间的分配，在大约六点时走在街上，感觉神清气爽。可笑的观察，何时我才能戒除这个习惯。

先前我在镜子里端详自己，觉得自己的脸看起来比我所知道的长得更好，即使是在细看之下——当然只是在夜晚的灯光下，而且光源在我身后，因此只照亮了耳朵边缘的汗毛。这张脸线条分明，轮廓几乎称得上美。头发、眉毛和眼眶的黑色从其余部分凸显出来，宛如有着生命。眼神丝毫不显沧桑，但也并不天真，而是精力充沛得令人难以置信，但也许这道眼神也只是在打量，因为我正在端详自己，并且想要吓唬自己。

十二月十二日。昨夜久久无法入睡。菲莉丝。我终于想出了计划，因此不安地入睡，打算拜托魏斯帮我带一封信到她办公室去，而在这封信里不写别的，就只说我必须从她那儿得到消息，或是得到有关她的消息，所以才请魏斯过去，好让他写信给我，告诉我她的情况。此时魏斯坐在她的办公桌旁，等她把信读完，由于他没有别的任务，也几乎不可能得到回答，所以他鞠了个躬，然后就走了。

参加公务员协会的晚间讨论会。由我主持。自信的来源有时很奇怪。我的开场白是:"我很遗憾这场讨论会将要举行,并怀着这种遗憾展开今晚的讨论。"因为没有及时收到通知,所以我没有做好准备。

十二月十四日。贝尔曼[1]的演讲。没什么内容,但是陈述中带有一种自满。偶尔具有感染力。女孩般的脸孔,甲状腺肿大。几乎每说一句话之前,脸部的肌肉都会像要打喷嚏一样地收缩。今天日报上他写的那篇文章,引用了圣诞市场的两句广告词:

先生,买给您的小孩吧,
让他们欢笑而不要哭泣。

引用了萧伯纳的话:"我是个习惯久坐、怯懦的平民百姓。"

在办公室里写信给菲莉丝。

上午在上班途中,我遇见讨论课上那个和菲莉丝相像的女孩,吓了一跳,一时不知道那是谁,只看出她虽然和菲莉

---

1 贝尔曼(Richard Arnold Bermann,1883—1939),成长于奥匈帝国的记者与旅行作家,此时任职于《柏林日报》。

丝相像，却不是菲莉丝。而她和菲莉丝还有另一层关系，亦即在讨论课上看见她使我花了很多时间去想菲莉丝。

此刻读到陀思妥耶夫斯基小说里让我想起我那篇《不幸》的那一段[1]。

十二月十五日。写信给魏斯博士和阿弗瑞德舅舅。没有收到电报。

读了《我们这些一八七〇/七一年的男孩》[2]。又一次哽咽着阅读那些胜利和欢欣鼓舞的场景。身为父亲，平静地和儿子说话。但是这样一来，就不能用一把玩具锤子来代替心脏。

"你给舅舅写信了吗？"母亲问我，我早就恶毒地料到了她会问。她已经怯怯地观察了我很久，基于种种原因不敢问我，也不敢在父亲面前问我，最后由于担心还是问了，因为她看见我想要走开。当我从她所坐的椅子后面走过时，她

---

1 《不幸》(*Unglücklichsein*)是收录在《沉思》里的一篇短篇故事。陀思妥耶夫斯基的小说系指《卡拉马佐夫兄弟》里《魔鬼》那一章。
2 《我们这些一八七〇/七一年的男孩》(*Wir Jungen von 1870/71*)，出版商沙弗斯坦（Hermann Schaffstein）所写的童年回忆。一八七〇年至一八七一年发生了普法战争，普鲁士大获全胜，德意志帝国由此建立。

从纸牌上抬起目光，用一种早已逝去而在这一瞬间重生的温柔把脸转向我，问了这个问题。她只匆匆抬头看了我一眼，羞怯地微笑，在这个问题尚未得到任何回答之前就已经感受到了屈辱。

十二月十六日。"炽天使狂喜的震耳叫声。"。[1]

我坐在威尔屈家的摇椅上，我们谈起自己混乱的生活，他至少还怀着某种信心（"一个人必须想要做到不可能的事"），我却连这种信心也没有，看着我的手指，感觉我是自己内心空虚的代表。这种空虚取代了其他的一切，而它甚至也没有那么大。

十二月十七日。写信给 W.，拜托他。"溢了出来，却只是冷灶上的一个锅子。"

贝格曼的演讲《摩西与当代》。纯粹的印象。——总之与我无关。真正可怕的道路交叉在自由和受奴役之间，无人引导接下来的路，而已经走过的路也随即湮灭。因为无法一

---

[1] 引自《卡拉马佐夫兄弟》。

目了然,无法确定这样的道路是有无数条,还是只有一条。我在那里,不能离开,没得抱怨。我并没有太过受苦,因为我受的苦并不连贯,没有累积起来,至少我暂时没有感觉到,而我所受的痛苦远小于我也许应得的。

一个男子的身影,他半举起一双手臂,而且两只手臂不一样高,转身面对一片浓雾,准备走进去。

犹太教里美好而有力的分类方式。人人各有其位。一个人把自己看得更清楚,对自己的判断也更清楚。

我去睡了,我累了。也许事情在那边已成定局。做了很多与此有关的梦。

Bl.[1] 不恰当的来信。

十二月十九日。菲莉丝的信。美好的早晨,血液中的暖意。

---

1 系指菲莉丝的朋友格蕾特·布洛赫。

十二月二十日。没收到信。

一张安详的脸、一番平静的话,尤其是来自一个尚未被看透的陌生人。上帝的声音从人类的嘴里吐出来。

一个冬夜里,一个老人在雾中徒步穿过街道。天气严寒,街上空空荡荡的,无人从他身边经过,只偶尔看见远处有个高大的警察或一个裹着毛皮或围巾的女子在雾中忽隐忽现。他什么也不在乎,只想着去探视一个朋友,他已经很久没去这个朋友家了,而对方刚才派了一个女佣来请他过去。

当商人梅斯纳的房门响起轻轻的敲门声时,早已过了午夜。那并没有吵醒他,因为他总是在将近清晨时才入睡,在那之前,他习惯醒着趴在床上,把脸埋在枕头里,张开双臂,双手交叉在头上。他立刻就听见了敲门声。"是谁?"他问。对方的回答是一阵含混不清的呢喃,比敲门声更轻。"门没有锁。"他说,同时拧亮了电灯。一个虚弱的矮小妇人走了进来,披着一条灰色的大披肩。

◇ 续商人梅斯纳

图书在版编目（CIP）数据

我的确接近于孤独 / （奥）弗兰茨·卡夫卡著；姬健梅译. -- 长沙：湖南文艺出版社，2024.10.
ISBN 978-7-5726-2079-9
Ⅰ. K835.215.6
中国国家版本馆CIP数据核字第2024SV4736号

我的确接近于孤独
WO DIQUE JIEJIN YU GUDU
[奥]弗兰茨·卡夫卡　著　姬健梅　译

出 版 人	陈新文
出 品 人	陈　垦
出 品 方	中南出版传媒集团股份有限公司
	上海浦睿文化传播有限公司
	上海市静安区万航渡路888号开开大厦15楼A座（200042）
责任编辑	吕苗莉
装帧设计	祝小慧
责任印制	王　磊
出版发行	湖南文艺出版社
	长沙市雨花区东二环一段508号（410014）
网　　址	www.hnwy.net
经　　销	湖南省新华书店
印　　刷	河北鹏润印刷有限公司

开本：820mm×1125mm　1/32　　印张：11.75　　字数：225千字
版次：2024年10月第1版　　印次：2024年10月第1次印刷
书号：ISBN 978-7-5726-2079-9　　定价：76.00元

版权专有，未经本社许可，不得翻印。
如发现印装质量问题，请联系出版方：021-60455819

浦睿文化
INSIGHT MEDIA

出 品 人：陈　垦
出版统筹：胡　萍
策 划 人：余　西
监　　制：普　照
编　　辑：陈　丽
装帧设计：祝小慧
营销编辑：哈　哈
封面插画：Karina Matrosova

欢迎出版合作，请邮件联系：insight@prshanghai.com
微信公众号：浦睿文化